La collaboration entre travailleuses sociales et infirmières

Travail du Social
Collection dirigée par Alain Vilbrod

La collection s'adresse aux différents professionnels de l'action sociale mais aussi aux chercheurs, aux enseignants et aux étudiants souhaitant disposer d'analyses pluralistes approfondies à l'heure où les interventions se démultiplient, où les pratiques se diversifient en écho aux recompositions du travail social.

Qu'ils émanent de chercheurs ou de travailleurs sociaux relevant le défi de l'écriture, les ouvrages retenus sont rigoureux sans être abscons et bien informés sur les pratiques sans être jargonnants.

Tous prennent clairement appui sur les sciences sociales et, dépassant les clivages entre les disciplines, se veulent être de précieux outils de réflexion pour une approche renouvelée de la question sociale et, corrélativement, pour des pratiques mieux adaptées aux enjeux contemporains.

Dernières parutions

Laurent LAOT, *L'univers de la protection sociale*, 2005.
Agathe HAUDIQUET, *La culture juridique des travailleurs sociaux. États des lieux et besoins de formations*, 2005.
Annie DUSSUET, *Travaux de femmes. Enquêtes sur les services à domicile*, 2005.
Mustafa POYRAZ, *Les interventions sociales de proximité*, 2005.
Armelle TABARY, *L'enquête sociale dans le cadre judiciaire*, 2005.
Gilles LAZUECH, *Sortir du chômage, retrouver un emploi. Ethnosociologie d'une entreprise d'insertion par l'économie*, 2005.
Laurence MOUSSET-LIBEAU, *La prévention de la maltraitance des enfants*, 2004.
Arlette LABOUS, *Et si je faisais marin ?*, 2004.
Emmanuelle SOUN, *Des trajectoires de maladie d'Alzheimer*, 2004.
Jean LAVOUE ; (sous la dir), *Souffrances familiales, souffrances sociales*, 2004
Pierre HEBRARD, (sous la dir.), *Formation et professionnalisation des travailleurs sociaux, formateurs et cadres de santé*, 2004.

Yves Couturier

La collaboration entre travailleuses sociales et infirmières

Éléments d'une théorie de l'intervention interdisciplinaire

L'Harmattan
5-7, rue de l'École-Polytechnique ; 75005 Paris
FRANCE

L'Harmattan Hongrie	**Espace L'Harmattan Kinshasa**	**L'Harmattan Italia**	**L'Harmattan Burkina Faso**
Könyvesbolt	Fac. Sciences. Soc, Pol. et Adm.	Via Degli Artisti, 15	1200 logements villa 96
Kossuth L. u. 14-16	BP243, KIN XI	10124 Torino	12B2260 Ouagadougou 12
1053 Budapest	Université de Kinshasa – RDC	ITALIE	BURKINA FASO

À la mémoire de Claude Nélisse

www.librairieharmattan.com
diffusion.harmattan@wanadoo.fr
harmattan1@wanadoo.fr

© L'Harmattan, 2005
ISBN : 2-7475-9557-9
EAN : 9782747595575

INTRODUCTION

PENSER L'INTERDISCIPLINARITÉ PRATIQUE[1]

Cet ouvrage s'intéresse aux pratiques des groupes professionnels de l'intervention sociale, en particulier à celles des travailleuses sociales[2] et des infirmières. Les caractères mobiles et complexes des pratiques professionnelles s'appréhendent ici par le langage, plus précisément sous l'angle de la remarquable diffusion de la notion d'*intervention* pour dire la pratique professionnelle. L'analyse de cette diffusion permet de mieux comprendre ce qui apparaît comme l'une des conditions de la transformation en cours de la professionnalité, soit la nécessité de *travailler ensemble* dans une perspective interdisciplinaire. À cet appel parfois pressant à l'interdisciplinarité, s'ajoute le mouvement constaté par Soulet, selon lequel « l'impossibilité, stratégique ou génétique, de dire l'intervention [...] rencontre [...] de fortes pressions à être levées » (1997 : 13). Appel à la transparence de l'action professionnelle, à l'engagement des usagers dans les processus d'action, à l'analyse des effets de cette action, parmi d'autres, sont invoqués pour en appeler à *dire son intervention*. Soulet pose en ces termes l'alternative qui s'offre alors aux praticiens : « soit, se réfugier dans l'inénarrable du vécu [...] soit, s'efforcer d'exprimer de l'intérieur ce qui se joue au cœur des pratiques concrètes » (1997 : 15). Nous avons suivi cette seconde voie en réalisant un voyage par paliers dans les univers de sens de l'intervention pour une vingtaine de praticiennes oeuvrant dans une même organisation.

---

[1] Cet ouvrage a profité des conseils attentifs de Jacques Hamel et de Michel Perreault de l'Université de Montréal. Qu'ils soient ici remerciés pour la précision de leurs commentaires et la lucidité du regard porté sur ces travaux. Au plan conceptuel, cet ouvrage doit beaucoup aux travaux de Claude Nélisse. Il importe enfin de souligner notre reconnaissance aux intervenants et administrateurs de l'établissement qui nous ont accueilli en leurs murs.

[2] Portant sur deux groupes professionnels très féminisés, le féminin englobera le masculin.

Au premier palier, nous avons navigué à la surface des sens de l'intervention en étudiant les écrits professionnels et scientifiques sur ce thème. Pour ce faire, nous avons réalisé une recherche documentaire de deux ordres. D'abord, nous avons recensé les ouvrages, assez rares, conceptualisant la notion d'intervention. Puis nous avons documenté ses usages livresques en travail social, en soins infirmiers et, de façon moins systématique, dans les sciences sociales dans leur ensemble. Le lecteur observera l'extraordinaire foisonnement des usages d'*intervention* et son caractère transversal aux divers groupes professionnels; les passerelles entre disciplines sont à cet égard nombreuses. Outre son caractère instructif quant à la dimension transdisciplinaire de l'intervention, ce tour des écrits permet d'avancer quelques éléments d'une théorie de l'intervention nécessaires à la suite de l'ouvrage. Il importe cependant de préciser ici ce que nous entendons par théorie de l'intervention. Il ne s'agit pas de rédiger un autre ouvrage sur les modèles de pratique, encore moins d'offrir au lecteur un manuel sur *comment intervenir*. Outre notre compétence incertaine en la matière, de tels ouvrages existent déjà. Notre propos est plus circonscrit. La théorie en question vise à répondre à cette question toute simple : que nous indique la diffusion extraordinaire de la notion d'intervention dans la construction des pratiques professionnelles actuelles?

Pour répondre à cette question, nous avons exploré un second palier de profondeur, en entrant plus à fond dans le discours des praticiens, à l'occasion de l'analyse des usages discursifs de la notion d'intervention. Pour ce faire, nous avons demandé à dix travailleuses sociales et à dix infirmières de nous décrire, avec force détails, la réalisation d'une intervention récente. Pour ce palier, la vingtaine d'entretiens en profondeur ont été étudiées comme un seul et même propos, de façon à faire ressortir des dimensions plus ou moins communes de l'intervention. Le lecteur trouvera une série de ces dimensions dont l'exposition procure un surcroît d'intelligibilité de la pratique. En fait, notre analyse s'appuie sur ce qui se fait, sans *a priori* théorique sur comment cela devrait être fait. Ainsi, cette section du livre ne renvoie ni à un modèle conceptuel en soins infirmiers, ni à une approche en travail social. Nous avons plutôt cherché à élucider des éléments transversaux et souvent préalables à ces différents modèles et approches. Par exemple, l'établissement de la relation est une condition incontournable de l'intervention, qu'on soit travailleuse sociale ou infirmière. Nous pensons que l'élucidation de ces diverses dimensions communes provoque un double effet d'intelligibilité: d'une part, par la proximité, l'auditeur se reconnaissant dans les dimensions les plus pratiques de son action professionnelle et, d'autre part, par la nomination de ces évidences pratiques.

Enfin, nous sommes descendu vers un dernier palier de profondeur, où les univers de sens pour chaque entretien de recherche furent reconstruits. Pour ce faire, nous avons réalisé une analyse structurale des discours qui vise à élucider comment chaque praticienne construit le sens de son action. Ainsi, pour chaque intervention, nous avons une représentation schématique de l'univers de sens dans lequel elle se déploie. À partir de ces schémas spécifiques, nous avons reconstruit quatre schémas communs à plusieurs intervenantes, de façon à pouvoir réfléchir l'interdisciplinarité à partir des diverses constructions de l'intervention. Bien entendu, une vingtaine d'interventions, même si analysées en profondeur, n'épuisent pas la complexité des actions professionnelles. Mais le lecteur pourra constater que le panorama est assez vaste pour apprécier l'étendue de la tâche des intervenantes. Cet accès au sens permet aussi une certaine mise à distance des modèles théoriques. Bien sûr, notre propos ne vise pas à invalider la pertinence de ces modèles, très loin s'en faut. L'apport que nous nous proposons de faire à l'intelligibilité des pratiques professionnelles concerne la reconnaissance du contexte immédiat de l'intervention dans l'élaboration du sens d'une action qui se veut de plus en plus interdisciplinaire. Notre prétention initiale était que, malgré l'abondance inouïe des écrits sur ce thème, décrivant, critiquant et, surtout, prescrivant ce qui doit être fait, il n'y a que trop peu de propositions théoriques sur la formulation de l'action professionnelle et sociale actuelle autour de la notion d'intervention. Certes, cette notion garde son efficacité dans l'ombre et la chaleur de la pratique, mais nous pensons qu'il est possible de faire un gain d'intelligibilité en élucidant les processus à l'œuvre dans cette occultation.

Il n'y a pas de livre, il n'y a que des lecteurs, dit-on. Il y aura donc plusieurs façons de lire ce livre. Le lecteur qui voudra suivre le mouvement de théorisation le lira de haut en bas. Celui qui voudra profiter du gain d'intelligibilité sur les pratiques professionnelles pourra le lire de gauche ou de droite, les trois paliers pouvant être lus séparément. Le lecteur remarquera enfin que, si l'ouvrage comporte plusieurs sections destinées plutôt aux infirmières, et d'autres plutôt aux travailleuses sociales, l'ouvrage vise moins à comparer les deux groupes professionnels, qu'à exposer des éléments transversaux. Ainsi, le lecteur provenant de la pratique en soins infirmiers ou en travail social trouvera dans ce livre une façon de décrire la pratique, d'un point de vue pratique. Et le lecteur provenant de la recherche trouvera un dispositif théorique et méthodologique que nous espérons utile pour d'autres recherches. Nous espérons que ces divers lectorats profiteront de ce regard croisé.

CHAPITRE 1

L'INTERVENTIONNISME, UNE CONDITION DE LA PRATIQUE INTERDISCIPLINAIRE

De nombreuses transformations de la professionnalité affectent les manières de faire et de voir propres aux professions œuvrant dans le champ sociosanitaire. Émergent de ces transformations une représentation de l'action professionnelle et une modélisation de son accomplissement tendant à s'imposer comme catégorie nouvelle de pensée : l'*intervention* (Nélisse, 1996). Cette catégorie, pour paraphraser Bourdieu (1994), se construit comme une *catégorie en voie de réalisation* transversale à l'ensemble du champ sociosanitaire

La question du renouvellement des pratiques professionnelles apparaît en outre conséquente de transformations de moyennes et longues portées. Parmi elles figurent la remise en question des systèmes sociosanitaires organisés sous le modèle de l'État social (dit État providence) et une modification radicale des relations entre producteurs de services et bénéficiaires. Au cœur de ces transformations réside la révision du travail d'un ensemble de métiers de service aux personnes, de métiers relationnels (Demailly, 1998), étroitement liés à l'État, notamment quant au décloisonnement des activités professionnelles. Nous pensons également que cette catégorie en voie de réalisation qu'est l'intervention conditionne sur le terrain la production de différents schèmes de pratiques prenant la forme empirique d'accords sur le sens du travail, de la définition de l'urgence et du risque, etc. Ces accords et désaccords se réalisent à la croisée de discours institutionnels, politiques, professionnels et scientifiques. L'une des hypothèses sous-tendant cet ouvrage est que le travail interdisciplinaire s'articule et se désarticule autour d'éléments spécifiques de la construction de l'intervention pouvant différer d'une profession à une autre, et d'un contexte à un autre. Ainsi, un accord pratique sur les opérations ne signifie pas *ipso facto* un accord sur les technologies sociales qu'engagent les praticiens dans leurs interventions. En fait, les accords interprofessionnels sont partiels et, partant, fragiles puisque fondés sur des compromis, parfois des malentendus. Néanmoins, ils contribuent à la production de schèmes pratiques en partie partagés, dont la reconstruction est utile à l'analyse des pratiques professionnelles actuelles et des conditions d'émergence de pratiques interdisciplinaires.

Ainsi, infirmières et travailleuses sociales collaborent de plus en plus sous l'impulsion de programmes et de technologies interprofessionnels (par exemple, des protocoles d'évaluation de la perte d'autonomie chez la personne âgée). De plus, les deux groupes se rencontrent avec une intensité toute particulière en Centre local de services communautaires (CLSC)[3], où chacun reconnaît l'autre comme autorisé à intervenir. C'est cette interdisciplinarité au travail qui nous intéresse spécifiquement car elle implique la présence d'*articulants* communs à l'ensemble des pratiques. En fait, pour réaliser les tâches complexes qui caractérisent les métiers relationnels, la seule organisation des services est en elle-même insuffisante. À la faveur de la proximité au travail, infirmières et travailleuses sociales composent avec les conditions de leur travail pour construire en pratique une communauté d'intervention où se partagent diverses normes.

1.1 Une notion polysémique : l'intervention

De prime abord, le sens du mot *intervention* est on ne peut plus clair : intervient ce qui s'insère dans un processus ou un système en vue d'en modifier le cours ou l'état. La clarté apparente de la notion d'*intervention* se voit en outre renforcée par l'efficacité observable de son usage pour de nombreuses dimensions de la vie professionnelle. En pratique, le sens de ces usages ne fait pas l'objet de débats, bien que la diversité des tonalités soit des plus grandes, comme le démontre cette conversation imaginaire. Infirmière ou travailleuse sociale ? Quels sens de la notion d'*intervention* sont ici à l'œuvre?
    -Bonjour, vous faites quoi comme travail?
    -Je suis intervenante en CLSC. Et vous?

---

[3] Il s'agit d'une organisation sociosanitaire de première ligne conçue par le législateur québécois pour favoriser l'interdisciplinarité. Elle connaît depuis 2005 une transformation profonde, le nom ayant même disparu.

-Je suis aussi intervenante auprès d'enfants en difficulté.
-Ah bon! Et vous faites quoi exactement?
-De l'intervention en situation de crise surtout, dans une équipe multidisciplinaire qui a pour philosophie l'intervention écologique. Mes interventions sont le plus souvent à *court terme,* mais j'interviens en gros comme je l'entends. Et vous...
-Ah!, vous savez, l'intervention n'est plus ce qu'elle était. Mon équipe intervient au niveau d'un programme d'intervention précoce. C'est surtout des interventions ponctuelles, de dépistage. Après, l'usager pourra être référé à l'équipe d'intervention qui exécutera un plan d'intervention. Tous les intervenants seront consultés à ce moment, la famille ou le directeur d'école, par exemple.
-Vous avez beaucoup d'expérience!
-Ah J'ai 30 ans d'intervention dans le corps! J'aurais peine à décrire bon nombre de mes interventions, tout est maintenant dans le coup de main...
-Bref, vous n'avez plus besoin de modèles d'intervention!
-En effet, mais j'utilise quand même des techniques et des outils d'intervention, que j'emprunte ici et là.

Cette discussion imaginaire, à peine caricaturale, ne se déroule pas tant sous le mode *jargon* d'une langue spécialisée que sous le mode du *parler schtroumpf*; remplacez *intervention* par *schtroumpf,* et le discours demeure efficace. En fait, cette conversation indique la présence d'une langue pratique commune aux deux intervenantes, et dont les jeux et réseaux de sens sont ancrés dans leur réalité pratique. Outre ces quelques acceptions d'usage, d'autres s'ajoutent et s'interposent aux premières. De l'intervention en santé publique à l'intervention chirurgicale, et de l'intervention psychosociale à l'intervention éducative d'une infirmière, les sens varient grandement sans affecter en pratique l'efficacité de l'échange.

C'est précisément cette faculté d'adéquation du terme *intervention* qui nous intéresse, car elle constitue un *translateur* permettant aux praticiens le passage d'un champ à un autre, d'un réseau sémantique à un autre, sans qu'il y ait forcément acculturation des univers respectifs. La fonction translative, en linguistique, est cette fonction d'un mot en lui-même vide qui permet le passage « d'une catégorie à une autre » (Dubois, et al., 1973 : 497). Cette capacité translative se trouve à la source d'une condition du travail interdisciplinaire, puisqu'elle permet l'émergence d'une langue commune. En fait, la variété des tonalités du terme *intervention* est autant polysémique que polyphonique (Nélisse, 1997), c'est-à-dire qu'en outre de sa diversité sémantique, elle met en jeu une capacité de moduler l'intensité du discours aux conditions de l'interlocution, et ce de façon telle que l'auditeur peut « y entendre s'exprimer une pluralité de voix » (Ducrot, 1980 : 44). La notion d'intervention apparaît alors comme un *allant-de-soi*, comme un « impensé : il fait penser, il "donne à penser" mais il n'est jamais lui-même l'objet de notre pensée » (Nélisse, 1993 : 168). Cette caractéristique prend ici sa valeur puisque, comme pour tout impensé, elle donne accès, par un travail archéologique retraçant la sédimentation des sens et des usages, à sa construction sociale. Outre l'extraordinaire prolifération de l'*intervention*, et ce tant en termes d'approches théoriques ou de modèles que de pratiques, Nélisse et Zuniga estiment que la notion « ne réfère ni à une pratique spécifique, ni à une profession particulière, pas plus qu'à un secteur d'activités bien circonscrit. [...] l'intervention est une catégorie générale synthétique regroupant des perspectives, des états d'esprits, des manières de penser et de faire » (1997 : 5).

Si la pluralité des sens et des usages de la notion d'intervention étonne l'observateur attentif, s'ajoute à cet étonnement une perplexité certaine quant au petit nombre de textes cherchant à la conceptualiser, et ce malgré les innombrables entrées qu'il est possible de trouver sur ce thème dans les banques de données. On en décrit les contours, les conditions, les styles, les champs d'application; on rappelle l'histoire, les contextes et les débats dont elle est l'objet; on cherche surtout à en comprendre les fondements et les finalités. Rarement cependant l'intervention fait-elle l'objet d'un effort de conceptualisation en propre. Ainsi, une vaste et renommée recherche financée par le ministère français de l'emploi, constatant l'extraordinaire foisonnement des corps d'emploi se revendiquant d'une forme ou l'autre de travail social (près de 200), propose le terme *intervention sociale* comme désignation fédérative, sans cependant en proposer une conceptualisation précise (Chopart, 2000).

1.2 L'aire des débats sur l'interdisciplinarité
Nous soutiendrons tout au long de cet ouvrage que l'émergence de l'interventionnisme constitue un indicateur du déploiement de l'interdisciplinarité. De façon plus systématique depuis une vingtaine d'années, cette dernière est invoquée, désirée, parfois imposée, souvent réduite à une stratégie organisationnelle, politique et scientifique de mise en séquence du travail. Elle se voit par ailleurs critiquée, notamment pour ce qui serait usurpation d'identité : on en parlerait plus qu'on ne la pratiquerait réellement. Il semble en effet que la mise en séquence interprofessionnelle et intersectorielle du travail, que l'on peut parfois réduire à la multidisciplinarité, apparaisse insuffisante en regard du projet épistémologique interdisciplinaire de recomposition de l'unité de l'Homme (Proust, 1992) et qu'elle rencontre de nombreux écueils dans sa réalisation pratique. Elle serait néanmoins l'objet de *réussites invisibles* (Faure, 1992).

Le débat sur l'interdisciplinarité se réalise autour de deux pôles (Mathurin, 1995). Autour du premier pôle, dit épistémologique, l'interdisciplinarité est considérée comme scientifiquement nécessaire en cette *épistémè*[4] de la complexité. Dans cette perspective, il s'agit de recomposer l'unité de l'Homme, fracturé en autant de spécialités et sous spécialités disciplinaires qu'il en eût fallu pour atteindre l'illusoire indivis[5]. Cette division de l'Homme se traduisit en domaines de savoir et en champs de pratique cloisonnés. Les luttes de protection des territoires et les résistances à l'innovation sont d'ailleurs autant de critiques adressées aux groupes professionnels à cet égard. À ces critiques incessantes, s'ajoutent des critiques plus fondamentales : les praticiens, comme bras opérationnels de la science et de l'État, ont échoué dans la résolution de nombreux problèmes pratiques. Ils ont pris acte, au moins en partie, de ces critiques et s'ouvrent à

---

[4] Foucault (1973) conçoit l'épistémè comme la forme que prend un système de discours. Cette forme détermine, pour une époque donnée, ce qui est normal ou non, objet de science ou non.
[5] La recomposition permet de récupérer ce qui fut perdu dans l'analytique des parties. L'émergence de la possibilité même de l'interdisciplinarité comme condition sociale de la pratique professionnelle et scientifique indique alors l'état de l'*épistémè*, caractérisée par l'essoufflement du projet de *mathesis*, de mise en ordre du monde, sous-tendant la perspective positiviste (Lyotard, 1979).

l'interdisciplinarité comme moyen d'avancer des éléments de réponse à cette crise de confiance (Schön, 1994 : 23). L'interdisciplinarité apparaît alors comme une façon de reconstruire de l'intérieur la légitimité professionnelle en réaffirmant le primat de l'efficacité relationnelle, la centration de l'action sur le bénéficiaire, et la reconnaissance de l'incommensurabilité de la pratique. Cette capacité à aborder la complexité devient caractéristique de la professionnalité et critère de distinction en regard des techniciens qui, au moins symboliquement, sont confinés à la grandeur inférieure qu'est l'opératoire.

Dit praxéologique, le second pôle du débat pose l'interdisciplinarité comme un métissage pratique de secteurs professionnels et disciplinaires en vue de résoudre des problèmes concrets (Klein, 1990). Mais au-delà de cet ancrage du côté de l'efficacité, la rencontre des praticiens à l'occasion du partage d'un "espace commun" (Gusdorf, 1988 : 872) de travail nous intéresse, puisque la coopération interdisciplinaire est appréhendée au moment de sa mise en oeuvre plutôt qu'à travers les nombreuses activités de promotion ou de conceptualisation dont elle est l'objet. La coopération dont il est question apparaît d'abord ici comme une condition pratique émergeante du travail dans les métiers relationnels plutôt que comme une nécessité éthique, praxéologique ou épistémologique de *travailler ensemble*. Dans cette perspective, et par-delà les insatisfactions que la collaboration soulève, les rencontres interprofessionnelles produisent autant d'effets voulus que non voulus, dont, en l'occurrence, l'élaboration d'une langue pratique de l'intervention, d'un « interlangage » (Apostel, 1972 : 79), indice selon nous d'une interdisciplinarité pratique émergente. Nos travaux délaissent ainsi les mises en forme conceptuelle, politique, ou organisationnelle de cette coopération au travail pour focaliser sur les jeux pratiques d'une langue partagée, car « seul le langage de l'activité s'avère capable de constituer un langage commun » (Dejours, 1995 : 183). Crapuchet anticipa d'ailleurs très tôt que « naîtra l'usage d'une langue commune à tous ceux qui "interviennent" » (1974 : 15).

Quoiqu'il en soit, l'interdisciplinarité est présentée aux praticiens comme une nécessité politique et scientifique par-delà, voire à l'encontre, de leurs pratiques effectives de collaboration. Ce faisant, le projet interdisciplinaire apparaît parfois comme la brutale imposition d'une conception du travail par des technocrates formés à mater la complexité. S'ajoutent à ces transformations particulières aux groupes professionnels quantité de dynamiques organisationnelles qui, chacune, pourrait illustrer notre propos sur les injonctions au travail interdisciplinaire. Bref, nous effectuons ici un premier recadrage en réfléchissant l'interdisciplinarité d'abord comme une transformation des différents contextes de pratique plutôt que comme une nécessité normative de l'efficacité, de l'autrement, ou de toutes les figures du *mieux* épistémologique[6]. C'est pourquoi nous délaissons le continuum classique en la matière entre multi, inter et transdisciplinarité, comme autant d'étapes vers le *mieux* épistémologique, au profit d'un continuum plus analytique que programmatique de la proximité au travail. Laguë et Donovan (1998) réfèrent à un tel continuum de la collaboration professionnelle : 1) pratiques individuelles, 2) échanges d'informations, 3) consultations, 4) coordination, 5) multidisciplinarité, et 6) interdisciplinarité. Ce continuum est intéressant puisqu'il vise moins à décrire des mises en forme conceptuelles, organisationnelles ou politiques du travail qu'une élaboration pratique de la collaboration. Notre propos est néanmoins quelque peu différent de celui qui sous-tend ce continuum, qui nous

---

[6] Si nous campons résolument notre recherche du côté du pôle praxéologique, nous pensons qu'il faut tout de même engager une réflexion quant à l'*épistémè* de l'interdisciplinarité, mais en des termes moins programmatiques que ceux qui animent certains de ses proclamateurs. L'interdisciplinarité est-elle exclusive à un programme épistémologique ? Si l'interdisciplinarité apparaît en modernité avancée (donc vers la fin de l'épuisement du projet de *mathesis*), implique-t-elle forcément une épistémologie postmoderne ? L'unification épistémologique autour du postmodernisme apparaîtrait alors comme un nouveau méta-récit, étrange paradoxe, s'il en est un. En fait, si nous partageons l'analyse que les pratiques interdisciplinaires traduisent une transformation de l'*épistémè*, nous émettons des doutes quant à une lecture strictement postmoderne de celle-ci. Par exemple, Crapuchet et Salomon rappellent l'énoncé fondateur de Gusdorf : « l'unité des méthodologies ne peut être réalisée en dehors d'une méthodologie de l'unité ; elle-même fondée sur une recherche de l'unité de l'humain » (1992 : 230), ce à quoi nous adhérons, mais en précisant que nous n'accordons pas d'emblée une vertu programmatique à ce projet d'unification de l'Homme. Il peut être lu et critiqué, entre autres, comme une avancée néopositiviste de la volonté de colonisation du tacite, par exemple (Eraly, 1994). Nous préférons en effet explorer une piste d'inspiration foucaldienne, où cette méthode de l'unité est actualisation des formes discursives en contexte de modernité avancée. Ce faisant, nous renonçons à l'insoutenable désir de retrouver le paradis perdu de l'Homme véritable en nous limitant à analyser une condition émergente du travail.

apparaît développementaliste, avec une interdisciplinarité ultime à l'un de ses pôles. Nous préférons concevoir l'interdisciplinarité pratique comme le métissage quotidien des regards et des langues disciplinaires à la faveur d'une proximité au travail et d'un partage des tâches (Lenoir, Sauvé, 1998). Le métissage est d'abord une affaire pratique qui se déroule dans un champ de forces qu'il est possible de lire pour en analyser la composition et l'orientation. L'envers du développementalisme est l'hypothèse d'une génération spontanée, hypothèse que nous rejetons également. Selon une telle hypothèse, la langue émergente serait le fruit de la rencontre de deux géniteurs linguistiques, soumis aux règles d'une genèse linguistique. Or, comme pour le métissage d'une langue, les apports des deux « géniteurs » sont déséquilibrés, car inscrits dans une histoire. Par exemple, pour poursuivre l'analogie ethnolinguistique, les affaires de l'âme peuvent s'exprimer par l'une des langues, souvent la langue maternelle, et les affaires publiques par l'autre, souvent la langue du conquérant. Il en va de même du métissage des disciplines, qui apparaît alors comme une créolisation inscrite, dans notre perspective, dans un rapport *d'appropriation / domination*.

Au plan politique, l'interdisciplinarité s'énonce souvent comme une injonction à *travailler ensemble,* menaçante pour les groupes professionnels occupant une position incertaine dans le champ professionnel. Ce débat est d'autant plus intense au sein des deux groupes professionnels au cœur de notre propos qu'ils se posent tous deux, et à bon droit, comme des disciplines *de facto* interdisciplinaires. Œuvrer comme travailleuse sociale c'est, de ce point de vue, l'interdisciplinarité réalisée. Cette prévention a le mérite de tourner le regard du chercheur des disciplines comme domaines de savoirs vers les pratiques professionnelles comme interdisciplinarité réalisée. En effet, infirmières et travailleuses sociales puisent dans plusieurs domaines disciplinaires pour se constituer à la fois un champ de pratique et leurs propres modèles d'intervention, leurs cadres d'analyse, leur catégorisation des actes, des responsabilités et des savoirs. Que se passe-t-il alors dans une rencontre interdisciplinaire? Il se produit un déséquilibre des modèles de référence, la rencontre de la complexité et de l'incommensurable et, surtout, la rencontre de l'exigence suivante : au-delà du vrai disciplinaire, l'action doit être efficace. L'interdisciplinarité peut se réaliser, entre autres, par certains objets langagiers par lesquels se reflètent les jeux sociaux dans toute leur complexité. Langage, cognition, affects, représentations et actions professionnelles se rencontrent ainsi dans la notion d'*intervention*. Mais il ne suffit cependant pas d'invoquer la présence d'une *épistémè* du *travailler ensemble*, ni même les exigences pragmatiques de la rencontre interprofessionnelle, pour que se réalise l'interdisciplinarité. Car si l'invitation à *travailler ensemble* est un indice d'une interdisciplinarité pratique émergente, il ne suffit pas de considérer le lieu de l'intervention comme réalité de l'interdisciplinarité ; l'interventionnisme, conçu comme condition épistémique de l'action professionnelle actuelle, en est aussi l'un de ses principes.

CHAPITRE 2

CONCEPTS ET CATÉGORIES DE L'INTERVENTION

Dans les pages suivantes, nous présentons quelques usages livresques et quelques courants analytiques de la notion en titre de façon à faire apparaître l'espace conceptuel dans lequel elle s'inscrit. Au terme de ce chapitre, cet espace sera modélisé, de façon à ce qu'il se constitue en outil d'analyse. Pour ce faire, nous avons recensé des ouvrages conceptualisant la notion d'intervention. À ces ouvrages, somme toute assez peu nombreux, nous avons ajouté à titre d'exemple des ouvrages issus des écrits professionnels provenant tant des sciences infirmières que du travail social. Le lecteur constatera la pluralité des sens d'*intervention* évoquée en introduction.

Un début de définition formelle d'*intervention*

Intervenir, venir entre, s'interposer, se mêler à, agir pour influencer le cours des choses ... Le mot traduit l'idée d'une opposition à laisser aller le cours naturel des phénomènes. Il implique un venant, le tiers, autorisé d'une quelconque façon à venir, et un venu, avec un objet-problème qui le problématise. Cette intrusion constitue une prise de risque de la part de l'intervenante (Boutin, Durning, 1994 : 169), notamment en ce qui concerne le risque de sur-intervention (1994 : 185). S'il faut intervenir, il faut le faire dans la stricte mesure de la légitimité offerte par la problématique. L'intervention suppose donc une légitimité, met en œuvre un pouvoir relatif, et vise un résultat attendu. Dans le cas où ces caractéristiques sont absentes, l'intervention est un simple événement, sans lien avec une légitimité ou une visée.

Le terme *intervention* est un mot plus fort, plus structurant, qu'*action* ou *aide*, dans le premier cas trop flou pour dire ce qui est fait, dans le second cas daté, aujourd'hui affaire de l'ombre, souvent part personnelle dans le travail des métiers relationnels. L'intervention est plus qu'action, elle est proaction (Guay, 1991 : 139); elle a un surcroît d'intentionnalité qui appelle à la fois une légitimité forte et une mobilisation méthodique du *faire*. La notion se distingue, en outre, de *réflexion* ou d'*analyse* : elle est mobilisation de soi et technique de l'efficace et des effets concrets. Il s'agit d'une action globale qui inclut toutes les activités nécessaires à l'atteinte d'une fin. Zuniga rappelle comment la notion d'intervention exprime dans l'histoire l'idée de violence, d'intrusion, de « directionnalité, d'asymétrie » (1997 : 88). Pour Dubost, les connotations du terme intervention renvoient aussi « à l'idée d'autorité [liée] à l'existence d'un droit, la conséquence d'un statut, l'exercice d'une compétence - ou d'une position de pouvoir » (1987 : 151). Le terme implique la problématisation *a priori, in situ* et *a posteriori* d'un objet et ce, de façon telle que l'impératif d'action se déploie publiquement dans toute son évidence. L'intervention implique donc une relation contextualisée, ainsi qu'un rapport d'ordonnancement et d'extériorité structuré par le savoir ou la fonction. Elle concerne deux ordres de réalité différents, l'usager et le praticien, et suppose que le second agisse ponctuellement sur le premier en regard d'objectifs de changement socialement légitimés.

Intervention désigne donc, en les articulant, une activité, une tâche, une fonction (ex. : diagnostiquer), une méthode (ex. : l'intervention en situation de crise), une approche (ex. : l'intervention féministe), un courant disciplinaire (ex. : l'intervention sociologique), une orientation philosophique d'un acteur institutionnel (ex. : l'intervention du département de soutien à domicile), la pratique d'un groupe professionnel (ex. : l'intervention en travail social), un rapport à l'objet (ex. : l'intervention en santé mentale), une ingénierie sociale (ex. : l'intervention technocratique), des technologies (ex. : l'outil multiclientèle), des contextes (ex. : l'intervention en CLSC), des actants (ex. : l'intervention de l'expert), des légitimités (ex. : l'intervention de protection de l'enfance).

2.1 Les usages d'*intervention* en sciences sociales

Ce qui précède est sans doute trop formel pour soutenir une réflexion substantielle sur l'intervention. Pour avancer dans cette tâche, il est nécessaire de faire une brève incursion dans les sciences sociales. En sciences de la gestion, nous avons vu une séparation intradisciplinaire entre la posture de la relation à un sujet, où la « dimension relationnelle est la pierre angulaire de toute intervention en gestion » (Robichaud, 1998 : 41), et celle du rapport à un objet à travers l'importante distinction que ces disciplines effectuent entre le rapport décisionnel et le rapport marchand. Le premier de ces rapports est une intrusion relativement unilatérale dans la vie des sujets, alors que le second implique une collaboration, un accord intersubjectif sur ce qui est fait par les divers partenaires dans le cadre de la réalisation d'une transaction. En économie, Hannequart et Greffe (1985) reprennent cette opposition. L'intervention économique, soit l'une des acceptions parmi les plus stabilisées de la notion d'intervention, est le fait d'un acteur collectif essentialisé (notamment l'État) ou l'agrégat positif d'actions de sujets rationnels. Mais dans tous les cas, l'intervention est une action directe aux effets mesurables sur les comportements. Ces auteurs estiment que « les interventions sociales sont donc des mécanismes d'incitation et d'agrégation des comportements individuels » (1985 : 12). Par ailleurs, Morin (1987) rappelle que l'intervention en entreprise fut d'abord pratiquée par les premiers ingénieurs formés à l'école taylorienne ; il s'agissait d'appliquer l'organisation scientifique du travail à une entreprise *a priori* réfractaire à un tel changement.

En droit, l'intervention renvoie d'abord au tiers qui prend exceptionnellement part à un procès qui ne le concerne pas au premier titre. Elle signifie aussi arrêt d'agir, en cour comme sur la rue, comme il en va de l'intervention policière. Le caractère extérieur de l'intervention est ici évident. Belley estime qu'intervenir « à titre de juriste, c'est énoncer, qualifier, définir, inventorier, avec les mots du droit. C'est, en bout de course, discerner le moyen à utiliser, la conduite à tenir, la décision à prendre en fonction de ce qui est déjà nommé dans le droit » (1997 : 52). L'intervention n'est donc pas ici *praxis* mais acte de détermination du *bon* droit. La perspective relationnelle est toutefois présente, souvent rapportée à la part marchande de la pratique du droit. Le terme *intervention* permet alors de dire la périphérie de la pratique professionnelle, soit la part relationnelle, où il faut écouter les doléances du client, ses désirs.

Du côté de la psychologie, les « interventions thérapeutiques » sont éléments d'un programme d'action comprenant l'accompagnement, l'éducation, l'aide concrète, l'entraide, etc. (Guay, 1998 : 173). Pour Paquette, tout intervenant a une pédagogie implicite (1985 : 24) qu'il peut expliciter de façon à augmenter la cohérence de sa pratique, à la faveur d'une reconnaissance de son style d'intervention. L'intervention apparaît clairement dans cette perspective comme une quête du mieux, conçu comme efficacité. Ce *mieux* implique une relation significative qui facilite l'action de transformation des consciences : « Intervenir, c'est influencer. Éduquer, c'est donner une direction à cette influence » (Paquette : 1985 : 19). Il appert donc que l'intervention, même trempée d'humanisme, peut être intrusion. Le mieux se mesure ici à la signifiance de la relation et à la congruence interne de l'intervenant, congruence qui engendre « une plus forte probabilité d'influencer le commettant » (1985 : 89). En dernière instance, la satisfaction du client sera déterminante dans l'évaluation de l'intervention, et ce, que le changement ait lieu ou non. Lhotellier et St-Arnaud partagent le primat relationnel et existentiel de Paquette pour décrire l'intervention praxéologique. « Trois principes méthodologiques caractérisent le passage de l'action banale à la praxéologie » (1994 : 100) : la connaissance par l'action, la coopération dialogique et l'autorégulation. Le « facteur P (pour personnalité) » (1994 : 104) constitue alors le déterminant principal de l'intervention. Le mieux se cache ici dans l'implicite, que l'homme ou la femme d'action saura expliciter par des pratiques réflexives et volontaires. Une telle perspective subjectiviste constitue pour ces auteurs une véritable transformation du vieux modèle d'intervention, nommé par Schön *modèle I*, technocratique et expert, où l'intervention est univoque et intrusive, *a contrario* du *modèle II*, celui qu'il promeut, où l'intervention est collaborative et intersubjective. Intervenir consiste ici en l'engagement réflexif de *l'être* (Guay, 1998) d'une personne d'action dans sa pratique. L'intervention est ici moins compétence ou capacité que volonté d'agir.

Outre ses origines humanistes, ce courant conçoit l'intervention à travers une vision systémiste. Pour St-Arnaud (1993), l'intervention consiste en l'activation d'un réseau informationnel impliquant divers microsystèmes. Bien qu'il serait possible de questionner l'arrimage entre l'humanisme et le systémisme, que nous estimons comme l'actualisation de la pensée fonctionnaliste d'antan, l'unité épistémologique se réalise dans ce courant par la rencontre opportune, comme c'est le cas d'ailleurs en économie, entre le naturalisme des allégories du marché (système, homéostasie, rétroaction, etc.) et le sujet rationnel. L'intervention est alors affaire de réflexivité, au sens de retour sur soi en cours et sur son action, tout en étant affaire de mise en forme de l'action. Il est possible de formuler ici une dialectique de la mise en forme (la modélisation) et de l'expression de soi (la modalisation). Ainsi, St-Arnaud invite les praticiens à élucider leur propre modèle d'intervention, à formaliser leur style, en s'inspirant d'un métamodèle universel (1995 : 19), véritable essence de toute intervention professionnelle. Paradoxe, l'exaltation du style personnel se pose ici en regard d'un effort incessant de modélisation, voire d'universalisation de règles immanentes à l'intervention.

Nombre d'écrits sur l'intervention provenant des sciences sociales s'intéressent à cet objet sous l'angle du rapport théorie/pratique. L'intervention procède alors d'un rapport au monde de type clinique et appliqué. On intervient donc *dans* et *par* le monde (l'intervention sociologique, l'intervention institutionnelle, certains courants de la psychologie sociale, de l'anthropologie, de l'ergonomie, de l'éducation, la création même de la psychosociologie ou de la socianalyse, de la sociologie clinique). Le rapport à l'application est cependant problématique, notamment en ce qui a trait à l'analyse dans l'intervention. Par exemple, dans l'analyse institutionnelle, l'analyse est à la fois moyen et finalité de l'intervention. Mieux, l'intervention constitue l'*analyseur*[7] lui-même (Cotinaud, 1976) de la situation à l'étude. L'intervention induit un travail d'analyse sur et à partir du concret (Dubost, 1987b : 12); elle est alors moins geste que volonté de *véritablement* connaître.

Dans cette famille très élargie, se dessinent deux grandes tendances. D'abord une tendance éthique, où s'offrent compétences et savoirs au bénéfice d'une action efficace posant l'intervention comme nécessité d'être dans le monde pour contribuer au *mieux*. Parfois plus modeste, elle se limite à un objectif de « mise en mouvement » (Richard, Bedr, 1990 : 98) de sujets, de processus organisationnels, etc. Puis une

---

[7]L'analyseur est ce qui permet d'élucider les ressorts d'un phénomène.

tendance épistémologique posant l'intervention comme source de savoirs. Ici, le rapport en est moins un de pertinence ou d'utilité que de nécessité épistémique. Mais ce qui semble réunir tous ces courants par-delà la diversité, c'est leur désir plus ou moins explicite de contribuer au changement. Enriquez les nomme d'ailleurs *sciences du changement social* (1993 : 25). Cela pose évidemment la question de l'orientation de ce changement. Nombre d'auteurs abordent la question de l'éventuelle imposition idéologique de l'interventionnisme en sciences sociales. Sévigny (1977) traite plus particulièrement du risque d'imposition culturelle, repérable notamment par la diffusion des grandes valeurs de l'intervention psychosociologique : l'*ici* et le *maintenant*, l'individualisme, l'expression de soi, la coopération, le consensus, l'optimisme et le communautarisme. Enriquez rappelle le risque que l'interventionnisme ne vienne constituer le vecteur de la généralisation du regard médical, et que toute personne devienne « un possible "assisté social" » (1977: 87), c'est-à-dire un objet d'intervention. Nicolas-Le Strat pousse la réflexion plus loin en constatant des « technologies de l'implication » (1996 : 15) caractérisant la gestion actuelle du social. Il constate en outre une inflation de l'appel à l'implication, significatif en matière d'intervention puisque cela exige l'engagement existentiel des uns et des autres pour sa réalisation efficace. Il propose d'ailleurs de faire parler l'analyseur *intervention* pour s'approcher au plus près de *l'institution de soi* qu'elle engage.

Crapuchet présente l'intervention comme la réalisation de l'acte social suivant un processus plutôt stable, quelle que soit la demande ou la problématique en jeu, et donc comme « l'instrument de travail permettant l'accomplissement de l'acte social » (1974 : 14). Pour cette auteure, le corpus d'instruments tend à se partager entre les diverses professions du social et implique, anticipe-t-elle, la naissance d'une langue qui leur sera commune. Barel (1973) évoque ce concept d'acte social en formalisant ce qu'il nomme des *systèmes d'intervention*, systèmes orientés vers l'action et la prise de décisions. Ainsi, le système sociosanitaire forme un système d'intervention. En fait, chaque question sociale qui atteint un niveau suffisant de problématisation pour exiger une réponse sociale en produit un. Le processus de constitution de ces systèmes est historique, mais d'une historicité contingente, toute sociale. Leur mode opératoire est tout à la fois politique, organisationnel et professionnel. Il tend à assurer leur pérennité de façon quasi autonome, notamment parce qu'il contribue à problématiser en continu les questions sociales, actualisant ainsi leur propre légitimité. Dans cette perspective, chaque problème social devient pour les praticiens un enjeu de définition d'un droit de pratique. Dans un contexte où les problématisations sont de plus en plus interdisciplinaires, il apparaît alors des systèmes interdisciplinaires d'intervention.

Pour Lamoureux, l'intervention est un impératif moral, au sens de la *praxis* existentialiste, soit la nécessité d'agir par un collectif pour l'émancipation des consciences. L'intervention est ici éthique, en l'occurrence « éthique de l'action communautaire » (1991 : 11), nécessaire engagement des membres d'une communauté dans les affaires publiques. Intervenir signifie alors prendre part aux affaires de la communauté et de la société. Cette perspective mi-communautarienne, mi-systémique est fort répandue dans les écrits institutionnels où les notables d'une communauté sont désignés comme intervenants de droit, par exemple le directeur d'école. Mesure palliative aux manquements de la vie communautaire, l'intervention exerce donc une fonction de retissage du lien social.

Enfin, le terme *intervention* qualifie « *à la fois* l'agent qui intervient, l'objet de l'action -les domaines de phénomènes pris en compte - la nature du travail dans lequel s'engagent les groupes concernés, les méthodes et les principes réglant les activités constituant le processus » (Dubost, 1987 : 176). Dubost estime que l'intervention est une *praxis*, un *faire* assujetti à un ensemble de règles, et que « l'intervention ne peut jamais être une technologie [... ce qui exclut] l'idée d'inscrire le projet d'intervention dans une perspective instrumentale » (1987 : 178-179).

2.2 Les usages d'*intervention* en sciences infirmières

Pour le profane, l'acte de l'infirmière, telle une injection, pourrait de prime abord se résumer à un geste surtout technique, ne mobilisant pas ou peu de ressources relationnelles. Mais à y regarder de plus près, la grande majorité des actes touchant le patient impliquent une relation, si ce n'est pour obtenir la collaboration, du moins pour légitimer l'acte en tant que tel. L'infirmière préparera, sans mot dire, le dosage d'un médicament, choisira l'instrument de son application et le moment opportun du traitement. Elle justifiera cependant l'ensemble, l'intervention, avant de s'exécuter. L'intervention implique donc une justification que l'acte, suffisant en lui-même, n'exige pas.

Au plan conceptuel, l'usage de la catégorie *intervention* n'a pas tout à fait la même prégnance dans les écrits provenant des sciences infirmières et du travail social. En fait, nous nous demandions *a priori* si la notion en titre n'avait de sens que pour les professions strictement sociales. Or, si les infirmières se réfèrent bien évidemment d'abord à une sémantique biomédicale, elles se réfèrent aussi à des univers sémantiques plus sociaux, surtout en CLSC, notamment à la faveur du modèle McGill[8]. Ainsi, le terme *intervention* a une grande signification chez les infirmières sociales, toutes les infirmières visiteuses, les infirmières œuvrant au sein d'organisations scolaires, de prévention, etc. Néanmoins, il existe de nombreux lexiques techniques où le terme *intervention* n'a pas cours. On exécute, on prépare, on administre, mais on n'intervient guère. Le registre sémantique se confine alors au strict univers biomédical, ce qui rend les échanges interprofessionnels évidemment plus difficiles. Puis il y a des termes forts, réduisant en partie, mais en partie seulement, la nécessité de l'usage de la catégorie *intervention*. Les notions de *soin* ou de *traitement*, qui s'inscrivent dans une longue tradition théorique (Lauzon, Pépin, 2000), réfèrent à la fois à des actes stables, donc en partie objectivables, et à une finalité forte, celle de l'entretien de la vie (Saillant, 1992 : 96). Pour les soins à la petite enfance, Sévigny considère que « toute action préventive ou curative » (1984 : 14) qui s'effectue tôt dans la vie d'un enfant est une intervention précoce. Se surajoute ici à la valeur *vie* la valeur *enfant*, ce qui fait dire à l'auteure que l'intervention procède d'une « conviction » (1984 : 14) : celle qu'il faille intervenir tôt chez l'enfant à risque. Le terme *acte infirmier*, juridiquement sanctionné, encadre ce qui peut être fait et, dans une certaine mesure, comment il doit se faire. Mais c'est au-delà de ces concepts forts que pointe la catégorie *intervention*, comme catégorie

---

[8] Ce modèle se caractérise par une conception de l'action infirmière centrée sur la promotion de la santé. Il est le plus prévalant en CLSC.

englobante et translative permettant la reconnaissance du travail réalisé par les infirmières dans le champ de l'intervention sociale.

Soins, actes et traitements

Collière (1982) retrace trois grands courants structurant l'*ethos*[9] infirmier. Un courant techniciste, centré sur la maladie, un courant humaniste, centré sur la relation, et un courant développementaliste, centré sur la santé. Outre l'énoncé liminaire du caractère relationnel du travail infirmier, soit le *caring*, présent dans tous les modèles récents (Adam, 1999), il existe une diversité de postures conceptuelles où le relationnel est tantôt instrumentalisé en vue de l'atteinte des résultats biomédicaux, tantôt constitutif du spécifique des soins infirmiers. Les modèles conceptuels en soins infirmiers participent tous d'un effort vigoureux de promotion professionnelle, et d'un effort tout aussi vigoureux de distinction quant au travail infirmier conçu comme unique soutien au travail des médecins. Croff (1994 : 121) soutient qu'il existe un rôle propre aux infirmières. Là apparaît pour elles l'un des usages les plus importants de la notion d'intervention. En effet, la reconnaissance de ce *rôle propre* aux infirmières crée « l'espace d'intervention de l'infirmière » (Acker, 1991 : 124), ce qui aura permis le développement du concept de *diagnostic infirmier* (Gordon, 1987), duquel découlent les guides et répertoires diagnostiques, puis les recherches classificatoires sur l'intervention. En fait, tant et aussi longtemps que le travail des infirmières fut socialement reconnu d'abord comme une série d'actes médicaux délégués, ou comme des actions incertaines nimbées du flou des « affaires féminines », l'usage de la notion d'intervention était peu significatif. La création d'un rôle propre pour les infirmières leur a permis d'accéder au statut professionnel, au droit d'intervenir d'office. Cette reconnaissance s'articule autour de deux principaux éléments : la reconnaissance du caractère relationnel du travail des infirmières, et la reconnaissance de l'autonomie professionnelle qu'il implique. Pour ce faire, il fallait pouvoir émettre un diagnostic infirmier évaluant des dimensions propres à l'action en soins infirmiers. Mais pour véritablement accéder au statut de grand, il leur fallait aussi accéder à la légitimité des

---

[9] Soit un système collectif de valeurs et de représentations.

grands, soit celle de la démarche expérimentale. Pour ce faire, à chaque diagnostic infirmier doit correspondre une *intervention infirmière* (Lauzon, Adam, 1996) scientifiquement validée.

Une fois le rôle propre et la capacité de produire des diagnostics spécifiques au domaine infirmier reconnus, il allait de soi que les infirmières demandent à se faire reconnaître comme expertes cliniques (ex. : en traitement des plaies), expertes ayant leur autonomie professionnelle propre. Ce faisant, naît la figure de l'infirmière clinicienne, de la *nurse practitioner,* qui pourra produire des diagnostics et intervenir de façon autonome dans son champ d'expertise. Pour Acker, cette déclinaison de l'expérimenté féminin à l'expérimental scientifique procède d'une logique de rationalisation du travail infirmier qui favorise « une extension symbolique » (1991 : 135) de la profession. Il existe d'ailleurs une longue tradition de formalisation des tâches infirmières, par exemple au nombre de 168 selon la *Classification et fonctions du personnel infirmier des hôpitaux* (Petitat, 1989 : 92). En fait, la pratique infirmière serait soumise depuis longtemps à la taylorisation (Duhart, Charton-Brassard, 1973).

Dans le modèle conceptuel Orem (1987), le concept de soin réfère à une catégorie d'actions professionnelles suppléant au déficit d'auto-soin d'une personne malade ou handicapée. Les soins infirmiers sont donc ici l'ensemble des activités de suppléance permettant le maintien de la vie, entendue au sens bio-psycho-social du terme. Le modèle conceptuel McGill (Martin, 1992) se déploie différemment, car l'accent n'est pas mis comme chez Orem sur un rapport entre déficit d'auto-soin des patients et capacité de suppléance des infirmières. Construit à l'encontre des divers modèles de suppléance, il met de l'avant la valeur de la promotion de la santé à l'égard de quatre grandes composantes : l'environnement, la personne, la santé et le soin. Plutôt qu'assistante du médecin, spécialiste de la maladie, ce modèle pose l'infirmière en complémentarité avec l'ensemble des professions sociosanitaires, avec comme spécificité le mandat de promotion de la santé. Dans cette approche proactive, souvent arrimée aux politiques sociales et aux objectifs de santé publique, la catégorie *intervention* est plus fréquente, plus proche du travail social. Ce modèle permet en fait l'expansion du champ disciplinaire des infirmières du côté des professions du social. Il distingue l'intervention traditionnelle (prévue, précise et ordonnée) de l'intervention McGill, adaptée à la complexité de toute situation. L'importation des sciences sociales n'est pas inscrite ici dans une simple perspective d'humanisation des soins ni d'efficacité relationnelle du traitement, mais découle d'une inversion fondamentale dans les valeurs sous-tendant l'action des infirmières.

Dans nombre de modèles conceptuels, l'intervention est en deçà du soin, mais au-delà de l'acte, souvent trop formalisé en divers protocoles. Elle constitue le moment critique de réalisation de l'action infirmière comprenant à la fois des actes et une mobilisation existentielle de soi. Ainsi, pour Adam, les soins infirmiers se composent de postulats, de valeurs, et de six éléments constitutifs, dont le cinquième est *l'intervention* en tant que telle (1979 : 6). De même, Bizier schématise graphiquement le modèle Henderson (fondé sur la réponse à des besoins essentiels) en représentant un processus générique : collecte de données, interprétation, planification, intervention, évaluation (1983 : 45). Ce modèle permet à l'infirmière de mesurer « l'étendue de ses interventions » (Bizier, 1983 : 14), c'est-à-dire de savoir quelles sont les fonctions et la place qu'elle-même occupe au sein de l'équipe de soins. Pour Adam, les modes d'intervention sont les « moyens » (1979 : 8) dont dispose l'infirmière pour réaliser son action. Elle nomme ainsi les interventions : encourager, rappeler le but d'un exercice, etc. Dans un tableau intitulé *Système d'action des infirmières en milieu scolaire* (1994 : 125), Osiek-Parisod utilise le terme *action* pour désigner l'ensemble de la mobilisation de l'infirmière. La catégorie intervention constitue alors une sous dimension référant à la légitimité de l'action.

Dire la complexité du travail infirmier

Plus postmoderne, Benner emploie le terme *acte* en un sens expérientiel se référant à la complexité de toute situation clinique. Le savoir d'expérience, le « vrai savoir » (Benner, 1995 : 11), est au cœur de l'action. Dans cette perspective, l'intervention est *praxis*. De même, après vingt ans de réflexion, Aguilera et Messick affirment qu'ils croient que le terme « intervention convient mieux que traitement » (1976 : vii) pour dire l'essence du travail des infirmières, car il leur semble moins médicalisant et plus proche des sciences sociales, et donc de la complexité. Tantôt la notion de *soin* semble plus étroite que la notion d'*intervention*, alors qu'elle exprime une vision idéalisée et vocationnelle de l'activité infirmière, tantôt elle exprime l'approche globale des infirmières (Orem, 1987), le soin reliant le soin (*care*) et le traitement (*cure* [10]) (Lazure, 1985 : 631) dans un projet humaniste et praxique.

Abdelmalek et Gérard rappellent d'ailleurs que les infirmières puisent de plus en plus dans les sciences humaines (1995 : 12) pour réaliser leur travail, et ce malgré le fait qu'il fut historiquement orienté soit vers des tâches techniques, souvent répétitives et inscrites dans des protocoles, soit vers des tâches maternelles (soins du corps, nourriture, etc.), comme en témoigne l'origine étymologique du terme *nurse*. Leclair déplore que « L'intervenant ayant une formation "d'infirmière" [...soit] essentiellement perçu comme un distributeur de premiers soins et comme une personne pouvant intervenir essentiellement sur le plan physique » (1982 : 204). Et Osiek-Parisod décrit comment il est difficile pour les infirmières scolaires de se faire reconnaître comme de véritables intervenantes (1994 : 39). Au mieux, elles sont des dépisteuses de problèmes grâce à leur accès privilégié au corps, et donc à l'intimité. Il leur est donc nécessaire, dans ce contexte, de légitimer leur intervention dans toute son ampleur (Osiek-Parisod, 1994 : 27). Mais ici, c'est moins leur délégation de pouvoir qui est remise en cause que leur droit d'intervenir dans le champ psychosocial. L'action infirmière est en effet plus qu'une action paramédicale, il y a « plus que ça » (Adam, 1979 : xi). Les infirmières s'efforcent de faire reconnaître les dimensions tacites de leur action professionnelle, dimensions longtemps considérées comme résidus de leur pratique (Petitat, 1989: 349), voire comme part féminine. C'est du côté du soin, catégorie féminisée s'il en est une (Saillant, 1992), que se retranche l'indicible et le tacite de la pratique infirmière. Brassard et Duhart traitent de la prise en charge, par l'infirmière, de « la part

---

[10] Petitat (1989) a démontré comment l'histoire de la profession s'est réalisée dialectiquement entre le *cure* et le *care*, avec des temps plus centrés sur l'un, puis sur l'autre. Actuellement, il nous semble y avoir à la fois technicisation et élargissement de la pratique vers des dimensions relationnelles. Peut-être que les catégories *cure* et *care* sont-elles moins pertinentes que par le passé pour comprendre l'évolution de la pratique infirmière.

d'imprévisibilité » (1978 : 172) dans les traitements médicaux, véritable « pratique officieuse » des infirmières (Duhart, Brassard, 1973 : 91). L'intervention se conçoit alors comme une relation d'aide invisibilisée.

En appeler à *l'intervention,* c'est revendiquer la reconnaissance du travail de l'ombre, l'émancipation de l'assujettissement médical, notamment par une expansion du côté des sciences sociales et par la conquête du rôle propre. Il fallait pour ce faire que soit reconnue la part de relation d'aide dans l'action infirmière. Ainsi, Poletti désigne l'intervention infirmière comme la catégorie la plus large des soins infirmiers, puisque couvrant autant la dimension médicale que relationnelle. Aussi dans une perspective humaniste, Chalifour utilise abondamment *intervention* pour désigner à la fois la mobilisation de l'infirmière au moment critique de la réalisation du travail (1989 : 197) et le champ même de la pratique infirmière (1989 : 97). Dans cette perspective, la véritable relation d'aide est « issue de la psychologie clinique moderne » (Travelbee, 1978 : 3). Osiek-Parisod écrit, à propos des infirmières scolaires, que leur intervention professionnelle se loge au carrefour de trois logiques : de la profession, du système scolaire et de « la relation psycho-relationnelle de la relation à l'usager » (1994 : 16). Ces trois logiques auront permis le développement du concept de santé globale (bio-psycho-sociale), concept en appelant à la transgression des frontières disciplinaires. Petitat estime qu'une telle approche est vécue comme une nécessité pressante pour les infirmières qui « cherchent, avec des traits d'union, à recomposer les morceaux d'un éclatement » (Petitat, 1989 : 37; 1992 : 139), notamment celui du patient rencontré dans son humanité, mais traité dans sa physiologie. L'intervention infirmière consiste ainsi en « la (trans)formation d'une autre personne » (Osiek-Parisod, 1994 : 21).

Le débat entre maîtrise technique et expansion de la pratique du côté des sciences sociales est bien entendu fort présent. Abdelmalek et Gérard estiment cependant que malgré les intentions formulées par la perspective des soins globaux, il demeure qu'en soins infirmiers « la valeur professionnelle s'évaluerait à hauteur du degré de maîtrise des gestes techniques, les aspects relationnels entourant les situations de soins pouvant passer pour une prestation accessoire » (1995 : 165). Et

Benner affirme que la séparation entre *relationnel* et *technique* confine l'art au *care* et le technique au *cure*, division qu'elle refuse. Le va-et-vient entre la maîtrise technique et l'expansion vers la relation d'aide, jadis d'inspiration vocationnelle, prend racine dans une double filiation qui aura marqué toute la profession : « filiation matrilinéaire religieuse et filiation patrilinéaire médicale » (Abdelmalek, Gérard, 1995 : 170).

Le débat sur la place du relationnel dans les modèles conceptuels en sciences infirmières est déterminant. Est-il instrumental à l'efficacité du traitement ou partie constitutive du soin à la personne globale? La relation est souvent préalable à l'action et condition de sa réussite objective : « Chaque praticienne en soins infirmiers doit être capable d'aborder, de communiquer, de collaborer et de travailler avec les personnes qui reçoivent des soins […] pour atteindre les résultats recherchés par les soins infirmiers et objectivement fondés » (Orem, 1987 : 107). Il s'agit du « *sine qua non* de l'efficacité des soins » (Adam, 1979 : 47). D'ailleurs, Osiek-Parisod met en lumière le désir des infirmières scolaires d'accéder à la noblesse de l'action thérapeutique relationnelle des psychologues (1994 : 74). Dans cette perspective, l'intervention désigne de grandes fonctions thérapeutiques, comme aider ou supporter, que l'usage de la notion d'intervention légitimera.

La difficile reconnaissance d'une part du travail des infirmières scolaires s'exprime notamment par la séparation corps/esprit. Selon Osiek-Parisod (1994), psychologues et travailleuses sociales considèrent les infirmières scolaires comme d'excellentes somaticiennes, mais peu ou pas autorisées à intervenir autrement que sur et par le corps. Devenir intervenante, dans cette perspective, c'est accéder au droit de parole en ce qui a trait aux affaires de l'âme. Quoiqu'il en soit, la parole des infirmières existe, souvent dans la proximité du corps, dans la création de cet espace relationnel (Hurtubise et al., 1999) ostensible, espace symbolique de l'intervention psychosociale marquant les contours de la parole autorisée. Pour les infirmières, la parole est souvent le revers de l'acte positif, technique, scientifiquement validé. Néanmoins, « toute intervention de l'infirmière est précédée par une forme de communication » (Adam, 1979 : 50), sinon l'intervention peut être perçue comme simple intrusion.

Outre la justification de l'acte clinique, l'action sur les consciences sera visée par la parole. Il s'agira notamment de créer les conditions de la conversion du patient quant au traitement (la compliance), quant au désir de guérir, quant à l'hygiène, etc. Corbin (1992) utilise le terme *soignant* pour désigner l'ensemble des personnes soutenant un patient en déficit d'auto-soin, et *intervenant* pour désigner spécifiquement le praticien qui s'introduit dans la vie d'autrui afin de le soutenir et de l'influencer lors des étapes critiques du processus d'aide. Pour Freeman, « l'intervention nursing » est une affaire « d'influence profonde sur l'attitude du malade » (1973 : 69). Le terme fort de *convaincre* (Benner, 1995 : 50) est également employé pour favoriser l'acceptation d'un traitement et susciter l'espoir.

L'intervention, une méthode générique

Le terme le plus convenu pour nommer la pratique des infirmières est celui de *démarche de soins infirmiers*. Cette expression permet de combiner au plan symbolique la méthode scientifique à l'art (Doenges et al, 1996 : 7). Bizier (1983) emploie d'ailleurs indifféremment *intervention* et *exécution* pour désigner le *faire* de l'action infirmière. Dans cette perspective, l'intervention est moins rencontre intersubjective ou *praxis* qu'application rationnelle d'une méthode qui exige, pour son efficacité, un climax relationnel.

Pour Aguilera (1995), *l'intervention de crise en santé mentale* est une appellation générique à laquelle participent diverses techniques. Intervenir, c'est alors moins participer d'une école de pensée que d'une modalité de travail. L'intervention commence au moment de l'entrée en relation par la réception de la demande, et se développe tout au cours de l'action thérapeutique. L'analyse du cas, la formulation du diagnostic, la planification des activités et des tâches administratives qui en découlent sont ici hors de l'intervention à proprement parler. Mais les auteurs sont hésitants. Dans une section décrivant « la technique de l'intervention en situation de crise » (1976 : 21), ils présentent la première étape de la démarche de soins qui consiste à évaluer la crise, et concluent que le thérapeute pourra par la suite entreprendre l'intervention (1976 : 21). Ils écrivent par ailleurs que l'intervention débutera à la troisième étape de la méthodologie générale (1976 : 66). On est ici devant la vicariance du terme *intervention* signifiant simultanément un générique et des moments spécifiques de sa réalisation. Dans un guide pratique, Gordon et Benner nomment *intervention* l'ensemble des actions de l'infirmière, de la planification à l'évaluation (1995 : 244).

Néanmoins, Travelbee considère les soins infirmiers psychiatriques comme un « processus interpersonnel » (1978 : 6) trempé d'un humanisme partagé avec le travail social, où l'être importe plus que l'avoir, où les contenus sont secondaires aux processus. Ainsi, le premier critère de l'être infirmier est « l'amour de soi et l'amour des autres » (1978 : 8). Un tel processus d'intervention comporte cinq phases (observation, interprétation, décision, action et évaluation) qui, selon l'auteure, expriment le caractère expérientiel de l'intervention. Elle se doit parfois de devenir intrusion forte, lorsqu'il s'agit par exemple d'interrompre un patient en perte de contrôle ; non seulement l'intervention peut être faite, mais elle se pose alors en devoir clinique.

Mis à part le lien entre *diagnostics infirmiers* et *interventions infirmières,* il est rare dans les ouvrages consultés que l'intervention s'inscrive explicitement dans des protocoles techniques. Nous pensons tout de même que les nombreux protocoles encadrant le travail des infirmières se construisent en partie à travers la catégorie intervention. Par exemple, Petitat (1992) relève la protocolarisation du toucher affectif auprès de grands malades alités. Ce protocole est désigné *intervention* et se décrit par une série d'aiguillages, de séquences et de tâches, rappelant la thèse générale développée par Nélisse (1997), affirmant que la diffusion de l'intervention indique une protocolarisation du travail. Dans le cadre d'une démarche de soins, l'infirmière choisit d'intervenir (Doenges, 1996 : 8). Cette idée de choix réfère cependant moins à une *praxis* qu'au travail diagnostique lui-même, duquel découle un nombre restreint d'interventions possibles. L'intervention est ici moins une volonté d'agir que le mouvement de mise en œuvre de connaissances scientifiques découlant d'un diagnostic positif.

Si l'acte, comme le geste, est objectivable, nous avons vu qu'il n'épuise pas la complexité de l'action. En regard du courant humaniste, se trouve ainsi un important courant rationaliste cherchant à modéliser l'action infirmière, rationalisation qui sera nommée *intervention*. McCloskey et Bulechek (1996) rendent compte de cet effort de classification des « interventions infirmières », qui vise à doter la discipline d'un langage unifié, condition première de la scientificité de la profession. Grobe (1993) les accuse, cependant, de positivisme puisqu'elles cherchent à produire une catégorisation calquée sur le modèle des sciences naturelles, où les interventions sont constituées et sériées d'actions et de comportements appropriés, empiriquement regroupés en réponse tant à des exigences pratiques qu'à un cahier de charges scientifique. McCloskey et Bulechek s'opposent, cependant, au point de vue réduisant l'intervention à une opération simple (ex. : intuber). Pour elles, une « intervention infirmière consiste en des soins directement prodigués au patient [...] relativement à un diagnostic infirmier, les soins prescrits par le médecin relativement à un diagnostic médical, ainsi que les activités quotidiennes essentielles que le patient est incapable d'accomplir. » (1996 : 36). Dans cette définition, la catégorie *soin* est incluse à une catégorie plus large, *intervention*. Cela indique que l'intervention, par-delà la diversité des *faire* qu'elle engage, procède d'une intention sociale, en l'occurrence guérir ou maintenir la vie selon des possibles prédéterminés. Contrairement à une perspective strictement humaniste, la série d'actes et de comportements n'est pas ici le simple fruit de la volonté d'un praticien, moral et volontaire, en regard de la demande d'un client. Les interventions possibles apparaissent comme données, le travail des chercheurs se limitant alors à la recension des divers couples problème/intervention. Dans la première phase de leur recherche, ces auteures ont identifié 336 interventions, toutes structurées comme suit : un intitulé formel (traitement d'un déséquilibre électrolytique : hypocalcémie), une définition de l'action (mise en œuvre de moyens visant à favoriser l'équilibre calcique) et une série d'activités dont l'ordre et la réalisation dépendront du diagnostic infirmier. Il ne s'agit pas d'une véritable liste de procédures, mais d'un certain nombre d'actions clef dont l'articulation méthodique encadre l'intervention à faire. McCloskey et Bulechek relèvent, au surplus, de nombreuses « catégorisations d'interventions », en général formulées de façon générique (contrôler la douleur, répondre aux besoins affectifs, etc.). Il ne s'agit pas ici d'actes, parfois appelés *interventions,* au nombre de 2500 chez Campbell (cité par McCloskey, Bulechek, 1996 : 23).

Constructiviste, Grobe préfère la richesse des usages pratiques et des jeux de langage à cette recherche de stabilisation d'une langue formelle. Elle écrit que les interventions « sont des moyens délibératifs (précis et organisés), cognitifs (raisonnés ou motivés par un motif conscient) et qui peuvent prendre une forme physique ou verbale » (1993 : 114). Elle propose de classer en huit catégories (définition des besoins, surveillance des soins, etc.) les interventions infirmières. Chez Cook et Fontaine, la notion d'*intervention* désigne aussi l'ensemble de la pratique infirmière, qu'elles comparent à l'intervention psychosociale (1991 : 584). L'intervention semble alors se référer à une discipline archétypique, par-delà les ancrages théoriques et conceptuels de chacun. Par un tableau en trois colonnes, les auteures arriment interventions, justifications et résultats escomptés. Au cœur de cette perspective de formalisation des soins infirmiers, réapparaît le courant techniciste centré sur la maladie, ici désigné *problème,* et qui « exige une intervention infirmière » (Doenges et al., 1996 : 14). La relation *rôle propre* et *diagnostic infirmier* implique dans bien des cas une rationalisation de l'action complexe, le terme intervention s'imposant alors comme le plus efficace pour désigner cette mise en ordre du *faire.*

On le voit, la pluralité des usages d'*intervention* pour les sciences infirmières est grande. Si McCloskey et Bulechek constatent « la nécessité d'un travail conceptuel sur les interventions infirmières » (1996 : 33) comme articulation empirique et rationnelle d'actes et de comportements, nous pensons qu'il est préférable de suivre l'invitation de Grobe et de chercher les usages et les jeux de sens pratiques de la notion plutôt que de tenter de figer une langue professionnelle. Nous retenons donc de cette auteure les caractères *concret* et *situé* des interventions infirmières. Nous retenons également le double mouvement que traduit la diffusion de la catégorie intervention chez ce groupe professionnel, soit une tendance à la rationalisation des pratiques et son extension du côté du relationnel. L'usage de la catégorie intervention, en outre ou à l'encontre des concepts fort signifiants de la pratique infirmière (soins, *care, cure,* acte délégué, traitement, diagnostic infirmier, rôle propre) peut alors se lire, d'une part, comme élément d'une stratégie collective d'accession au champ de l'intervention sociale, et d'autre part comme une possibilité d'accès à la grandeur médicale, par la protocolarisation du travail infirmier. Tant qu'un doute planait sur le caractère autonome des savoirs infirmiers, et qu'au mieux ils se voyaient reléguer au tacite de la pratique, il était difficile de se revendiquer du titre d'intervenant. La reconnaissance de la part relationnelle du travail infirmier leur permet désormais d'accéder à ce statut. Au total, on voit que les écrits provenant des soins infirmiers font largement usage de la notion d'intervention. Voyons maintenant ce qu'il en est pour la discipline du travail social.

2.3 Les usages d'*intervention* en travail social

Il semble que l'usage du terme *intervention* soit particulièrement fréquent pour le travail social, et ce à un point tel qu'il est employé comme synonyme générique de la discipline (Chopart, 2000, DeRidder, 1997b).

L'intervention comme réalisation d'un acteur collectif

De façon générale, le « mot intervention est [...] plus fort que celui d'action, bien qu'il soit souvent utilisé comme synonyme » (DeRobertis, 1981 : 82). Ce surcroît de puissance provient du fait que l'intervention est la *réalisation* de l'action de l'État. L'intervention est ainsi associée à l'organisation intervenante, au programme d'intervention (Renaud, 1997), à l'appareil technocratique étatique (Redjeb, Laforest, 1983), au groupe professionnel comme acteur social (Menthonnex, 1995), et aux politiques sociales en tant que telles, comme l'écrit clairement Delville : « L'exécution de la politique sociale se traduit par une série de démarches que nous appellerons *intervention* » (1974 : 212). L'État porte ainsi une part importante de la légitimité de l'intervention, légitimité qui se transforme dans l'action en autorité, comme c'est le cas de façon typique en Protection de la jeunesse. L'intervention apparaît alors d'abord comme la réalisation d'un mandat social, à l'occasion de laquelle se déploie une relation. Au mandat est associé une puissance, une capacité de faire, qui devra se graduer selon l'intensité du problème et l'impératif social d'intervention que ce dernier met en jeu. En regard de l'autorité se trouve donc, en certaines circonstances, une obligation d'intervenir, impératif dépassant largement la volonté du praticien. Cette obligation s'intériorise en un *ethos* professionnel liant impératif social d'action et mobilisation de soi. Elle s'effectue sur le mode d'une relation artificielle d'autorité, de contrôle, tout en se réalisant selon une modalité de relation d'aide. C'est ainsi l'acte social qui se réalise à travers politiques, organisations publiques et parapubliques et groupes professionnels. Il s'agit de véritables systèmes d'intervention, au sens de Barel (1973). L'intervention ne se présente donc pas comme une finalité en elle-même, bien qu'elle soit toujours finalisée. Cette finalisation trouve son point d'ancrage dans les mandats sociaux, qui eux-mêmes s'appuient sur des consensus ou des impératifs moraux qu'expriment les objectifs d'un programme ou d'un service. L'intervention de Protection de la jeunesse ou l'intervention précoce, pour exemples, sont sous-tendues de grandes finalités sociales qui, en général, sont considérées par les praticiens comme autant d'impératifs moraux. Mais au-delà des diverses théories critiques déconstruisant lesdits consensus, l'intervention demeure pour Crapuchet et Salomon une nécessaire réponse empirique à des besoins particuliers (1992 : 11). Elle articule en fait une diversité de discours de légitimation s'adressant à autant d'acteurs sociaux, dont le citoyen-usager, sujet de droit ayant formulé une demande. Pour DeRidder, la catégorie intervention indique le caractère social d'un type d'actions auprès de personnes (1997b : 286), dont le problème, la carence, l'incomplétude sont, en certaines circonstances et selon certains paramètres, affaires publiques. Le «*champ de l'intervention sociale* est beaucoup plus large que celui des intervenants sociaux. [Il] est le fait d'un système institutionnel et d'une organisation comportant des financements socialisés, des dispositifs, des organismes gestionnaires, des bénéficiaires, des établissements et des structures d'intervention, des personnels et des activités » (DeRidder, 1997 : 288).

Mais en regard des discours de légitimation provenant de la science ou de l'État, se trouvent des discours, en partie arrimés à l'idéologie professionnaliste, posant l'intervention comme finalisée dans et par la relation que construit l'intervenant : « Intervenir, c'est ainsi faire en sorte que la demande vienne du client lui-même, qu'il intériorise la demande d'aide [...]. Le travailleur social, en euphémisant le mandat, en impliquant le client dans une relation d'aide individualisée, participe à positiver la mesure » (Soulet, 1997 : 250). Cette aptitude des travailleuses sociales se construit d'ailleurs dès la formation professionnelle comme une construction du *devoir d'intervenir* (Zuniga, 1997 : 78).

La perspective systémique (Amiquet, Julien, 1996) soutient plusieurs usages d'*intervention*. Pour Massa (1992), le processus méthodologique générique de l'intervention sociale est moins la méthode expérimentale (cueillette de données, diagnostic, etc.) que la méthode découlant de la théorie générale des systèmes. L'intervention participe ici de processus engageant et modifiant l'homéostasie des systèmes impliqués plus ou moins directement dans la situation problématique. Les déterminismes sociaux, comme la volonté de changement des acteurs, s'effacent derrière la naturalité de la situation qui dessine les possibles de l'intervention. L'intervenant est alors considéré comme intrant d'exception dans un système temporairement déséquilibré. Dans cette perspective, la forme de l'action comme telle n'a pas une importance aussi déterminante que sa nature. Ce qui importe, ce n'est pas ce qui est fait, ni comment faire, mais bien le rééquilibrage du système. Ainsi, l'intervention apparaît relativement relationnelle, en ce sens que l'entrée en relation permet à l'intervenant de devenir temporairement part dudit système. Pour les travailleuses sociales, il importe de souligner que le système visé par l'intervention ne concerne pas que le seul système-client. Ce dernier est lui-même engagé en d'autres systèmes (la communauté, l'école, l'usine), qui pourront éventuellement faire l'objet d'une intervention. En outre, le système-intervenant (les programmes, l'organisation, etc.) peut aussi faire l'objet d'une intervention dans la mesure où il participe de la solution identifiée. Cette vision systémique fait en sorte que tous et chacun peuvent tour à tour être objet d'intervention et intervenant.

Méthodes, processus et séquences : la mise en ordre de l'action

Un peu à la façon des infirmières, l'intervention en travail social réfère fréquemment à l'idée de mise en ordre de l'action professionnelle. Pour DeRobertis, la catégorie *intervention* désigne une méthode générale qui participe de la perspective d'unification méthodologique (1981 : 6). Dans un bref historique de la profession, l'auteure rappelle la quête incessante d'unité des travailleuses sociales, à propos des tâches dans les années 30, des techniques dans les années 40, puis des fonctions dans les années 50. Les notions de relation d'aide et de *case work* joueront pendant longtemps un rôle d'unification des diverses représentations de l'action professionnelle en travail social. Pour DeRobertis, une telle méthode de l'intervention se distingue des actes professionnels et des fonctions. Elle implique plutôt différentes étapes de la mobilisation du soi professionnel articulant *projet, intervention et visée de changement*, le projet étant entendu comme programme finalisé d'actions. Soulet précise, cependant, que l'idée de projet est moins à « entendre comme un programme d'action concret que comme l'idée lancée en avant, comme une pro-jection » (1997 : 205), une vision de ce que devrait ou pourrait être la vie de l'usager. « Intervenir, c'est construire des projets, structurer le présent par le futur, donner le sens de l'anticipation à la clientèle pour faire acquérir celui de la gestion » (Soulet, 1997 : 204).

En pratique, l'énonciation même du projet (ex.: une rencontre prochaine au terme de la séance) rend possible l'intervention. Cette dimension de *projection* détonne un peu de l'idée voulant que l'intervention est surtout acte, effectivité et concrétude des *hic et nunc*. Elle est aussi en amont, voire surtout, injonction sociale (le problème problématisé), désir d'agir à travers l'*ethos* professionnel, puis projection en aval. Soulet cite une intervenante à ce propos qui définit ainsi l'un des principaux rôles de la travailleuse sociale. Ce rôle est d'abord « de rendre possible » (1997 : 242) l'intervention en tant que telle. Elle incarne la conjonction d'un « vouloir agir » (DeRobertis, 1981 : 82) et d'un *faire*, assujetti à une méthode générale. Notons, à ce propos, que la plupart des ouvrages méthodologiques sur le travail social s'ouvrent sur les fondements du *vouloir agir* (postulats et autres principes) et présentent par la suite la méthode comme découlant naturellement desdits fondements.

Le *faire* en question est un *faire stratégique,* car le sens de l'intervention n'est pas dans le geste, mais bien dans le changement projeté et ce, avec ou à l'encontre des résistances de l'usager, du milieu, de l'organisation, parfois des politiques et programmes. Au-delà de la pluralité des stratégies possibles se trouve toujours l'efficience de l'action. Cette conception de l'intervention pose une relation thérapeutique plutôt à l'initiative de l'intervenante, dans un rapport quasi objectal à l'usager que le modèle de pratique pourra encadrer.

Pour DeRobertis, la notion de modèle découle de la recherche d'une méthode générale (1981 : 70) alors que Soulet insiste sur le fait que la tendance à la formalisation de l'intervention par les intervenantes est une réponse au désir des usagers d'affectiser la relation thérapeutique. L'intervention est d'abord, dans cette perspective, une maîtrise de son action, que la construction collective de modèles permet d'orienter. À défaut de tels modèles à portée normative, les critiques d'a-scientificité de la pratique en travail social pourraient démontrer que la discipline n'est que la professionnalisation de fonctions affectives qu'une société ne peut ou ne veut plus assumer par les réseaux « naturels » de liens sociaux. Les phases de la méthode générale sont alors présentées moins comme prescriptions que comme simples explicitations et formalisations du *faire* permettant « de retrouver le général en partant du particulier » (DeRobertis, 1981 : 91). Il y aurait donc deux niveaux de méthode, soient le processus générique, puis celui du modèle regroupant un ensemble de caractéristiques discriminantes liées à l'objet, au contexte de pratique, à des clientèles, à des modalités d'action ou à de grandes références théorico-culturelles.

En outre des diverses figures de la méthode générale, nous avons trouvé abondance de séquences de l'intervention, en étapes et phases de toutes sortes. Leur repérage importe car il permet de réfléchir certains repères de l'organisation pratique de la catégorie *intervention*. Prévention n'est pas toujours intervention, comme le dépistage s'en distingue parfois. Et pour certains, analyser n'est pas intervenir, alors que selon DeRobertis, l'intervention apparaît dès que la demande est formulée par un usager ou un acteur social (1981 : 129). Il en va de même pour l'évaluation qui, parfois, fait partie de l'intervention. Crapuchet (1974 : 14) considère fort justement, de notre point de vue, que l'intervention est un processus générique transversal à l'ensemble des professions du social et dont la séquence va de « l'initiative à l'évaluation ». DeRobertis séquence, quant à elle, l'intervention de la demande à la clôture de la relation (1981 : 91). Ici encore, le processus générique d'intervention comporte la mise en œuvre d'interventions spécifiques, au sens d'actes opératoires. Danckaert conceptualise aussi l'intervention en travail social à travers un processus « générique, "universel" d'accommodation psychique » (1989 : 98) qu'impose l'objet comme tel. Ici, il s'agit moins d'une méthode générique que de la vérité intrinsèque des objets. D'ailleurs, plusieurs auteurs estiment que c'est l'objet en tant que tel qui impose son processus. L'intervention est alors une expérience conjointe travailleuse sociale/usager qui se déroule dans un espace transitionnel, à la rencontre du privé et du public.

Ces jeux en poupées russes de l'*intervention* emboîtent méthodes et actes. Pour DeRobertis, les actes sont fondus indistinctement au *faire*, entendu comme mobilisation du soi professionnel. Elle écrit en conclusion de sa *Méthodologie de l'intervention en travail social* que « les limites de cet ouvrage n'ont pas permis d'approfondir les aspects spécifiques de l'intervention » (1981 : 307) dont le nombre et la complexité ne font que refléter l'incommensurabilité des objets et des projets du travail social. L'absence très fréquente des actes dans ces écrits de la méthode générale tient, selon nous, à deux types d'explication. Le premier concerne la forme livresque. Cette forme, forcément abstraite, se prête mal à l'exploration des pratiques effectives. Le second concerne le professionnalisme comme tel, qui se fonde d'abord sur un système axiologique (professer sa foi) avant la maîtrise pratique, reléguée dans l'ombre des métiers et les contingences des situations. DeRobertis (1981 : 165) accrédite ces deux hypothèses en affirmant que le *comment faire*, après tout, est un art, donc assez peu objectivable pour l'intellectuel rédigeant un ouvrage d'introduction à la pratique du travail social. À partir d'une perspective différente, Soulet fait le même constat en rappelant la difficulté de traduire « tout un ensemble d'actes difficilement formalisables qui sont au fondement de l'habitus […] de ces professionnels » (1997 : 125).

Enfin, pour Fischer, l'expression *intervention sociale* se distingue de l'*intervention clinique* dans la mesure où la première « englobe toutes les formes d'action qui portent sur les modes de vie et sur les facteurs externes qui relèvent de l'organisation sociale » (1992 : 66), alors que la seconde consiste « en modes d'action » visant à transformer des comportements. D'une part, elle est globale, au sens d'action sociale sur le monde, d'autre part, elle est rationalisation de l'action. Elle est ici moins méthode qu'approche, au sens de *vision du monde*. Celle-ci « ne prescrit aucune technique [...], ne propose aucun "kit d'intervention" » (Bouchard, 1987 : 455) : elle s'inspire, pourtant, de la théorie générale des systèmes, de l'analyse structurelle, de l'analyse fonctionnelle, elle est pragmatiste et empiriste, au besoin, elle puise dans l'épidémiologie et les sciences des organisations. Elle est, en outre, phénoménologique tout en s'abreuvant à l'analyse objectivante des sciences économiques. Humaniste et écologique, elle vise enfin à tout embrasser d'un même mouvement (tous ces cadres théoriques dans Bouchard, 1987 : 455). Cette large étreinte reflète, pour Bouchard, la complexité des situations cliniques, alors que pour d'autres cet éclectisme semblera suspect. Nous pensons que cela traduit la subordination des méthodes et moyens du *faire* à l'impératif premier de l'intervention, soit son efficacité pratique en regard d'objectifs socialement déterminés.

Soulet explore des « structures formelles qui sous-tendent l'intervention sociale » (1997 : 18). Pour ce faire, il identifie une série de caractéristiques structurelles, « d'invariants praxéologiques »[11], de conditions pratiques transversales, constitutives d'une sorte de grammaire de l'intervention. Celle-ci permet aux travailleuses sociales de se doter de « styles différents de l'intervention dans une orthodoxie d'ensemble » (Soulet, 1997 : 20). La grammaire que construit Soulet est à la fois descriptive et prescriptive des pratiques, dans la mesure où les formes qu'elle élucide contraignent autant qu'elles habilitent les praticiennes. L'organisation, avec les cadres politiques et juridiques qu'elle porte, pose pour celles y œuvrant l'aire des possibles de leur action. Soulet considère l'intervention, dans un cadre de travail forcément organisé, comme un *bricolage* procédant d'une « logique de coups » (1997 : 57). Il s'agit pour lui d'une véritable *science du concret* qui se doit de rencontrer, dans sa réalisation, quantité de raisons pratiques. Le bricolage est une *composition in situ* où devis,

---

[11] Ce sont des ethnométhodes partagées par les divers membres d'une communauté de travail. Il s'agit de coups de main, de routines, de conventions qui conditionnent la réalisation du *faire*, selon une méthode plus ou moins implicite de l'action efficace.

matériaux, conditions et règles de construction sont antérieurs à la mobilisation professionnelle. La praticienne compose, fait du particulier avec ces matériaux donnés. L'intervention est alors dynamique, mobile, versatile, en recherche d'adéquation entre les exigences du particulier et les possibles de la composition.

L'intervention des travailleuses sociales poursuit dans ce contexte plusieurs objectifs à la fois, dont le changement global visé ainsi que l'efficacité de chacun des actes posés. Ainsi, une intervention de support alimentaire comportera le plus souvent des dimensions éducatives ou de resocialisation, en plus du dépannage alimentaire. Les tâches se succèdent moins qu'elles s'emboîtent dans une logique pratique parfois obscure pour un tiers. Soulet considère que cette logique d'action à « double palier » (1997 : 61) structure l'action en travail social. Elle se réalise, avant tout, sur le mode de la parole, ce qui explique pour Soulet le peu de temps accordé par les travailleuses sociales à la conception, à l'analyse, à la programmation. L'intervention est *hic et nunc*, les actes plus concrets n'apparaissent alors que comme support à la relation dialogique, considérée quasiment comme l'entier de l'intervention. Contrairement à une perspective de type *éthique de la discussion* (Redjeb, 1997), l'intervention comme discussion est, selon Soulet, moins le fait de l'état de *l'épistémè* qu'une condition pratique inscrite dans le travail des travailleuses sociales. Nous adhérons à cette position, selon laquelle l'intervention est une « modalité formelle de création de communication […visant] une réinscription dans une socialité minimale » des usagers (Soulet, 1997 : 69). Cette communication est d'abord une modalité d'engagement existentiel de l'usager.

Intervenir, c'est être avec, mais un *avec* mis en scène. Dans cette perspective, intervenir, c'est surtout médier (Freynet, 2000), au sens philosophique du terme, c'est-à-dire entremettre des possibles et des désirs. Cette médiation se constitue en pratique de jeux de proximité et de distanciation à l'usager, et une part importante de sa légitimité prend sa source dans la signifiance de l'interaction. Le médiateur est un professionnel de « la proximité et de l'affectivité » (Soulet, 1997 : 100), même si l'efficacité professionnelle exige une incessante mise à distance de l'émotion, du problème, voire de la relation. Cependant, si le rapport dialogique nous semble effectivement comme un invariant praxéologique des métiers relationnels, nous ne pensons pas que la légitimité de l'intervention puisse s'autolégitimer de par sa seule mise en œuvre dans l'interaction. Quoiqu'on en dise, nombreuses sont les interventions qui se réalisent à l'encontre d'une interaction significative ou intersubjective. Soulet le souligne, l'intervention comme relation a pour limite ce que permet l'intervention comme injonction sociale d'intervenir (1997 : 210). D'autres invariants praxéologiques sont au cœur de la pratique : la nécessité de gagner la confiance, de faire émerger la demande, d'expliciter certains choix, de positiver, d'établir un contrat liant l'intervenante et l'usager. Ce contrat vise notamment à responsabiliser et engager l'usager dans l'intervention, ce qui permet de restaurer sa dignité altérée par l'appel à un tiers. Cet ensemble d'invariants praxéologiques s'appuie sur une axiologie humaniste constituant « en fait le support pratique en même temps que le fondement normatif de l'intervention » (1997 : 156).

L'intervention est, par ailleurs, conçue comme l'incarnation pratique de paramètres pour l'essentiel extérieurs à la mobilisation de l'acteur professionnel (Simard, Turcotte, 1992). Ces paramètres ont ceci de caractéristique qu'ils s'érigent par la réalisation même de l'intervention en traçant les limites du dicible à propos de l'intimité, de l'illicite, de l'engagement ou de l'étendue du secret. Ces limites « sont toujours locales et ne font jamais jurisprudence » (Soulet, 1997 : 210). Cet énoncé semble *a priori* paradoxal au projet même de Soulet de formuler ou d'élucider une grammaire de l'intervention, la grammaire pouvant être conçue comme une forme de jurisprudence. C'est que la jurisprudence est externe à la pratique et aux situations, alors que la grammaire est « indigène », ancrée dans une pratique réelle et sujette à l'incommensurabilité des objets et des situations. Ce qui peut faire jurisprudence est la sédimentation de cette grammaire, pensons au travail de typification au cœur du travail diagnostique. Au-delà de tels paramètres apparaît pour Soulet le « continent noir de l'intervention » (1997 : 298), véritable lieu de l'incertitude du social.

L'intervention comme mobilisation existentielle de soi

Nous avons identifié un autre groupe d'acceptions de l'intervention qui partagent un air de famille, surtout regroupées autour du trait *relation*. Le terme *intervention* s'utilise en association à diverses prépositions caractérisant le type de relation en jeu. Bertot et Jacob (1991) font du *intervenir avec* la pierre angulaire du modèle d'intervention qu'ils proposent dans le champ interculturel. Ce faisant, ils insistent sur le caractère relationnel d'une action qui se fonde sur le respect de l'autre, la reconnaissance d'une commune humanité, le désir d'égaliser les statuts et de réduire le caractère univoque de l'intervention. Et sur la vingtaine d'articles que comptent les actes d'un colloque en gérontologie (Bernier, Goulet, 1983), presque tous les titres traitant de l'intervention sont structurés comme suit : *L'intervention auprès des aînés + un objet (ex. : autonomie)*. La relation est ici moins participative, plus assistancielle et le fait d'agents de services publics. Une telle formulation implique ici des « agents d'intervention » qui effectueront des activités prévues au programme (Pourtois, Desmet, 1992 : 147). Mais Racine (1991) s'oppose à la vision de l'intervention en travail social comme maîtrise pratico-technique. Il considère que la perspective de la maîtrise relationnelle et réflexive de l'action traduit mieux la complexité de la discipline. L'intervention est une relation de service se référant à un « paradigme relationnel à la base de l'intervention » (Sanicola, 1996 : 62).

L'intervention apparaît parfois comme une *praxis* transformatrice (au sens de Sartre, 1985) inspirée d'une éthique de la solidarité (Lamoureux, 1991) et du changement (DeRobertis, 1981), ce que traduit le concept d'*empowerment*, usuel en travail social. L'intervention se réfléchit ici à partir des finalités éthiques de l'action et des normes et valeurs qui les sous-tendent. La méthode est ici accessoire, instrumentale à la réalisation du projet participationniste. Pour Zuniga, l'intervention procède d'une conviction existentielle (1997 : 82). Mais rappelant peut-être l'idée d'*invariant praxéologique* de Soulet, cette caractéristique lui apparaît comme une justification pratique nécessaire à des actions sur autrui qui ne peut découler « logiquement des analyses abstraites » (1997 : 83). Soulet (1997) écrit à ce propos que la relation qui fonde l'intervention est une fausse relation sociale, et Zuniga, qu'elle ne se réduit pas à l'unique relation (1997 : 77). Elle est aussi une action sociale qui se déroule dans la concrétude d'une relation en grande partie intersubjective. Ici, l'action sociale « est consciente, réfléchie, organisée et planifiée vers son but »

(1994 : 26) dans le cadre d'une interaction entre sujets formellement libres et égaux. Mais elle n'est pas qu'une rencontre intersubjective, abstraite du social. Elle est sociale notamment parce qu'elle s'appuie sur une légitimité sociale, celle du mandat. Zuniga écrit : « quand l'action est définie comme un mandat collectif qui attribue des pouvoirs qui sont des responsabilités, des devoirs, on parle d'intervention sociale » (1994 : 27). S'il conçoit l'intervention comme une relation d'aide impliquant un système client et un système intervenant (1994 : 77), cette relation d'aide est plus qu'une simple relation aidante, fondée sur une commune humanité : « le geste de l'intervenant est une appropriation - plus ou moins consciente, plus ou moins acceptée - d'un geste de société. » (1997 : 90). Ce geste prend son efficacité parce qu'il devient geste professionnel, encore mieux geste personnel, apparent mouvement de l'âme à l'occasion d'une relation quasi interpersonnelle.

S'ouvre alors un débat sur la possibilité de réalisation d'une telle action complexe, voire paradoxale. Parazelli est critique, l'intervention étant conçue par lui comme altération de l'action sociale de groupes communautaires jadis autonomes, gauchissement du travail véritable sous l'effet d'intérêts extérieurs à l'action communautaire (1997 : 125). De façons différentes, Redjeb (1997) et Renaud (1997) constatent ce risque de gauchissement pour les travailleuses sociales elles-mêmes. Pour ces auteurs, la rationalité instrumentale est ici en cause. Rousseauistes, si l'on peut dire, ils estiment que l'intervention s'impose d'en haut à des intervenantes naturellement bonnes, mais corrompues par la société. Cette rationalité instrumentale est affaire de technique, en pratique guidée « par des impératifs pragmatiques et systémiques d'efficacité » (Renaud, 1997 : 141). Tant Redjeb que Renaud en appellent à l'éthique de la discussion pour que l'intervention retrouve son essence, son paradis perdu : la relation. La rationalité instrumentale produit donc de l'assujettissement dans l'intervention, et ce pour les deux parties de la relation. Selon Renaud, cette situation est grave, intolérable. Il constate une déchirure, une véritable crise du travail social qui ne cesse de s'étendre entre les acteurs et le système. La solution lui semble évidente : combattre la rationalité instrumentale, toujours froide et totalitaire, pour ainsi « tenter de pousser l'enracinement de l'intervention dans le mouvement de subjectivation » (1997 : 152). L'auteur estime, en outre, qu'il faille explorer la voie de « l'imaginaire professionnel clinique » comme possible émancipation de la technocratie. Mais cet imaginaire est-il autre chose que la bonne vieille conception st-simonienne[12] du professionnalisme, mélange opportun et bien senti de bonne volonté et d'expérience, fondatrice de l'élitisme professionnel ? Et ce tableau est-il aussi sombre que Renaud l'affirme ? Et si les contraintes élucidées étaient aussi habilitations du *faire* ? Renaud estime que « l'intervention sociale peut se consolider comme pratique professionnelle, i.e. d'abord comme pratique réflexive » (Renaud, 1997 : 160) d'un sujet mieux assumé. Certes, mais cette réflexivité est aussi affaire sociale (Couturier, 2000). Vous aurez compris que nous sommes réticent aux incantations professionnalistes et que nous préférons penser l'objet *intervention* comme condition habilitante et contraignante à la fois d'un travail relationnel.

Redjeb (1997) aborde la question de la normativité de l'intervention dans une perspective qui se rapproche de celle de Renaud, mais selon une formulation un peu plus analytique. Il ne pose pas *a priori* la bonne et la mauvaise normativité. S'inspirant d'Habermas (1987), l'auteur entame sa réflexion en posant trois mondes à partir desquels les travailleuses sociales sont appelées à composer : le monde des systèmes, qui implique un agir téléologique et stratégique ; le monde vécu, qui implique un agir régulé par des normes et le monde subjectif, qui implique un agir dramaturgique. Au plan des systèmes, l'intervention, fortement finalisée, constitue une pratique médiatisée par l'État, le droit, les professions et les sciences. Elle se distingue ainsi de l'action sociale, qui s'appuie autant sur les normes qu'elle les pose comme objet de transformation. Il cite à ce propos Ramognino qui estime que : « l'intervention sociale se surajoute et redouble l'action sociale, ou la remplace et se substitue à elle de manière spécifique. » (1997 : 219).

L'agir téléologique se réfère à une ontologie systémiste, « une ontologie du monde objectif » (Redjeb, 1997 : 220), naturaliste dirions-nous, où la relation s'inscrit dans un rapport utilitaire et stratégique au client, pour lequel la mobilisation de compétences, dont

---

[12] St-Simon, intellectuel de la Révolution française et théoricien du corporatisme et du socialisme français. Collaborateur du jeune Comte, il influença grandement Durkheim, qui lui consacra un cours en 1928.

les compétences relationnelles, s'organise en fonction d'une finalité de système définie hors de la relation et de la *praxis* professionnelles. L'agir régulé par les normes s'appuie sur un monde partagé, une communauté de vie qui permet la relation, et donc l'action. L'intervention se fonde ici sur une « ontologie sociale […] recourant à un langage socialement normé et potentiellement normant » (1997 : 223).

L'agir dramaturgique s'instaure au moment de l'intervention par la rencontre interactive entre deux personnes aux statuts différents qui, réflexivement, s'adaptent au sens produit dans l'interaction. Ce sens se fonde sur l'authenticité intersubjective des propos. « Problème et solution sont ainsi envisagés sous l'angle de la présentation *ad hoc* de soi à l'interlocuteur » (1997 : 224). Par cet agir, *l'existant* intervenant se conçoit comme le principal outil de son travail. Il s'agit ici d'une *praxis*, d'une mobilisation de soi, qui se réalise et s'accomplit dans le cadre d'une relation. Pour Racine (1995), la notion d'intervention comme pratique intersubjective permet de réfléchir l'élaboration en cours d'action de savoirs d'expérience, réinvestis par la suite dans l'intervention. Ce faisant, l'intervention devient l'occasion d'un agir communicationnel, d'un travail visant le dépassement des contraintes de l'action, d'un agir à multiples voix en vue de l'atteinte d'un résultat négocié par les diverses parties impliquées dans la relation clinique.

Selon cette perspective, l'intervenante compose avec ces différents *agirs,* qu'elle ne peut, cependant, rejeter complètement sans risquer de se couper des légitimités qui les sous-tendent. L'auteur l'invite à réfléchir ces différents registres normatifs et à se mettre dans un rapport réflexif avec les modes d'action qu'ils engagent. Il est pour lui possible et souhaitable de dépasser ces conditions de l'action humaine en prenant une posture transcendante au monde, soit *l'agir communicationnel*. L'intervention devrait être ainsi une pratique réflexive dans le cadre d'une relation intersubjective qui ne vise plus *l'action sur* mais la discussion entre un tiers, l'intervenante, et un client, tous deux engagés dans une démarche de résolution de problèmes de type *éthique appliquée*. L'intervention serait alors une véritable relation d'aide, d'un type nouveau, moins hiérarchisée en termes de savoir et de statut, moins violente, moins unidirectionnelle, moins instrumentale ... moins intervenante, quoi!

Mais contrairement aux auteurs en appelant à l'éthique de la discussion, Soulet estime que l'intervention comporte une impossibilité de réciprocité, et même que « la non-réciprocité est une condition *sine qua non* pour pouvoir effectuer l'intervention » (1997 : 226). Cela produit l'un des paradoxes structuraux de l'intervention sociale : alors que celle-ci a pour finalité la réinscription de l'usager dans son humanité, elle se fonde elle-même sur une relation impossible. Si nous partageons le point de vue de Soulet à ce propos, nous pensons néanmoins que celui de Redjeb demeure nécessaire à la réflexion, en autant que nous nous en distinguions sur un point capital : la pratique réflexive n'est pas transcendance de l'action professionnelle, mais bien condition de sa réalisation. Elle se pose à nous comme objet à analyser plutôt que comme projet. En outre, nous pensons que ces auteurs, par-delà leur contribution importante à cette réflexion, réduisent la notion de réflexivité à sa plus simple expression.[13]

L'intervention comme catégorie floue

Parmi les chercheurs en travail social s'intéressant à la notion d'intervention, Nélisse est sans doute celui qui aura le plus systématiquement réfléchi la question de son émergence. Il retraça l'évolution des usages et des sens de la catégorie *intervention* dans les écrits professionnels. Il observa, depuis le début des années 1970, un usage de plus en plus extensif de la notion d'*intervention* dans les professions de services aux personnes. *Intervention* se substitue selon

---

[13] La réduction de la notion de réflexivité à l'unique dimension de retour sur soi constitue une perte conceptuelle importante. Nous avons reconstruit (Couturier, 2002) cinq plans de la réflexivité :1) Le *plan réflexif* : où l'objet du réfléchissement en temps réel est l'expérience de soi. 2) Le *plan réfléchi subjectivant* : soit le plan discursif, celui de la parole, de la mobilisation de la pensée sur un objet dans une relation affective, dans sa nécessité de produire du sens. Il s'agit de la réflexion au sens commun du terme. Elle ne dissocie pas l'objet de la réflexion de l'expérience de la réflexion. 3) Le *plan réfléchi objectivant* : soit le travail d'objectivation, de production d'un logos rationnel, avec sa dimension collective telle que présentée par Bourdieu (1980b). 4) Le *plan irréfléchi* : soit le tacite, l'incorporé, le rapport pratique et immédiat au monde. Il s'agit de la méthode des ethnométhodologues, du sens pratique de Bourdieu (1980). 5) Le *plan médié* : où il n'y a pas de regard focal ; le social produit et se reproduit dans l'interaction des institutions.

lui en partie à *aide* et à *service*, ce qui traduit une transformation du sens et des conditions sociales de l'action professionnelle. Ainsi, la figure de l'intervenante se substitue peu à peu à celle de l'aidante. La catégorie *intervention* lui apparaît d'emblée polysémique, sans doute caractère de toute désignation catégorielle, mais surtout *polyphonique*, permettant aux unes et aux autres de se comprendre et de se distinguer à la fois. C'est dans ce jeu polyphonique produisant un grand nombre d'effets de sens que se situe la translation interprofessionnelle, puis interdisciplinaire.

De l'*intervention* comme une affaire politique et sociale ...

Pour Nélisse, est une « profession intervenante » (a[14] : 5) celle dont l'action est politiquement finalisée en regard de cinq grands types de situation : les urgences sanitaires, l'ordre et la sécurité intérieurs, la sécurité publique, la sécurité nationale et la protection sociale. Ces professions intervenantes croisent, selon des modalités diverses, les catégories classiques du travail professionnalisé, soit l'aide, le soin, la surveillance, la rééducation, etc. « Et c'est justement lorsque les frontières entre "aider" (au service du client) et "contrôler" (au service d'une autorité) se superposent ou se brouillent que le terme "intervenir" s'impose » (e : 10). L'intervention est donc l'affaire d'un tiers, moins d'une personne que d'une instance, d'une *fonction* exercée généralement par des acteurs extérieurs au problème.

L'intervention implique donc une autorité et une autorisation (les diverses modalités de mandat) en vue de normaliser la situation problème. Il faut cependant avoir ici une compréhension extensive des notions de *mandat* et d'*autorité*. Cette dernière n'est pas toujours univoque, la praticienne pouvant produire et imposer une part de sa propre autorité en situation clinique. Mais quoiqu'il en soit, l'intervention ne peut se penser sans l'autorité, car « il en va [...] de la guerre et de la paix dans les relations sociales » (1988). Et derrière ce mandat et cet impératif se profile l'État lui-même (a : 23); l'intervention est donc pour Nélisse une modalité de régulation sociale impliquant toujours une forme ou une autre de légitimité sociale.

---

[14] Nous référons parfois à des inédits non datés de Nélisse indexés par une lettre.

« Intervenir signifie donc réguler à partir d'une norme » (1996 : 12), et cette norme et les modalités d'action qu'elle implique se mutent en « impératif moral ascendant qui oriente, mandate, guide nos activités professionnelles et nos conduites publiques afin d'arrimer "naturellement" le service à la personne qui les justifie concrètement à un puissant intérêt d'ordre public qui les légitime politiquement » (1997 : 16).

Le terme *intervention* exprime donc à la fois une idée de rationalisation du travail, de prescription de l'action, et de mobilisation de l'agent en vue d'effectuer un changement socialement normé. Cette rationalisation prend la forme notamment de protocoles qui deviennent conditions du travail et de soi. Nélisse illustre son propos en présentant l'implantation de la trousse médico-légale[15]. Comme tout autre protocole, la trousse permet à chaque acteur de s'impliquer dans une action commune à partir de sa compétence et d'y contraindre les autres sur la base d'une réciprocité des engagements. Un engagement conditionné procède alors d'une logique pacificatrice dans le champ professionnel, objet de luttes et de jeux de distinction incessants entre *ayants droit* de l'intervention. « Ce faire-la-paix particulier transforme les conflits 'substantifs' propres à un champ d'intervention donné en transactions procédurales immanentes à, et constructives de l'action elle-même » [e : 13]. Ce travail d'engagement mutuel instille une tendance à l'égalisation formelle des statuts des agents par la reconnaissance de leur droit d'intervenir. Ainsi l'infirmière, la travailleuse sociale, l'agent de police, le médecin et la militante féministe sont engagés, par la trousse médico-légale, dans une action en partie concertée. Les jeux que permet *intervention* favorisent alors, selon Nélisse, des accords pragmatiques faisant l'économie de la recherche du consensus sur les normes sous-jacentes à l'action de chaque groupe professionnel. Cette économie du consensus est motrice de ce que nous nommons la translation. De

---

[15] Il s'agit d'un kit comprenant divers outils de prélèvement de preuve utilisés suite à une agression sexuelle. Au-delà de son aspect instrumental, la trousse contient des procédures juridiques qui engagent divers processus. Elle est une réponse relativement concertée aux problèmes de travail interprofessionnel constatés en la matière : faible reconnaissance des intervenantes communautaires, traitement policier et médical aléatoire, etc.

glissement de sens en glissement de sens, chacun se tait sur les équivoques au bénéfice de la coordination de l'action sociale.

Il ne faut cependant pas confondre la protocolarisation du travail avec le vieux taylorisme et les sourdes craintes qu'il soulève, et que représente à elle seule la figure du technocrate, rond-de-cuir forcément vil du point de vue de ses détracteurs puisque impratiquant. Plutôt que de la froide technostructure, il s'agit ici « de dispositifs concrets de travail [...] objet autant de concertation forcée que de volonté de concertation » (d : 12). Cela importe, car la contrainte est admise tacitement par tous comme aussi habilitante de l'action. La protocolarisation de l'intervention est alors « orientation politique » (a : 2) du travail professionnalisé par sa mise en forme. Cette dernière est un type de division et d'organisation du travail « où les techniques pour soi deviennent technologies en soi » (1988 : 14). En outre de la rationalité instrumentale de l'État et de certains courants des sciences appliquées, Nélisse relève que le discours sur l'intervention est souvent empreint de la théorie des systèmes (1992 : 79), théorie selon laquelle l'intervention consiste à introduire un système artificiel dans un système dit naturel. L'intervention est ainsi conçue comme un processus sur des processus, d'où la centration de nombreux discours en la matière sur les méthodes plutôt que sur les contenus.

En plus des transformations de l'État social, deux conditions relatives au champ professionnel expliquent la transformation de la façon de désigner les pratiques : l'impératif de sûreté et d'efficacité de l'action professionnelle et un accroissement des conflits effectifs ou potentiels entre groupes professionnels, notamment suite à l'invitation pressante à *travailler ensemble*. L'auteur considère à ce propos deux logiques : celle *de la puissance* permettant la pacification, et celle *de la méthode* favorisant la rationalisation. En substituant *intervention* à *aide*, les praticiennes désignent le passage de la loi de la demande à la demande de la loi (Nélisse, b). L'interventionnisme des praticiennes exprime alors une condition de leur pratique où leur travail est de plus en plus prédéfini par l'État, à la faveur de sa fonction pacificatrice et médiatrice. La logique de l'intervention est ainsi une logique d'action publique légitimée avant tout par l'intérêt public, tel que politiquement défini, bien entendu.

> L'intervention désigne ce type d'action publique qui socialise et recompose, en quelque sorte, les actions propres à chaque acteur, quel que soit son statut particulier. Ainsi **l'intervention en urgence** n'est pas la somme ou la mise côte à côte de l'intervention psychologique d'urgence, de l'intervention policière d'urgence, de l'urgence sociale des travailleurs sociaux... C'est la création d'un impératif configurant ces pratiques particulières [...] producteur de ce qu'on pourrait appeler **des situations d'intervention.** Situation ici au sens de *institutional setting:* cadre de travail construit par lequel l'engagement requis de chacun trouve place et qui est à la fois [...] un ensemble de ressources et de contraintes. (Nélisse, 1997 : 31, l'auteur souligne)

... à une condition du travail dans les métiers relationnels

Mais l'objet de recherche spécifique de Nélisse n'est pas la production sociale de l'intervention ni le rôle de l'État dans l'action professionnelle. En fait, l'analyse précédente des déterminants de l'intervention nous conduit tout droit à l'objet *travail*. Nélisse écrit que l'intervention se conçoit « comme un type logique d'action, une mise en forme particulière de l'action politico-professionnelle [qu'il] oppose à l' 'aide'. Intervenir, c'est s'engager d'un point de vue praxique "à solutionner un problème concret posé par autrui » (1993 : 172). Résolument tournée vers le futur, l'intervention apparaît comme une science des effets concrets (1993 : 170). *In situ,* l'intervention participe alors de divers réseaux conceptuels et sémantiques de l'action professionnelle. C'est, selon nous, à ce niveau que la translation d'un champ à l'autre devient possible. Découle de cette perspective que l'interdisciplinarité n'est pas tant la volonté de coopérer que l'engagement conditionné *dans* et *par* le travail.

Pour Nélisse, *intervention* se substitue, en outre, au couple conceptuel acte/ agir, classique dans l'analyse des professions. L'acte professionnel fait l'objet d'un consensus large porté par l'ensemble d'une profession et sanctionné juridiquement. Il transcende le travail effectif de la praticienne en se posant comme antérieur à sa mobilisation. L'agir concerne la mobilisation existentielle de la praticienne qui s'approprie les actes reconnus hors d'elle pour les faire siens. En s'y substituant, la catégorie *intervention* institue l'impératif d'action et substitue à l'agir le *faire*, ce qui implique méthode, protocole et maîtrise des outils. Le *faire* de l'intervention est objectivable, décomposable, mesurable et, partant, contrôlable. En fait, l'*intervention* s'éloigne de la désignation la plus fondamentale qui soit pour les professions, soit la notion d'art libéral. En général, cet art se fonde sur la légitimité de la demande, inscrite dans un rapport contractuel libéral fondé sur l'autonomie de la praticienne, alors que l'intervention se légitime d'abord par un impératif socio-moral transcendant le rapport contractuel. La demande, dans sa formulation incarnée, devient part diagnostique et condition de l'établissement de la relation. Le *faire* en question sera dorénavant scientifique, au sens de rationnel, puisque « l'intervention consiste bien à implanter le bon processus rationnel » (Nélisse, 1993 : 176) en regard de la bonne catégorisation sociale du problème.

Que retenir de cette diversité de sens et d'usages en travail social ? Comme pour les sciences infirmières, la pluralité des usages de la notion d'intervention est ici remarquable, et nous pouvons aussi discerner à travers ce foisonnement des lignes de forces, des airs de famille permettant de regrouper un certain nombre d'acceptions. À partir de maintenant, notre propos visera à élucider ces airs de famille. Nous retenons, de Redjeb, l'analyse de l'intervention comme articulation et composition complexes des différentes dimensions de toute action. Nous ne croyons cependant pas que celles-ci puissent se dissoudre en une quatrième dimension, l'agir communicationnel qui, tel que nous le comprenons, tente de dissoudre pour se réaliser les trois niveaux qu'il élucide. Nous privilégions la position de Soulet, en quelque sorte plus modeste, qui se limite à constater à travers des invariants praxéologiques que le caractère intersubjectif de la relation est inscrit dans les conditions mêmes de l'intervention. De même, si nous acceptons que la réflexivité soit au cœur de la pratique professionnelle dans les métiers relationnels, nous refusons d'en réduire la conceptualisation à l'action en cours et sur l'action d'une praticienne capable de s'abstraire, par la seule force de sa volonté, du tissu de contingences qui trame toute pratique. Surgit néanmoins de cette section l'idée que l'intervention est une *praxis* transformatrice posant l'axe *légitimité/projet/changement* comme pivot de l'action professionnelle.

Nous retenons également de Nélisse que l'émergence de la catégorie intervention procède d'une logique de rationalisation du travail qui suit notamment des impératifs technico-politiques tendant à se constituer en monopole. Le rapport existentiel à la pratique s'insère, alors, dans les conditions du travail dans les métiers relationnels. Si nous partageons avec Nélisse l'idée que la « notion d'intervention est un opérateur de taille. » (d : 6), nous pensons incontournable d'analyser comment cet opérateur agit *par les pratiques*. Au plan conceptuel, la catégorie *intervention*, catégorie floue pour Nélisse (1997), se conçoit comme un opérateur ou, dans nos mots, comme un translateur. La capacité translative de la notion est moins floue qu'adaptative, et son caractère polyphonique est plutôt un indice de sa fonction sémantique que d'imprécision. Mouvement, adaptativité et caractère translatif sont pour nous au principe de la catégorie *intervention*. Plutôt que floue, nous préférons considérer l'intervention comme une catégorie émergeante, en voie de réalisation, dont on ne connaît pas totalement la force référentielle. Le concept de *catégorie en voie de réalisation* est entendu comme une réalité symbolique transcendante aux agents, qui tend à s'imposer comme une norme naturalisée, allant de soi, car immédiate à l'expérience. Pour reprendre Bourdieu, il s'agit d'un principe de vision et de division du monde dont l'efficacité pratique, matérielle et phénoménologique est à la source de représentations et de pratiques. Par exemple, Bourdieu considère la famille comme une catégorie réalisée, comme une fiction si bien fondée qu'elle apparaît naturelle, immédiate à l'expérience (1994 : 33). Une telle fiction, parce que bien fondée et immédiate, s'inscrit alors jusque dans l'*habitus* des intervenantes comme catégorie s'instituant en :

> une loi tacite (nomos) de la perception et de la pratique qui est au fondement du consensus sur le sens du monde social [...] au fondement du sens commun. Quand il s'agit du monde social, les mots font les choses, parce qu'ils font le consensus sur l'existence et le sens des choses, le sens commun, la doxa, acceptée par tous comme allant de soi. (Bourdieu, 1994 : 33)

Si l'intervention n'a pas la puissance référentielle de la catégorie réalisée *Famille*, elle semble néanmoins sur la voie de se constituer en catégorie des plus efficaces. Zuniga constate que « l'activité d'intervention sociale est devenue une catégorie sociale reconnaissable, protégée, contrôlée et privilégiée » (1994 : 52). Elle exprime la diffusion de la professionnalité comme référence de l'action sociale valide. Pour illustrer cela, on peut relever l'usage très extensif du terme *intervenant* par des groupes professionnels (ex. : travailleurs de rue) dont le statut est contesté par les professions incorporées. Se posant comme intervenants, ces praticiens se constituent *ipso facto* comme *ayant droit à la parole légitime* dans le champ psychosocial.

2.4 Les axes autour desquels s'articulent les usages écrits d'*intervention*

Avant d'entrer sur le terrain de la pratique, il nous reste à formaliser ce que les pages précédentes que nous ont permis d'élucider. Par-delà l'abondance d'informations recueillies, quel est l'espace des usages d'*intervention* que révèlent ces quelques pages? À leur lecture, on se rend vite compte que les différentes et nombreuses conceptions ne se distribuent pas en regard d'un principe disciplinaire, mais autour de familles sémantiques en partie partagées par les deux groupes professionnels. Nous avons ainsi identifié trois groupes d'acceptions.

1. La thèse de l'intervention comme **système déterminant** se déploie autour de **l'axe des systèmes d'intervention** : la notion d'intervention se réfère au monde des systèmes hors et antérieurs à la *praxis* des praticiennes. Elle traduit un effort incessant de rationalisation du travail et d'assujettissement de la *praxis* à des impératifs scientifiques, politiques et technocratiques. L'intervention se distingue alors de l'aide ou du *caring* par son rattachement à des méthodes et à une spécification de l'impératif d'action pouvant prendre la forme, entre autres, de protocoles d'actions. Intervenir, c'est alors répondre à la question suivante : quelle est la façon la plus efficace et rationnelle d'agir en regard de la demande sociale ? La pratique professionnelle apparaît ici comme le bras opératoire de l'État et de la science.

2. La thèse de l'intervention comme **vécu de la pratique** se déploie autour de **l'axe du sens pratique** : l'intervention se réfère au monde

vécu tel qu'il se pose à la praticienne par nombre de règles et de raisons pratiques inhérentes au travail. Ce sens pratique tend à se sédimenter en invariants praxéologiques plus ou moins partagés. L'établissement de la relation, du climat de confiance, entre autres, sont des conditions incontournables de toute action dans ces métiers, et sont en grande partie indépendantes de l'intention des sujets impliqués. On considère ici des savoir-faire, des coups de main, des ethnométhodes, des *habitus*, et l'ensemble des exigences pratiques de l'efficacité du travail. Intervenir, c'est alors répondre à la question suivante : comment rencontrer ces exigences pratiques à l'occasion d'une demande spécifique ? La pratique professionnelle se conçoit alors comme un *habitus* professionnel.

3. La thèse de l'intervention comme **mobilisation du soi professionnel** se déploie autour de **l'axe praxique :** l'intervention se réfère alors au monde subjectif, à la *praxis* comme mobilisation de soi dans des activités complexes et finalisées, parfois comme projet transformationnel en travail social. Il s'agit donc du monde des intentions et des projets et, surtout, du sens que prend toute action professionnelle dans le cadre d'une relation entre un usager et une praticienne. Intervenir, c'est répondre à cette question : quel sens a l'action professionnelle en regard de la demande existentielle d'un client ? La pratique professionnelle apparaît comme une *praxis*, entendue comme une action éthique et volontaire, véritable engagement existentiel en vue de *mieux vivre ensemble.*

Ces trois axes ont un air de famille avec la théorie de l'action habermassienne présentée par Redjeb (1997) à propos de l'intervention. Nous lui empruntons donc l'idée de les articuler de façon à construire une théorie provisoire de l'intervention. Nous nous en distinguons cependant à quelques égards, notamment par notre refus de chercher une voie de leur dépassement dans une forme d'intersubjectivité abstraite du monde. Bien que présentes à des degrés divers en chacune des recensions des écrits, ces trois thèses traduisent des rapports au monde composés différemment selon les conditions du travail, les origines disciplinaires, etc. La suite du livre utilise cet outil pour analyser dans les discours des praticiennes l'articulation pratique de ces trois axes, de façon à mieux comprendre ce qui est partagé et ce qui se distingue au plan des conceptions pratiques de l'intervention.

Pour nous, la coprésence des trois thèses, à des degrés certes divers selon le groupe professionnel, les situations de pratique, ou la position occupée au sein de l'organisation, permet de réfléchir la coopération au travail dans la complexité de sa réalisation. En fait, nous pensons que la langue de l'intervention permet le passage d'un monde à l'autre, d'un système de sens à l'autre, dessinant ainsi les contours des possibles interdisciplinaires. Autour de ce thème des possibles interdisciplinaires se dessine la cible spécifique de ce livre.

CHAPITRE 3

COMMUNAUTÉ PRATIQUE ET INTERVENTION

Fort de l'outil d'analyse construit au cours des pages précédentes, nous nous proposons de descendre d'un palier de profondeur pour s'approcher des pratiques d'intervention. Pour ce faire, nous rendons compte en ces pages de quelques informations issues d'une observation directe des pratiques. Si elles peuvent sembler parcellaires, ces informations n'ont pas pour but de soutenir une ethnographie des pratiques professionnelles, mais plutôt d'accroître l'intelligibilité des présentations qui suivront dans les chapitres suivants. En fait, l'analyse des discours sur la pratique se réalise de façon plus pertinente si cette activité s'appuie sur des observations de la communauté pratique telle qu'elle se déploie sur le terrain. Le focus exercé lors des observations était triple. D'abord, il s'agissait de comprendre la vie quotidienne d'un CLSC de façon à bien nous imprégner de la communauté pratique. Pour ce faire, il fallait participer à l'ensemble des activités de l'organisation. Puis il s'agissait d'observer et de recenser les usages de la notion d'intervention. Enfin, ces observations avaient pour but de mieux comprendre les rapports interprofessionnels concrets entre infirmières et travailleuses sociales.

Les rencontres interprofessionnelles de corridors sont de toute évidence des plus importantes dans le travail interdisciplinaire des infirmières et des travailleuses sociales. Mais elles sont, de nature, insaisissables à l'observateur, car éphémères, dans une langue pratique peu explicite à l'étranger, en général très courtes et imprévisibles. Theureau (1981) a démontré que les échanges entre infirmières duraient en moyenne moins d'une minute. L'organisation spatiale des bureaux, par exemple les bureaux à aire ouverte comme il s'en trouve dans la salle des infirmières du module de soutien à domicile, deviennent des sites privilégiés pour l'observation de ces événements furtifs. Si nous n'avons pu en objectiver facilement leurs contenus, nous leur avons tout de même attribué un certain sens, notamment quant à la production des récits-client[16] ou au nécessaire ajustement mutuel dans les bureaucraties professionnelles. Là, sans aucun doute, se réalise une grande partie de l'interdisciplinarité pratique. Cependant, la variété des rencontres d'organisation du travail qu'implique la grande variété de personnel laisse aussi penser que l'interdisciplinarité pratique est affaire de coordination effective du travail. L'observation du travail des praticiennes nous permet de soutenir que l'activité d'articulation des services, et ce tant à l'interne qu'à l'externe de l'établissement, constitue une portion relativement secondaire du travail en termes de budget-temps, mais néanmoins fort substantielle quant à la finalité même du travail. En effet, si le *case work* comme tel permet de réaliser la mission organisationnelle, politique et professionnelle, l'articulation inter et intra-établissement en constitue la pleine réalisation.

Les groupes professionnels

Il est clair qu'au plan organisationnel, les infirmières occupent une position forte dans l'organisation. Ainsi, leur rôle de gestionnaires des deux principaux modules du CLSC, ainsi que leur forte présence dans la ligne hiérarchique, en sont des indicateurs. Ce fort dynamisme dans les lieux de pouvoir leur permet, notamment par le travail de certains cadres, de faire avancer des dossiers liés à leurs intérêts corporatifs. Il est à noter que la Loi sur le système de santé et des services sociaux du Québec prévoit et autorise un tel dynamisme par l'obligation de créer pour chaque établissement une instance consultative propre aux infirmières, le Conseil des infirmières et infirmiers. Ce conseil leur offre un lieu de convergence identitaire et un moyen de promotion de leurs intérêts collectifs. En outre, il y a synergie entre ce conseil et l'Ordre des infirmiers et infirmières du Québec pour la promotion et le développement de la profession. Les infirmières ont l'obligation

---

[16] Le récit-client est cet incessant travail de production de diagnostics informels, notamment lors des discussions de corridors, et qui tendent à stabiliser les diverses lectures possibles de la situation problématique de façon à faire consensus sur les interventions à réaliser auprès du client. Autès (1998) souligne l'importance de cette fonction narrative pour ce qu'il nomme les métiers sociaux (1998 : 52). Nous soutenons qu'elle concerne tout autant les infirmières, et constitue le lieu de la rencontre des groupes professionnels.

légale d'adhérer à leur ordre professionnel, ce qui leur donne une légitimité forte et des moyens importants, en plus de favoriser une certaine convergence identitaire.

Cette possibilité institutionnelle n'est pas présente au même titre pour les travailleuses sociales. En fait, le législateur a plutôt prévu un conseil, dit multidisciplinaire, regroupant tout professionnel qui n'est ni médecin, ni dentiste, et ni infirmière. Constatons que ce choix ne reflète pas la composition socioprofessionnelle des CLSC où les travailleuses sociales sont, avec les infirmières, le groupe professionnel le plus vaste. Ainsi, l'un des deux groupes piliers de l'organisation se retrouve sans voix officielle, alors que l'autre peut se doter d'une stratégie dynamique de promotion interne. En fait, le Conseil multidisciplinaire apparaît ici comme une structure plus ou moins vide de sens pour les travailleuses sociales. La participation à une telle instance ne donnerait pas accès à une libération de tâche, certains cadres pourraient y être présents, et la fonction consultative apparaît pour les travailleuses sociales les plus dynamiques d'abord comme un mécanisme sans possibilité d'action réelle. Plus fondamentalement, le Conseil multidisciplinaire rencontre la difficulté qu'il porte en son titre, soit la difficulté de réunir différentes professions, laissées pour compte par les autres instances, mais dont les intérêts collectifs sont au mieux circonstanciels, sinon contradictoires.

Lors d'activités politiques, telles que les délibérations du Conseil d'administration, infirmières et travailleuses sociales sont désignées comme les intervenantes au cœur de la mission du CLSC. Cela ne traduit pas forcément leur pouvoir interne réel, les médecins ayant un pouvoir beaucoup plus grand que les deux groupes professionnels à l'étude, malgré leur infériorité numérique.

La communauté infirmière

Le modèle conceptuel McGill en usage dans ce milieu fut diffusé à peu près en même temps que s'édifiait le concept de CLSC à la fin des années 60. En fait, les deux participent d'une même mouvance intellectuelle, plutôt holiste et socioconstructiviste. Le concept de

CLSC pose le projet de *développement social* et la cible du *bien-être social* (Gouvernement du Québec, 1972 : 190) alors que le modèle McGill pose la *promotion de la santé* et la cible de la *santé globale* (Martin, 1992). Il était donc tout naturel que ces modèles se rencontrent en CLSC et favorisent le développement de pratiques interdisciplinaires. En outre, le modèle McGill se fonde explicitement sur le caractère relationnel du travail des infirmières. Ainsi se définissent les soins infirmiers : « Science de la santé centrée sur l'interaction qui consiste en une réponse professionnelle à la recherche naturelle d'une personne pour vivre en santé » (Martin, 1992 : 44). Le modèle tend à poser l'intervention comme mobilisation de soi et comme orientation de « la façon d'agir (interventions) » (Martin, 1992 : 17). Les infirmières bachelières sont estimées plus aptes à rencontrer la complexité des exigences du modèle McGill et du travail en CLSC. Elles seraient, en outre, moins technicistes que leurs collègues formées dans une école technique. Pourtant, nous n'avons pu observer de différences ostensibles en fonction des niveaux de diplomation. Le critère de l'âge nous est apparu plus nettement discriminant que celui de la scolarité pour observer des différences dans le style de pratique.

Malgré ou par-delà les modèles conceptuels plus relativistes comme le modèle McGill, les infirmières ont, de toute évidence, un grand désir de *vrai* dans leur pratique, un *vrai* qui est moins celui de la science que de la technique. Cela s'observe notamment par le caractère fortement intolérable des zones d'incertitude. Nous avons fréquemment vu des infirmières en appeler à la constitution de protocoles pour les réduire. De même, un nouveau traitement, un nouveau type de pansement, ou toute autre nouveauté technique, déclenchent une vive discussion, où chacune participe frénétiquement jusqu'au moment où l'incertitude sera réduite. L'élément en question fera par la suite l'objet de peu de paroles.

Les infirmières nous ont semblé avoir un plus grand nombre de contraintes que les travailleuses sociales quant à l'organisation du travail. Par exemple, celles du soutien à domicile ont un système de rotation des clientèles aux trois mois, ce qui complique l'établissement d'un lien significatif avec le client et la participation aux activités multidisciplinaires entourant la production d'un plan de services individualisé. De même, leurs collègues de première ligne, outre leur travail au niveau de programmes ou de services (en périnatalité, par exemple), se voient mobilisées périodiquement pour réaliser de vastes campagnes prophylactiques (vaccinations), ce qui entrave le déploiement dans la durée de certaines relations cliniques. De façon générale, elles ont à remplir avec grande précision quantité de dossiers et outils de transmission des informations relatives au traitement, des outils de planification des fournitures et des requêtes de toutes sortes ; la contrainte va jusqu'à préciser le type de crayon à utiliser pour remplir certaines fiches de continuité de soins. De plus, le travail incessant de mise en ordre des fiches, de gestion des agendas, d'organisation des services avec des collègues et de transfert de dossiers, s'ajoute à l'important travail de rédaction administrative. Ce type d'activités, dans certains secteurs comme le soutien à domicile, prend une portion importante du temps de travail. Si les travailleuses sociales ont une moins grande charge de travail de ce type, elles ont, par contre, une tâche importante de rédaction administrative au plan des outils d'évaluation et des formulaires qui engagent des programmes. Leur horaire demeure néanmoins plus souple que celui des infirmières, et donc mieux adapté aux aléas des relations avec les clientèles.

Pour les infirmières, nous avons observé que les usages des concepts de *soins*, d'*actes* et d'*actes délégués* expriment une sémantique d'abord légale et formelle, par exemple lors de présentations devant une instance décisionnelle, où les discussions portant sur des objets de travail très formalisés. Par contre, les lexiques organisationnels et interprofessionnels sont clairement ceux de l'intervention.

Pour certaines tâches, comme en périnatalité, il n'est pas évident qu'un observateur moyen pourrait identifier d'emblée la discipline de l'intervenante, sauf et strictement pour de très courts moments de soins infirmiers. En fait, les soins infirmiers nous sont parfois apparus comme une simple valeur ajoutée à une pratique psychosociale réalisée par des infirmières. Néanmoins, il existe une ligne de partage disciplinaire (pratique dans les faits) très claire entre infirmières et travailleuses sociales. Pour les premières, une situation si complexe qu'il ne leur est pas possible de produire un récit-client stabilisé les invite à demander l'intervention d'une travailleuse sociale dans le dossier « pour trouver le vrai problème ». De même, tout dossier devenant psychologiquement lourd, ou mettant en cause des problèmes strictement sociaux, comme l'extrême pauvreté par exemple, fait l'objet d'une référence à une travailleuse sociale.

Il est connu que les travailleuses sociales débattent beaucoup sur le thème de leur identité professionnelle. La crise, identitaire notamment, apparaît même comme une « thématique récurrente » de la profession (Deridder, 1997 : 23). Il est ainsi possible de comprendre le malaise collectif des travailleuses sociales. Si nous avons observé de telles discussions chez les travailleuses sociales, les discussions ayant une fonction de même ordre chez leurs vis-à-vis participent d'une toute autre perspective. Nous avons, par exemple, observé une discussion prospective de l'équipe en périnatalité sur le sens des sciences infirmières. Ces infirmières s'interrogeaient à savoir jusqu'où devaient-elles aller dans l'expansion des limites de leur profession. Une infirmière affirme : « dans le fond, on est des travailleuses sociales », mais son supérieur rectifie : « On est pas des t.s., mais on fait de la relation d'aide, et on est bien placées pour faire l'approche bio-psycho-sociale. » Ce débat est fort présent chez les infirmières et est clairement perçu comme une menace par les travailleuses sociales. Cependant, dans les faits, nous avons observé de nombreux passages interprofessionnels qui laissent croire que les infirmières, pour des raisons tant pratiques que conceptuelles, souhaitent refiler les cas lourds au plan social, mais aussi au plan administratif, aux travailleuses sociales. Ainsi, la *relation d'aide* est une voie de réalisation professionnelle et personnelle des infirmières en autant qu'elle n'entrave pas le cœur de leur pratique de soins. Sur un plan pratique, en l'absence de travailleuses sociales dans un dossier, les infirmières en prennent plus large. On leur accorde en outre un devoir de veille clinique qu'elles réalisent dans la proximité du corps et la quotidienneté des soins. Ce qui fait consensus pour toutes les intervenantes, c'est l'idée qu'en principe, celle d'entre elles la mieux placée pour réaliser une intervention sera celle qui aura le lien le plus significatif avec le client. Ici, la proximité au corps des infirmières et leur aura de neutralité leur procurent un avantage symbolique sur les travailleuses sociales.

En périnatalité, les infirmières participent tout à fait de l'approche humaniste et relativiste des travailleuses sociales de première ligne, comme les infirmières du programme de santé et sécurité au travail sont proches de la gestion de programmes typique aux travailleuses sociales du module de soutien à domicile. À la différence près que pour ces infirmières, il est peu ou pas question d'agir sur les programmes, comme les travailleuses sociales tentent de le faire si fréquemment. Si elles partagent avec les travailleuses sociales cette position de femmes-frontière (Freynet, 2000) entre les services publics et les demandes, elles se posent moins comme interface (au sens d'une action bivalente sur les systèmes) que leurs collègues travailleuses sociales qui se distinguent par ce projet de transformation sociale caractéristique de leur *ethos* professionnel.

Lors d'une discussion entre infirmières en périnatalité, nous avons observé le compte rendu des formations auxquelles elles avaient assisté. La plupart étaient des formations typiques au travail social, sauf une plus spécifique aux soins infirmiers, plus technique, et qui fut très vite présentée. Les autres semblaient plus stimulantes pour ces infirmières, qui exprimaient leur insatisfaction quant à l'écart entre leur formation techniciste et positiviste et l'humanisme qu'elles souhaitent réaliser à travers leur adhésion convaincue au modèle McGill. Lors de réunions d'équipe, des informations techniques sont diffusées, souvent très rapidement, mais avec un intérêt des plus intenses. Nous employons le terme *technique* puisqu'il ne s'agit que très rarement d'argumentaires à proprement parler scientifiques. L'information est de cet ordre : « Le nouveau produit s'applique ou agit de telle façon », sans plus. Au besoin, l'infirmière qui présente l'élément nouveau appuiera sa présentation sur un appel à l'autorité (« J'ai appelé à l'hôpital Sainte-Justine » ou « le représentant de la compagnie me l'a dit »). L'intensité et la rapidité de telles séquences nous indiquent que ces informations techniques ont un statut particulier, soit celui de la nécessité technique et du peu de signification au plan existentiel. Les échanges sur la technique sont donc courts, précis, et n'ouvrent pas, ou si peu, sur une discussion engagée, comme si l'action des infirmières découlait de nature des diverses modalités d'une méthode générale. Par exemple, le nouveau questionnaire préalable à l'obtention de la pilule abortive ou la nouvelle fiche santé à remplir en milieu scolaire ont été présentés en réunion d'équipe. Chacun de ces formulaires implique des protocoles d'intervention qui ont fait l'objet d'une présentation précise, mais de peu de débats. Ce qui fait débat, c'est leur capacité à enclencher les bons protocoles.

Chez les infirmières, le protocole d'intervention et le plan d'intervention sont parfois synonymes. Dans la vérité du diagnostic, le plan d'intervention ne se négocie pas, il tend à s'imposer de lui-même, comme application spécifique d'un protocole validé. Pourtant, l'idée même du plan d'intervention appelle une composition complexe d'actions plutôt que la simple application de protocoles. Ainsi, la diversité des objectifs poursuivis par certaines infirmières, comme en périnatalité par exemple, fait en sorte que l'intervention ne peut s'ancrer dans la seule méthode générale et les protocoles d'intervention qui y sont associés ; le plan d'intervention devient alors pertinent, comme adaptation du *faire* à la complexité des situations.

Notre analyse de l'importance du rôle du concept de *diagnostic infirmier* dans l'évolution du groupe professionnel fut considérablement remise en cause par l'observation. En fait, ce concept est de peu de signification en pratique. Il semble en effet qu'il n'aura eu qu'une courte vie, comme étape intermédiaire permettant d'accéder au véritable enjeu : celui d'avoir le droit entier de formuler des diagnostics (sans qualificatif) pour certains secteurs d'activité. L'infirmière clinicienne, la *nurse practionner* aura un champ d'expertise lui permettant de formuler des diagnostics jusque-là chasse gardée de la médecine. Le concept de diagnostic infirmier confine les infirmières à leur secteur d'activité strictement soins infirmiers.

Pour les infirmières de périnatalité, le premier contact avec le client est relativement facile, dans la mesure où elles ont des approches leur offrant une légitimité d'intervenir peu menaçante pour les mamans : questionnaires de routine pour vérifier le retour de couches, offre de services (aller à domicile pour peser bébé) et, surtout, désir de savoir si bébé va bien dans un moment intense de la vie de la mère, le *post-partum*. Évidemment, tous les petits bobos de bébé et les questionnements de la mère quant aux *relevailles* et aux soins des enfants permettent d'établir le contact. Ces diverses perches tendues sont souvent suffisantes pour établir un premier contact assez significatif pour se poser *de facto* comme intervenante-pivot. Ce lien peut également servir à dépister des problèmes graves pour lesquels la Protection de la jeunesse, par exemple, pourra être mobilisée. Au plan de l'interprofessionnalité et de l'intersectorialité, les infirmières se perçoivent comme des intervenantes-pivot, puisqu'elles peuvent accéder aux pratiques sociales, alors que la réciproque est bien entendu refusée aux travailleuses sociales. Par contre, la proximité des travailleuses sociales aux tâches administratives reliées à la mobilisation des programmes, ce que les infirmières ne souhaitent pas toujours faire, leur confère un avantage stratégique. D'ailleurs, les travailleuses sociales résistent à leur transférer de telles tâches, sans doute conscientes de l'enjeu émergeant du contrôle du titre informel d'intervenante-pivot dans un contexte de développement des modèles de continuité des services.

Les infirmières accordent une grande importance à l'élaboration d'une mise en récit du problème du client par ce que nous nommons le récit-client. Par exemple, au terme d'un appel à domicile d'une jeune maman, l'infirmière se tourne immédiatement vers ses collègues et lance à la volée l'information suivante structurant le récit-client :

> Le bébé est né hier, 5 livres seulement, agar de 8-8-9. La mère est inquiète, le père n'est pas là, mais la grand-mère est présente. La Protection de la jeunesse est intervenue pour son premier enfant, mais pas de mesures de prises. Il paraît que la mère boit pas mal. Elle est intéressée à ce que j'aille peser bébé la semaine prochaine, je vais lui offrir O.L.O., puis on verra.

Ses collègues commenteront, compareront avec d'autres dossiers, donneront des informations sur le cas ou apporteront parfois des rumeurs concernant la cliente. L'infirmière-cadre sera interpellée pour refaire l'exercice, puisqu'il pourrait s'agir d'un cas de Protection de la jeunesse. Elle confirme que c'est un cas admissible au programme O.L.O., soit un programme de suivi des jeunes mères jugées à risque. Par la suite, l'infirmière visiteuse résumera de façon informelle les éléments nouveaux et elle énoncera clairement ses divers diagnostics informels sur la situation. Au terme de l'exercice, chacune aura un récit-client relativement proche de l'autre. Ce transfert d'informations sur la cliente et les possibles institutionnels et programmatiques n'a pas de visées pratiques immédiates autres que celle de produire un récit-client faisant largement consensus. La séquence a ceci d'intéressant qu'elle met en lumière l'articulation des informations sociales et sanitaires, où les informations du corps sont présentées dans un rapport d'évaluation de la gravité des affaires de l'âme.

Au plan de l'organisation spatiale, la plupart des infirmières ont des bureaux à aire ouverte, contrairement aux travailleuses sociales. *De facto*, ces agoras organisationnelles favorisent l'élaboration des récits-client et se constituent en lieux de rencontres interprofessionnelles. Dès son arrivée dans une telle aire ouverte, une infirmière informera ses collègues des nouveaux éléments qu'elle rapporte de sa visite à domicile de façon à ajuster le récit-client,. Les bureaux individuels des travailleuses sociales, fermés car configurés pour le travail de cas, sont les lieux plus sélectifs de l'introspection, des sujets délicats, de la pression faite sur un pair, du respect de la confidentialité, etc. Il semble relativement fréquent que les infirmières y viennent pour mobiliser une travailleuse sociale, surtout sur le mode « ça n'a plus de bon sens, il faut faire quelque chose. »

La communauté des travailleuses sociales

De façon générale, l'appellation officielle *travailleuse sociale* est secondaire aux diverses appellations institutionnelles et ce, même pour les travailleuses sociales membres de l'Ordre pour qui le titre est fort valorisé. Elles se désignent d'abord comme employées du CLSC, d'un tel service, ou comme *intervenante sociale,* soit la désignation institutionnelle et pratique première. L'appellation *agent de relations humaines* est surtout reléguée aux désignations administratives et syndicales. De toute évidence, elles sont les expertes des processus organisationnels et programmatiques. D'ailleurs, les autres expertises possibles, par exemple au niveau des problématiques ou des méthodes spécifiques, sont peu l'objet de discussions en réunions d'équipe. Le focus premier de ces rencontres est l'actualisation des connaissances relatives aux ressources, aux nouvelles politiques et aux règles institutionnelles. L'observation nous a permis de constater que les infirmières interpellent d'ailleurs davantage les travailleuses sociales sur la base de leur connaissance des processus organisationnels que sur la base de leurs connaissances cliniques.

Nous avons observé une ligne de partage importante au sein du groupe des travailleuses sociales. D'une part de cette ligne se trouvent les travailleuses sociales qui se revendiquent d'une pratique de type psychothérapeutique et, d'autre part, celles qui se revendiquent d'une pratique d'inspiration vaguement structurelle. Cette division s'atténue en pratique, notamment par le fait que nombre de tâches sont instituées comme psychothérapeutiques. En fait, la pratique d'inspiration structurelle apparaît davantage comme un horizon idéal que comme une réalité empirique prévalente. Néanmoins, ce débat semble significatif pour les travailleuses sociales puisqu'il leur pose la question de l'identité professionnelle et du sens de leur action professionnelle en regard du projet transformationnel fondateur de la profession, projet que même l'Ordre professionnel revendique (O.P.T.S.Q., 1998). Quoi qu'il en soit, toutes participent, certes à des degrés divers, de cet *ethos* professionnel posant les valeurs de la justice sociale et du changement social au principe de leur action.

Au soutien à domicile, elles ont un grand intérêt pour tout ce qui touche le biomédical. En réunion d'équipe, elles discutent d'Alzheimer, de soins palliatifs, de démence, de sclérose en plaques, entre autres, souvent dans le but de mieux comprendre ces maladies, leurs développements possibles, etc. Elles iront se former en la matière, assistant par exemple à un colloque sur le vieillissement du cerveau. Avec le temps, elles acquièrent une quantité importante de connaissances au plan de la symptomatique, de la pharmacologie, etc. En fait, elles ont une connaissance paramédicale de sens commun qui n'aboutit évidemment pas à une application directe, même au niveau du simple conseil. Elles font un usage précis de ces savoirs, soit l'évaluation de la trajectoire biomédicale de leurs clients pour pouvoir mobiliser les ressources adéquates à la situation. En outre, ce sens commun biomédical leur permet d'accéder à une certaine parole interdisciplinaire, en se posant, si ce n'est comme interlocutrices légitimes auprès des médecins et autres professionnelles paramédicales, au moins comme auditrices autorisées. Notons au passage que les travailleuses sociales doivent aussi manipuler une quantité importante de connaissances légales, mais toujours dans une perspective proche du sens commun. Dans ce contexte, une de leurs tâches importantes au soutien à domicile sera de vérifier l'enclenchement des programmes en tenant compte du contexte biomédical, des besoins physiologiques, des traitements en cours, des incidences juridiques, etc. Cette tâche pose les travailleuses sociales du soutien à domicile comme intervenantes-pivot *de facto*, puisque l'action de l'ensemble des professionnelles dans un dossier est d'abord une *mobilisation institutionnelle*. Elles apparaissent et se définissent d'ailleurs comme courtières de services pour un client. Une travailleuse sociale traduit ainsi cette idée : « Je me sens comme une vendeuse "Avon" avec ma valise de services ».

En réunions d'équipe multidisciplinaire, elles coordonnent souvent les discussions, formulent des synthèses, sont considérées comme les spécialistes *ès* ressources, et se posent souvent comme médiatrices interprofessionnelles. Ce travail de médiation peut aller jusqu'à la mobilisation de leur pouvoir de conviction pour engager une autre professionnelle, ergothérapeute par exemple, à influer sur un comité décisionnel, à la faveur d'un client commun.

L'organisation du travail et les rapports interprofessionnels

Le point de rencontre premier entre les diverses disciplines se situe autour de généralités de la psychologie populaire comme celle-ci : « L'estime de soi est la base de l'individu et donc de l'intervention ». Cela traduit le fait que le social constitue, si ce n'est ce *passage du nord-ouest* (Serres, 1980) tant recherché, à tout le moins cette terre de tous les carrefours. Cela indique également l'importance de la dimension existentielle commune à tous ces métiers relationnels. En plus de ces savoirs de la psychologie populaire, les savoirs d'expérience, issus d'une même communauté pratique, les rapports aux clients ainsi que l'ensemble des invariants praxéologiques forment autant de lieux de rencontres interdisciplinaires.

En fait, infirmières et travailleuses sociales incarnent le projet du CLSC. De prime abord, il semble que la stabilité de l'organisation du travail, mais surtout le sens collectif de l'action (servir la population) et certaines valeurs professionnelles (humanisme, relativisme, désir d'intervenir, etc.) soient assez forts pour transcender les éventuels conflits interprofessionnels et *a minima* unifier les projets d'intervention. Les modalités d'action sont, cependant, objet de débats, quoique la plupart du temps fort discrets. Entre autres, les infirmières considèrent les travailleuses sociales comme lentes à intervenir et, à l'inverse, les premières sont considérées comme interventionnistes par les secondes. Une travailleuse sociale nous dit de façon typique à ce propos que les « infirmières veulent régler les problèmes, peu importe où la personne est rendue ». Une telle demande ne sera d'ailleurs pas considérée d'emblée par la travailleuse sociale comme une demande officielle, exigeant une mobilisation immédiate pour évaluation, mais plutôt comme une information particulière qu'il sera nécessaire de vérifier. Du point de vue des infirmières, le passage d'un dossier à une travailleuse sociale relève de l'articulation des fonctions. Pour leurs vis-à-vis, ce transfert procède plutôt du fait que l'infirmière a atteint son seuil limite de compétence. De leur point de vue, les infirmières font tout ce qu'elles peuvent pour garder le client pour elles, puis le réfèrent aux travailleuses sociales au moment où ledit seuil est franchi. Ici, pointe une critique adressée aux infirmières quant à l'irrespect des champs disciplinaires.

On peut percevoir une certaine alliance entre auxiliaires familiales et sociales et travailleuses sociales contre les infirmières. Il est probable que cette alliance stratégique prend sens par une double compétition avec les infirmières. D'une part, infirmières et auxiliaires familiales se côtoient dans la proximité du corps et la quotidienneté des soins, alors qu'infirmières et travailleuses sociales sont en tension au plan organisationnel pour le contrôle symbolique de certains champs de pratique. Ainsi, certaines travailleuses sociales préféreront court-circuiter les infirmières en demandant aux auxiliaires d'effectuer la veille clinique, et aux médecins les informations médicales plus spécifiques concernant le client en question. En outre, travailleuses sociales et auxiliaires familiales partagent une certaine stagnation professionnelle au sein des CLSC. Nous avons assisté à une formation donnée par un travailleur social d'expérience à ces auxiliaires de façon à les outiller pour réaliser leur fonction de veille clinique. Le travail social apparaît ainsi comme une voie de promotion sociale pour les auxiliaires familiales, certaines d'entre elles projetant d'acquérir une telle formation. Dans les faits, nous avons assisté à plusieurs réunions multidisciplinaires où participait toujours une auxiliaire familiale, alors que travailleuses sociales et infirmières étaient tour à tour absentes. Cela traduit la reconnaissance des auxiliaires familiales comme principales témoins de proximité.

Nous avons souligné précédemment que les infirmières ont, dans les faits, un accès au pouvoir, notamment au niveau de la ligne hiérarchique. En regard de ce pouvoir gestionnaire certes important, les travailleuses sociales occupent une place stratégique au sein de l'accueil où se réalise la première évaluation et l'orientation de la demande. Ainsi, la porte d'entrée au CLSC est plutôt sociale, en ce sens que même une demande de soutien à domicile peut s'initier par une dimension d'épuisement, de risque suicidaire, d'isolement, etc. L'implantation prochaine de la gestion de cas pour le soutien à domicile pourrait soit confirmer ce pouvoir d'orientation, ou ouvrir la porte au travail des infirmières en la matière, comme c'est parfois le cas dans d'autres CLSC. Cela entraînerait une reconfiguration de l'équilibre des pouvoirs et des prestiges qui pourrait soulever des conflits interprofessionnels. En pratique, ces questions sont actuellement l'objet de très vives discussions, à la hauteur de leurs enjeux symboliques.

Si nous n'avons observé de conflits ouverts, nous avons vu des pratiques silencieuses faisant en sorte de limiter les collaborations interprofessionnelles. Par exemple, l'unique infirmière d'une équipe, jugée trop interventionniste et trop envahissante dans le travail des travailleuses sociales ne fut pas remplacée alors qu'elle quittait pour maladie. Il semble que les travailleuses sociales de cette équipe préfèrent référer directement aux médecins plutôt qu'à une infirmière. Au sein d'une autre équipe, en grande majorité composée d'infirmières, les réunions portaient en grande partie sur le partage d'informations quant aux diverses techniques d'intervention psychosociale. Le travailleur social présent se positionne ostensiblement hors du débat et n'acquiesce que mollement aux demandes de transfert d'informations. En retrait, il participe peu, refuse tacitement de les former, tout en esquivant la confrontation directe. Il se contente de relativiser quelque peu certains jugements des infirmières et de donner des informations procédurales, de toute façon accessibles à chacune.

La rencontre interdisciplinaire porte d'abord sur le transfert de dossiers comme moyen pour réaliser la continuité organisationnelle des services. L'essentiel de ce travail se passe alors en réunion d'équipe focalisée sur les diverses modalités de la coordination interprofessionnelle. Cependant, une part des plus importantes de cette activité se déroule selon une modalité d'ajustement mutuel qui se réalise surtout en discussions de corridors, en grande partie non planifiées. Même les réunions en équipe multidisciplinaire ne semblent pas avoir un niveau de signification équivalent à ces discussions informelles. Elles ont évidemment moins une fonction officielle d'organisation des services que d'unification des récits-client : cela fait, chacune, ou peu s'en faut, sait ce qu'elle doit faire et retourne à son activité relativement autonome. La multiplicité des récits s'atténue donc au cours de la rencontre multidisciplinaire pour se stabiliser peu à peu en un récit-client relativement unique, bien que parfois à multiples voix, comme autant de figures disciplinaires. C'est donc lors de la production des récits-client que se réalise l'activité interdisciplinaire pratique la plus importante. La rétention d'informations peut alors sembler comme une stratégie de repliement corporatiste. De plus, des seuils problématiques et des protocoles d'engagement interprofessionnel font en sorte que *travailler ensemble* soit, au plan organisationnel, un *sine qua non*. De façon tendancielle, les infirmières recherchent plutôt la standardisation et la protocolarisation des procédures ; le flou est estimé contre-productif, alors que pour les travailleuses sociales, il s'agit plutôt de coordonner, d'arrimer, de planifier les tâches, le flou étant constitutif du réel. Une part très importante des rapports interprofessionnels se réalise en fait par simple référence téléphonique, en autant que le récit-client soit estimé et reconnu comme stabilisé ; dans le cas contraire, une rencontre *de visu* s'impose.

En regard des découpages disciplinaires et organisationnels du travail, il existe une règle praxéologique non écrite mais à laquelle toutes se réfèrent, à l'effet que c'est à l'intervenante la plus significative aux yeux du client que revient d'abord le droit et le devoir d'intervenir. Celle-ci portera *de facto* le titre d'intervenante privilégiée, ce qui lui octroiera une fonction-pivot. L'équipe multidisciplinaire dans son ensemble ou les diverses ressources professionnelles prises isolément se mettront alors au service de la relation privilégiée, comme moyen premier de la réalisation du projet d'intervention. Si cette règle pratique semble très significative pour les intervenantes, il va sans dire cependant que d'autres règles et conditions pratiques viennent la baliser, voire la contredire. Les champs de pratique demeurent présents, même si la proximité au travail favorise l'établissement de nombreuses et parfois complexes passerelles entre eux.

Lors d'activités de formation destinées aux clientèles de périnatalité co-animées par une travailleuse sociale et une infirmière, il semble que la première ait le plus souvent le mandat explicite d'animer les rencontres et les moments de discussions planifiées. Cependant, dans les faits, l'animation se fait de façon conjointe, selon les exigences praxéologiques de la rencontre. Évidemment, les contenus abordés se découpent plutôt selon les champs disciplinaires. Cependant, de façon générale, ces contenus nous sont apparus plutôt de soins infirmiers, ou en tout cas pouvant être entièrement assumés par une infirmière. Il nous a d'ailleurs semblé que les travailleuses sociales n'exprimaient pas un grand enthousiasme à leur participation à ces activités co-animées. En fait, quel sens a leur présence dans ces activités ? Le duo infirmière/travailleuse sociale est certes une incarnation de l'institution même. Mais il nous semble que la présence de la travailleuse sociale a d'abord pour fonction de répondre à une demande sociale qui se révélerait lors de tels ateliers qui, rappelons-le, sont offerts à des clientèles ciblées en regard d'indicateurs sociaux. Ici, c'est la travailleuse sociale qui a un mandat de veille clinique. Le mandat implicite à sa présence est-il d'œuvrer à la périphérie du travail des infirmières ? Sans doute est-il vrai que cette représentation de l'action du CLSC vise à atténuer les identités professionnelles, comme si la présence de l'infirmière banalisait celle de la travailleuse sociale, associée dans les classes populaires ciblées ici à « l'enleveuse » d'enfants. De façon générale en périnatalité, les infirmières sont des généralistes du corps et de l'esprit et les travailleuses sociales des spécialistes des problèmes sociaux, notamment sous l'angle des ressources à mobiliser.

Le système d'information et le classement des interventions

Pendant notre séjour, nous avons été témoin de la dernière étape de l'implantation du *Système d'information sur les clientèles et les services des CLSC* (SIC +). Ce cadre normatif poursuit un objectif de normalisation des méthodes d'archivage et d'uniformisation des statistiques. En plus des dossiers papiers, les intervenantes doivent compiler à l'aide de ce système informatique des statistiques sur leurs interventions en termes de nombre, de catégories d'actions réalisées, etc. La résistance passive à l'implantation de ce système était relativement significative, mais nous l'avons vue décroître rapidement suite au simple usage du système. Bien que les intervenantes aient adopté cette nouvelle pratique, il est évident que le système apparaît peu important pour elles, la seule statistique qui compte à leurs yeux étant le nombre de dossiers.

L'élaboration de ce système d'informations procède d'un désir gestionnaire d'uniformisation des modalités de compilation des statistiques internes afin de doter le réseau d'un outil d'analyse des performances pertinent à l'organisation, comme pour le Ministère. L'unité de base du système est l'*intervention*. Ce système a une filiation médicale prenant sa source dans un codex médical de l'Organisation mondiale de la santé. Cela nous étonna puisque nous anticipions que le terme *intervention* provenait plutôt des lexiques des sciences sociales. Mais après réflexion, nous pensons qu'il est possible de conserver ce point de vue en rappelant la position mitoyenne des sciences de la gestion et du *management* aux sciences sociales et médicales, surtout au sein de l'Organisation mondiale de la santé, où ces sciences font depuis longtemps usage de ce terme, notamment pour désigner l'intervention de l'État en matières sanitaires et sociales (Castel, 1988), notamment dans une perspective épidémiologique. Le lexique de ce système de classement est donc clairement celui de l'intervention, le logiciel permettant de consigner le *profil d'intervention* et *les raisons d'intervention*. Les activités répétitives comme la vaccination ou les tests de dépistage font partie quant à elles des *activités ponctuelles*. Elles se distinguent de la catégorie *intervention*, car la « nature de cette activité ne justifie pas la rédaction d'une note significative au dossier » (Gouvernement du Québec, 1999 : 17). Toutes les activités qui ne sont pas directement reliées à un client (faire une télécopie, évaluer une résidence privée, etc.) ne sont pas des interventions, au sens du cadre normatif. Du point de vue des intervenantes, ces activités font pourtant partie du processus d'*intervention,* processus qu'elles considèrent comme insécable. Les raisons d'intervention sont préétablies par le système, l'intervenante choisit un maximum de trois raisons parmi les plus utiles pour décrire son action. Les deux actes les plus significatifs, l'éventualité d'un suivi et le mode d'intervention sont également consignés en fonction de choix prédéterminés. Ces informations doivent, en théorie, être compilées dès l'intervention terminée. En pratique, cela se réalisent au mieux quotidiennement. Une note significative au dossier indique une évolution du plan d'intervention. Il s'agit de la version la plus stabilisée et publique du récit-client. Bref, au plan de la gestion, l'intervention est une série d'actes (Gouvernement du Québec, 1999 : 8) engagés par une demande, auprès ou pour un client, appuyée de raisons et rattachée à un programme ou un service, et suffisamment significative pour qu'elle soit consignée au dossier. Elle exclut ce qui la prépare, dont les activités d'analyse. Enfin, elle est l'unité de mesure du travail qui se réalise en CLSC. Ainsi, le rapport annuel de ce CLSC chiffre à près de 60 000 le nombre d'interventions réalisées pour l'année étudiée.

Malgré l'apparente rigueur de la définition de la notion d'*intervention* dans le système S.I.C. +, nous avons retrouvé la polysémie inhérente à la notion décrite précédemment. Par exemple, quant à l'activité des infirmières répondant à la ligne téléphonique *Info-santé*, le système ne les engage pas à consigner leurs interventions. Cependant, leur travail s'inscrit dans un système d'action publique qui se désigne lui-même explicitement comme système d'intervention. Outre le peu de signifiance pratique du système SIC + du point de vue des intervenantes qui le jugent technocratique, et donc à l'encontre de la noblesse clinique, il comporterait des carences formelles. Par exemple, cette version du système ne reconnaît pas la consultation interprofessionnelle comme part de l'intervention. Plus fondamentalement, le système reproduit des divisions disciplinaires en ne reconnaissant que fort mal l'intervention psychosociale de certaines infirmières.

Les usages observés de la notion d'*intervention*

Nous avons remarqué un usage écrit plus fréquent et surtout plus systématique d'*intervention* que dans la langue parlée. À cet égard, l'intervention apparaît d'abord inscrite dans une sémantique organisationnelle plutôt que pratique. L'intervention paraît en outre comme un terme de la langue de la programmation. D'ailleurs, les documentations internes, comme celles du Ministère, font un usage abondant d'*intervention*. Plus spécifiquement, nous avons entendu nombre d'usages d'*intervention* pour désigner une forme ou l'autre de l'action institutionnelle ou programmatique. Ainsi, le CLSC intervient auprès de l'administration scolaire pour obtenir une ressource.

L'acception *intervenante* fait, par contre, l'objet d'un usage très répandu dans la langue pratique. Ce terme permet sans doute de réduire les difficultés de désignation interprofessionnelle (titres de fonction, titres professionnels, titres disciplinaires, etc.). Mais plus fondamentalement, nous pensons que cela traduit le désir et la nécessité d'égaliser les statuts des diverses travailleuses dans ce lieu, le CLSC, qui fut conçu et qui se veut interdisciplinaire. Une telle modalité symbolique d'égalisation statutaire, même si elle peut sembler dérisoire, apparaît comme une condition importante du *travailler ensemble*. Dans les écrits institutionnels, l'intervenante générique est d'abord toute employée agissant directement dans la vie des clients (de l'auxiliaire familiale au médecin). En périnatalité, « les parents sont les premiers et les meilleurs intervenants », affirme une infirmière, comme au programme de santé et sécurité au travail, où les travailleurs sont les premiers intervenants pour assurer leur sécurité. Le terme *intervenants sociaux* désigne l'ensemble des travailleuses du social, par-delà leurs différences disciplinaires.

En général, pour les infirmières, plan de soins, plan de traitement et plan d'intervention sont à peu près synonymes. Le dernier réfère un peu plus aux objectifs et souligne les légitimités impliquées dans l'action. Il comprend notamment l'autorisation explicite du client et s'ouvre à des dimensions plus larges que la stricte action clinique en soins infirmiers. À la ligne d'information Info-santé, nous avons observé des usages très systématiques de la notion d'intervention. Les infirmières œuvrant dans ce service répondent à des appels téléphoniques, pour une grande partie dans le domaine de la santé. Le client pose une question relative à un problème puis l'infirmière mobilise dès cette première question un répertoire informatisé de problèmes. Elle cherche à nommer avec le plus de précision possible le problème de l'appelant. Ce répertoire informatisé collige une vaste série de problèmes auxquels correspondent des interventions protocolarisées. Ce système reprend d'une façon pédagogique les répertoires d'interventions infirmières auxquels nous avons référé précédemment. En pratique, les infirmières restent très collées à l'énoncé même du protocole et réfèrent le client à une ressource spécialisée s'il s'avère que l'explication à donner doit aller au-delà dudit protocole. Il arrive même qu'elles présentent le protocole sans trop y croire. Mais la nécessité d'établir une standardisation des messages est telle qu'elles n'osent aller au-delà de ce qui est écrit. Même dans les dossiers où l'infirmière est experte, elle ne livre pas, ou si peu, son expertise propre. L'action de ces infirmières vise, dans un premier temps, à repérer des indices permettant d'identifier le protocole approprié, et par la suite de le déclamer avec précision. L'apport spécifique de l'infirmière se situe surtout au niveau de l'accueil existentiel (le ton de la voix, quelques techniques d'écoute active) sans trop cependant inviter à l'établissement d'une relation significative, le contexte et le mandat ne s'y prêtant pas. Il va sans dire cependant que pour une situation qui exigerait une affiliation forte, par exemple en cas d'indices suicidaires, l'infirmière prendra le temps de discuter davantage, le temps nécessaire à la préparation d'une référence aux travailleuses sociales de l'accueil.

Nous avons observé une rencontre d'équipe d'infirmières scolaires pendant laquelle il y eut une activité de conceptualisation de la notion d'intervention. On pouvait lire au tableau : « Intervenir correctement, à partir de la personne. » La formation à laquelle se référait cet énoncé reproduit le double ancrage de l'intervention infirmière en soulignant la grande nécessité d'établir un lien significatif avec le client, tout en rappelant la principale crainte des infirmières, soit de ne pas faire l'intervention *juste*, c'est-à-dire prescrite.

Lors d'interventions de groupe, le terme *intervention* est peu ou pas employé. Son usage rappellerait-il le caractère illusoire de la rencontre qui se veut si relationnelle ? S'agit-il d'une stratégie d'occultation de la fonction sociale de ces groupes ? Sans y voir une intention manifeste et malfaisante, cette anecdote est pour nous l'envers symétrique de ce que nous avons écrit plus haut quant aux nombreux usages de ce terme dans les écrits de la programmation. En appeler à l'intervention, c'est alors rapatrier les systèmes d'intervention dans une activité qui s'espère relationnelle. Enfin, et cela est significatif pour nous de ce qu'occultent les usages d'intervention, s'il y a des usages divers du terme, il n'y a aucun équivalent en pratique pour l'autre pôle de la relation clinique : point d'*intervenu*, il n'y a que des *clients*. Ici, les tonalités de liberté et de contrainte sont totalement à l'inverse de celles qui découlent de la lecture que nous faisons de l'intervention.

CHAPITRE 4

L'ESPACE DES USAGES D'*INTERVENTION* DANS LES DISCOURS

Descendons encore d'un palier de profondeur en présentant, dans ce chapitre, la mise à l'épreuve d'une grammaire de l'intervention (Nélisse, 1997) et des trois axes grammaticaux que nous avons présentés au second chapitre. Pour ce faire, nous avons analysé une vingtaine d'entretiens de recherche en encodant les énoncés selon deux perspectives.

La première, toute simple, visait à recenser les usages explicites de la notion d'intervention et de ses dérivés (intervenir et intervenant, conjugués et accordés) afin de les classer dans la grammaire développée par Nélisse.

La seconde perspective nous permit de descendre un peu plus en profondeur par le classement de l'ensemble des énoncés selon qu'ils évoquaient les *systèmes d'intervention,* qui traduisent le monde des systèmes, les *invariants praxéologiques,* qui traduisent le monde vécu, ou l'axe praxique de la *mobilisation du soi professionnel,* qui traduit le monde subjectif. Ici, nous postulons que l'ensemble des discours énonce l'intervention, ce pourquoi les locutrices étaient d'ailleurs conviées, et que nous considérons chaque énoncé comme un acte de langage référant à l'un de ces trois mondes. Enfin, il importe de souligner que ce chapitre traite spécifiquement des usages, alors que le prochain plongera plus en profondeur en traitant du sens.

Mise à l'épreuve de la grammaire de l'intervention de Nélisse

Nélisse propose un schéma d'intelligibilité identifiant six niveaux de sens des usages d'*intervention*. Ces niveaux prennent leur origine, comme le Nil, dans une source lointaine que l'auteur nomme l'action publique. Celle-ci produirait un paradigme interventionniste s'incorporant peu à peu aux acteurs, à travers pratiques, technologies sociales et politiques sociales. Les réflexions théoriques de Nélisse, auxquelles nous devons beaucoup, ont été appuyées d'une recherche documentaire considérable, portant surtout sur des écrits institutionnels ou professionnels. Au terme de ce long exercice, le sociologue en est arrivé à soumettre *une grammaire de l'action professionnelle* articulant les différents niveaux de sens de la notion d'*intervention*. En appui sur une conceptualisation wittgensteinnienne de la grammaire, Nélisse cherche à décrire la structure des relations de sens formant l'univers sémantique de l'intervention pour les métiers relationnels. Bien que peu présente directement dans les discours étudiés par Nélisse, l'intervention de l'État apparaît pour l'auteur comme le premier ancrage sémantique de l'intervention. D'ailleurs, les dictionnaires usuels réfèrent d'abord à cette acception avant toute autre. Suivent quatre paliers d'usages, dont les trois premiers sont les plus fréquemment significatifs pour les praticiennes. Le premier palier réfère à des énoncés généraux qui visent à donner sens à une modalité générale d'action sur le monde : *la pratique (l'intervention) des travailleuses sociales, des infirmières*. Au second palier, se retrouvent également des acceptions de portée générale, tendant à constituer la mise en forme des précédentes : l'*action, l'agir ou l'acte (l'intervention d'une infirmière dans le dossier x)*. Au troisième palier, deux niveaux de sens s'interpénètrent et rendent l'analyse fort complexe. C'est notamment ici que le caractère relationnel, holiste et processuel de l'intervention apparaît. L'intervention est affaire de processus relationnels impliquant une intervenante (et les réseaux et ressources qu'elle peut mobiliser) et un client (avec les réseaux et ressources auxquels il participe). Mais cette relation, que certains revendiquent comme l'entièreté de l'intervention, comprend, lors du moment clinique, la *mise en œuvre* en tant que telle de l'intervention. Au quatrième et dernier palier, l'intervention réfère aux actes, c'est-à-dire les éléments indivis de la mise en œuvre.

Voici comment se construit la grammaire développée par Nélisse :

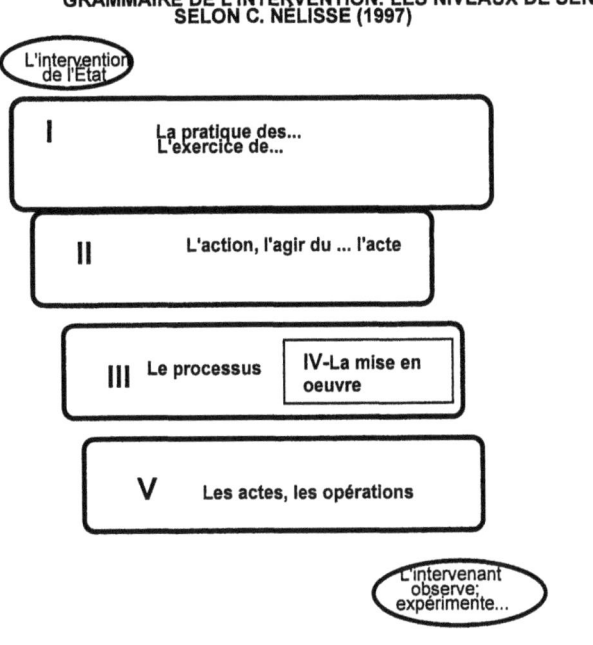

En appui sur cette grammaire, Nélisse en arrive à reconstruire trois réseaux conceptuels, comme autant de compositions typiques de l'intervention. Le sociologue intitule le premier de ces réseaux *pratico-interactif*. Il compose avec des énoncés de niveaux deux et trois, et a comme spécificité cette tension fondatrice de la pratique professionnelle entre les définitions officielles des actes professionnels et la volonté de mobilisation du *soi* professionnel. L'intervention tend à devenir et s'espère affaire personnelle, véritable *praxis*. Mais cette *praxis*, cet interventionnisme existentialiste, ce désir d'agir s'articule aux nécessités du processuel et aux exigences pratiques de la relation. Ici se joue une composition de sens importante et complexe entre le *désir d'agir* et les *nécessités* praxéologiques du *faire*. Un second réseau conceptuel est nommé *politique*. Ici, il est usage d'*intervention* lorsque les situations pratiques impliquent une diversité de catégories professionnelles. Il s'agit, d'une certaine façon, d'égaliser les statuts, chacun désignant l'autre comme *intervenant* de plein droit, en substituant les spécificités disciplinaires par les intérêts supérieurs du *travailler ensemble* : l'intérêt public, l'intérêt du public, surtout l'intérêt du client. En outre, ce sens politique découle d'une critique sociale de l'action professionnelle passée, jugée paternaliste ou contrôlante. C'est ainsi qu'intervention se substitue à *aide*. C'est donc le sens socio-politique de l'action professionnelle qui se joue en tentant de dire que l'action de la praticienne est aussi, voire surtout, action de la société sur elle-même. Le dernier pôle est dit *technoscientifique* et « correspond à la lente intégration, dans l'univers des professions, de la démarche technoscientifique, de la raison instrumentale et de la gestion opératoire » (1997 : 23). Nélisse estime que la diffusion de la notion d'intervention indiquerait alors la protocolarisation du travail.

La grammaire de Nélisse a permis à toute occurrence recueillie de trouver une place non équivoque dans un niveau de sens ou un autre. Nous nous attendions à une prévalence moyenne de la notion d'intervention pour les infirmières, et à une prévalence forte pour les travailleuses sociales. Or, nous avons observé le contraire. Toutes les infirmières, sauf une, ont employé ce terme et ses dérivés pour dire leur action. La répartition des occurrences nous indique également que, toutes proportions gardées, les infirmières nomment davantage la mise en œuvre de leur action par ce lexique que les travailleuses sociales, celles-ci la nommant davantage par son caractère relationnel et par la légitimité sociale la sous-tendant. Si nous reprenons le lexique développé par Nélisse, les infirmières s'inscriraient à cet égard dans un réseau conceptuel plutôt *technoscientifique* et les travailleuses sociales plutôt *pratico-interactif*.

Mais il nous semble nécessaire et opportun de dépasser ce premier regard en analysant plus finement les résultats par praticienne. Si cette analyse fait apparaître des airs de famille interprofessionnels, il n'y a pas de correspondances univoques entre les formes disciplinaires et les réseaux conceptuels conçus par Nélisse. En fait, c'est que ces éventuelles formes, comme ces réseaux conceptuels, ne se constituent pas autour de personnes, ni même d'identités professionnelles ou de disciplines. Leur principe d'organisation est tout autre. Elles sont coprésentes et investies en situation par les agents de base, selon quantité de *raisons pratiques,* éventuellement à l'encontre de l'identité professionnelle ou de la discipline d'origine. Ainsi, la caractéristique disciplinaire n'est pas surdéterminante de la composition sémantique de l'intervention, alors que les conditions pratiques du travail le sont davantage. Nous affirmons que si la discipline d'origine se conçoit certes comme une trame de fond sur laquelle s'élabore la pratique réelle, ce à quoi nous convenons facilement, elle a en pratique un poids moins lourd que les conditions du travail dans la construction de l'intervention. Parmi ces conditions, la tâche en tant que telle, associée évidemment à une position organisationnelle, favorise la composition concrète de réseaux conceptuels. Car il s'agit bien de composer, c'est-à-dire de *faire avec* les matériaux et règles qui sont donnés au compositeur pour réaliser une action complexe, adaptée à la situation. Par exemple, une infirmière du soutien à domicile nous exprime, dans le cadre de l'entretien de recherche, la part existentielle de sa pratique qui, pourtant, demeure pour l'essentiel rattachée à un univers programmatique très structurant. Cette énonciation particulière prenait sens en regard d'une intervention particulière. Au total, nous avons observé que les usages d'*intervention* pour les infirmières sont suffisamment étendus pour affirmer qu'il s'agit d'une notion de toute évidence significative pour les praticiennes. En fait, celles-ci se réfèrent davantage à l'ensemble des niveaux de sens que les travailleuses sociales, en raison sans doute du caractère plus explicite du *faire* pour elles.

De façon tendancielle, les infirmières rattachées à des programmes, soit les infirmières travaillant en périnatalité, en santé et sécurité au travail et au soutien à domicile partagent des réseaux conceptuels avec des travailleuses sociales du soutien à domicile plus facilement qu'avec des infirmières cliniques. De même, une configuration conceptuelle s'articule autour de la pratique de type *case worker*. Ici, les travailleuses sociales de première ligne participent d'un réseau conceptuel similaire à celui des infirmières en périnatalité, par exemple, où le travail se fonde en grande partie sur l'établissement d'une relation clinique signifiante. Il est pertinent de rappeler ici qu'il est impératif dans les métiers relationnels de savoir jouer de ces différents réseaux conceptuels, selon les circonstances, les exigences pratiques, les possibles de l'action et les impératifs sociaux. Les infirmières en périnatalité et l'infirmière de la clinique jeunesse nous ont semblé, parmi nos locutrices, celles pouvant référer au plus large spectre de la grammaire. Ainsi, leur action se focalisait très clairement aux niveaux III et IV de la grammaire de Nélisse, soit un réseau conceptuel de type pratico-interactif, mais elles pouvaient changer rapidement de registre, selon les impératifs sociaux ou pratiques se présentant à elles lors de la rencontre clinique. Ainsi, la nécessité de faire un signalement de protection de la jeunesse mobilisait un tout autre registre de légitimité : dans le discours, le changement était alors radical, et ce tant au niveau du contenu que de la forme. Autre exemple : une travailleuse sociale, au cours d'une relation qu'elle construit comme existentielle, humaniste et relativiste, devient beaucoup plus proactive et normalisante lorsque le thème de la prévention des maladies transmissibles sexuellement s'impose comme thème légitime de l'intervention. Les contenus deviennent précis, le ton davantage insistant, la forme discursive nettement plus structurée.

Dans cette partie, nous avons travaillé sur la base d'acceptions de surface à partir d'une grammaire préexistante. Par la suite, nous entrons plus profondément dans le sens de l'intervention, notre analyse portant non plus sur les usages explicites de la notion d'intervention et de ses dérivés, mais bien sur l'ensemble des entretiens, considérés comme constituant un corpus d'énoncés exprimant autant de façons de dire ce qui est fait, et donc de construire l'intervention.

Il va sans dire que cette mise en mots n'épuise pas l'entièreté de l'intervention décrite. Néanmoins, elle permet de tracer les contours des possibles constructions de l'intervention. Pour ce faire, nous avons analysé les entretiens à l'aide des trois axes présentés au second chapitre[17].

---

[17] Nous citons des extraits d'entretiens quelque peu édités pour en assurer la lisibilité. Nous n'utilisons les citations ni dans une perspective illustrative, comme preuve empirique, ni dans une perspective restitutive, pour laquelle la « vérité » du discours est telle qu'elle apparaît toute entière à sa face. Comme pour Dubar et Demazière (1997), nous préférons une troisième posture, analytique de reconstruction de sens. L'usage des citations n'a alors qu'un but d'accompagnement du lecteur pour qui les discours sont évidemment inconnus. Notez que nous avons fait le choix de traiter concomitamment les informations concernant les deux groupes professionnels, en indiquant les points de ruptures, les convergences, les contradictions éventuelles. Un tel exercice se débite sans doute quant à sa lisibilité, mais le crédit nous semble néanmoins grand si l'on considère que cette modalité rédactionnelle se trouve en

4.1 Le monde du sens pratique : les invariants praxéologiques[18]

Établir et soutenir la relation

Pour quel que métier relationnel que ce soit, il va sans dire qu'il appert incontournable **d'établir et de soutenir une relation**. La première condition de son établissement est l'*ouverture relationnelle* signifiée et pratiquée. Par-là, nous entendons cette posture psychique ostensible d'accueil à l'autre, à ses problèmes, et à ses façons de les gérer. Pour ce faire, il importe que la relation s'établisse d'abord sous un aspect informel de façon à apprivoiser le client.

> Au départ, je commence toujours par des questions informelles, comme « Parle-moi comment ça va à l'école », des zones que je sais que c'est O.K. (11)

L'intervention implique quantité d'actions nécessaires à la relation : faire émerger et dire la signifiance, capter l'attention, illustrer son propos de façon telle qu'il fasse sens, contrôler son message, établir des repères qui constitueront l'histoire commune, s'inscrire dans les façons de faire du client (ex.: donner le main ou non, vouvoyer ou non), adapter le langage (ex.: en fonction de l'âge), faire plaisir, répondre aux questions, créer le climat relationnel, notamment en allégeant volontairement les climats qui s'alourdissent, prévenir le défaut d'adéquation des registres discursifs, tenir compte des informations que l'autre possède, s'adapter au contexte relationnel, etc.

Cet invariant praxéologique implique des stratégies d'action engageant le client à entrer en relation. Par exemple, il peut s'agir de faire émerger l'émotion, de faire expérimenter une attitude ou un

---

concordance avec notre projet de mieux comprendre l'interdisciplinarité pratique. Un ouvrage à deux voix distinctes serait alors incongru. L'exercice permet de faire apparaître la césure disciplinaire comme moins significative qu'elle n'y paraît à première vue. Les chiffres de 1 à 10 renvoient aux entretiens d'infirmières, de 11 à 20 à ceux des travailleuses sociales.

[18] Par nature, les invariants praxéologiques sont innombrables. Nous vous présentons ici les plus importants que nous avons observés sous trois grandes catégories, la première concernant l'établissement de la relation clinique, la seconde la légitimité d'intervenir, la dernière la façon d'intervenir.

comportement, ou déployer des stratégies pédagogiques engageant une réflexivité existentielle. En outre, la relation permet de lancer des ballons d'essai et de tendre des perches qu'un abord frontal pourrait faire apparaître comme une volonté trop intrusive, voire existentiellement illégitime.

> Je fais ça comme ça, au niveau du ton ... Là, ça a été plus dans le fait de le répéter et de le ramener plus tard avec. (20)

La relation est donc l'objet d'un travail de mise en forme incessant de la séquence relationnelle. Il s'agit par exemple de marquer le début et la fin d'une séquence, de signifier les tours de parole lors d'une rencontre avec un tiers ou de produire des résumés. Ce contrôle de la communication comporte une dimension proactive, nécessaire pour provoquer la communication. Une carence à ce propos rend tout simplement impossible l'intervention, en tout cas au niveau du registre relationnel. Un défaut de relation, total ou partiel, comme le refus du client de répondre à une question, attaque d'autant la légitimité de l'intervention. Cependant, dans certains cas, l'intervenante puisera dans des légitimités extra relationnelles (surtout des lois d'exception) pour surlégitimer son intervention, ce qui provoque un changement de registre d'action majeur. Cet horizon de la légitimation forte (au plan social, il va sans dire) constitue l'envers de l'intervention conçue comme relation intersubjective. Pour agir sur un tel défaut de communication, il faut conduire le client à se dire, à formuler sa demande ou à décrire ses symptômes. Pour ce faire, les intervenantes identifient et neutralisent les entraves à la communication libre du client.

> Je le regardais ... de façon ostentatoire pour que Madame comprenne que c'est lui que je voulais qui parle. (17)

Tant que l'intervention demeure dans un registre communicationnel, le contrôle des paramètres relationnels n'est évidemment pas absolu. Il se veut tendanciel et se doit de respecter, au plan praxéologique, le rythme de la relation, de l'interlocution et du renforcement du lien de confiance.

> Je fais pas ça selon mon rythme à moi ... Ils me donneront pas l'information. J'y vais avec leur rythme à eux. (12)

De même, la relation permet la validation continue des informations, et ce tant par le client que par des tiers, ce qui assure une légitimité tout aussi continue et actualisée du récit-client. Ainsi, la plupart des interventions s'ouvrent à l'initiative de la praticienne sur une question générale de cet ordre : *Comment ça va ? Quoi de neuf dans votre vie depuis la dernière fois ?* Ces questions conduisent la relation vers un mode dialogique, et constituent souvent un appel à l'introspection. Le climat relationnel favorise l'instillation discrète et progressive de commentaires qui ont pour objectif d'influencer, de convaincre et d'argumenter de façon délicate et adaptée les comportements et attitudes du client.

> On est allé voir [bébé], c'est sûr que j'ai passé des réflexions... (4)

Ce travail sur les attitudes est plus efficace si l'intervenante met de l'avant les bénéfices du changement ou de l'engagement et qu'elle réussit à contrer la *doxa* négative, le sens commun.

> On est arrivé avec des bénéfices nous autres, contrairement à ce qu'elle avait entendu.(2)

De même, la relation est d'autant plus forte, et donc utile, que l'intervenante arrive à s'affilier avec son client. Pour ce faire, elle peut utiliser son vécu et partager certaines de ses émotions de façon à soutenir l'affiliation. Par exemple, cette infirmière, qui reçoit des jeunes filles qui désirent recevoir une prescription pour la pilule abortive, exprime à l'une d'entre elles qui revient la voir pour la cinquième fois une émotion professionnelle dite sur un ton très personnel, de façon à aller la chercher au plan émotionnel :

> Tu me décourages un peu, là, j'ai l'impression que je travaille mal. (2)

Cette nécessité relationnelle a parfois un caractère paradoxal dans la mesure où le désir d'affiliation se conjugue à la nécessité pratique de conserver une distance avec le client.

> Ce n'est pas à moi, c'est leurs problèmes à eux. Je suis là comme aidant, je suis là comme personne ressource pour montrer les apprentissages. (7)

La nécessité de maintenir une certaine distance peut également faire l'objet d'un transfert méthodologique, être modélisée comme une posture éventuellement utile pour le client. En fait, l'intervenante démontre, par sa présence, l'utilité d'une objectivation du problème, d'une mise à distance de l'autre en regard de ce qui lui cause de la souffrance. Cela permet de souligner une fonction importante de la relation dans l'intervention : faire expérimenter au client des pratiques communicationnelles et existentielles favorables à sa croissance personnelle. L'intervention a donc un caractère multifocus nécessaire pour répondre aux exigences pratiques de l'entrée et du soutien de la relation. Le plan de travail pourra être adapté à la rencontre intersubjective, voire relégué aux limbes de l'action s'il le faut. Cette pluralité de focus révèle la préséance des processus sur les contenus.

> Les gens vont s'éparpiller. Lorsqu'on va les rencontrer, ils sont souvent très isolés, ils sont contents de voir du monde, ils ont bien des affaires à raconter. Donc tu n'as pas bien le choix de les écouter. (17)

Le contrat de communication peut certes évoluer selon les exigences pratiques. L'intervenante en rappelle néanmoins régulièrement les clauses (ex. : ne pas garder les secrets de l'un des membres du couple qui consulte) et informe le client d'un changement éventuel audit contrat. Cette transparence est essentielle à l'établissement de la confiance. Cependant, il faut souligner que cela ne concerne ici que les finalités de l'intervention. La praticienne déploie une action stratégique dont elle maîtrise essentiellement seule la mise en scène relationnelle.

Bien que les infirmières affirment l'importance de faire un tour le plus large possible de la situation problématique, ce projet doit se moduler aux possibles de la technique à faire (ex. : le prélèvement sanguin). Ainsi, pour les infirmières sociales (en périnatalité, par exemple), le relationnel est central, la technique somme toute secondaire, en certains cas absente. Pour d'autres, qui prodiguent des services techniques (prélèvements, traitements, dépistages), le relationnel se réalise plutôt dans les trous de la technique.

> J'y avais donné [l'injection]... là j'ai commencé à [discuter], il y avait plus rien à faire en attendant. En même temps que je

lui donnais la piqûre, elle a tout de suite enchaîné dans un autre questionnement, en attendant. (6)

Évidemment, selon les exigences de la tâche et les contingences pratiques, le rapport entre la technique et le relationnel varie grandement. Le relationnel permet à certaines de mieux faire leur technique, en favorisant une collaboration active du client, pour une injection par exemple. Pour d'autres, il permet de dépasser la technique, et donc les limites que la place qu'occupe leur groupe professionnel dans le champ socioprofessionnel leur impose. Ainsi, le relationnel apparaît autant comme une possibilité de dépassement des limites imposées au groupe que de réalisation personnelle. Les infirmières utilisent la part formelle de leur travail (questionnaires, protocoles pharmacologiques, évaluation des A.V.Q.-A.V.D.[19]) pour glisser de l'informel, et ainsi amorcer, instiller ou soutenir la relation. Lorsque signifiante, le rapport peut s'inverser et la technique peut devenir périphérique à la relation. Si, pour les infirmières, elle peut être parfois considérée comme accessoire du *faire,* pour les travailleuses sociales, elle constitue l'instrument premier de l'intervention et son lieu de réalisation. Lors de situations où les impératifs sociaux sont tels qu'une intervention apparaît impérative, elles pèsent et soupèsent les risques sociaux en regard des potentialités de la relation. À défaut d'une relation significative, le seuil de tolérance au risque sera moins élevé.

Si la relation implique plusieurs clients, et donc autant de relations possibles, chacune d'entre elles fait l'objet d'un travail de maintien de l'équilibre communicationnel entre les divers protagonistes. De même, les travailleuses sociales portent une attention certaine au tacite de la relation, à réintroduire comme objet d'analyse dans la problématisation de la demande du client. Il s'agit de considérer les compétences relationnelles, le dit et le non-dit, la capacité d'entrer en lien comme autant d'indices permettant de produire une évaluation globale de la personne.

C'est toutes des choses non dites, faut faire attention à ça. (17)

---

[19] Activités de la vie quotidienne et domestique dont la mesure permet d'évaluer le degré d'autonomie.

L'établissement de la relation se construit à partir **d'un lien significatif avec le client**. Pour cela, il faut d'abord focaliser l'attention sur ce qui l'intéresse. Cela prend en général la forme d'un abord informel par l'humour, l'apprivoisement, la mise en contexte et l'engagement à dire son point de vue, de façon la plus large possible, notamment en débutant les séances par des phrases clef comme *Comment ça va ? Qu'est-ce qui vous amène à consulter ? Comment s'est passée votre semaine ?* Ce lien établi *a minima* permet d'agir sur l'ouverture de la relation.

> Une fois que j'ai créé mon lien, je vais dans ce qui intéresse la personne. Je pars toujours de ça. (6)

Ce lien est une condition de l'efficacité même de l'intervention.

> J'avais comme un objectif à court terme. Je veux qu'il ait confiance en moi, après ça je vais l'amener à me laisser faire le traitement que je pense qui va guérir sa plaie. (1)
>
> Ça a de l'importance dans la relation d'aide. S'il y avait quelque chose, à un moment donné, qui allait moins bien, le fait qu'il ait confiance, bien ça va être plus facile. (3)
>
> Une fois que le lien de confiance est établi, elle a vraiment senti que je voulais les aider. (17)
>
> Sachant que c'est des situations vulnérables... faut qu'il y ait un climat de confiance ... que s'il arrive de quoi, ils nous appellent. [...] Mais pour faire ça, faut qu'il y ait, faut créer un climat ... de confiance. (18)

Il s'agit donc de créer les conditions d'une ouverture psychologique préalable au lien. Pour ce faire, la communication sera maîtrisée et stratégique.

> Je vais mettre tout ce qu'il faut pour que le client se sente assez à l'aise pour s'ouvrir. (14)

Pour les tâches les plus relationnelles, cette condition devient impérative. S'il le faut, la progression vers l'atteinte des objectifs d'intervention sera suspendue le temps d'établir ce lien.

> Tout de suite faut qu'elle me trouve sympathique. Fait que je m'organise pour qu'elle me trouve sympathique. Le lien de confiance, il s'établit dans les premières secondes. (17)

> Madame aurait pu trouver ça déplacé que je lui demande de voir son mari toute seule, elle n'aurait pas aimé ça. Je ne veux pas briser un lien de confiance, parce que si elle ne m'aime pas ... On est faits. (17)

Une part importante du travail d'intervention consiste donc à créer les conditions de l'établissement et du maintien d'un lien de confiance par la discussion légère, l'humour ou les échanges courtois. Parmi ces conditions, il y a donc la nécessité d'accepter une part d'inutile dans la relation, au bénéfice de l'établissement du lien, véritable capital mis en banque pour usage ultérieur. Nombre de stratégies d'affiliation sont alors déployées, notamment l'énonciation du caractère privilégié du lien avec le client, surtout lorsqu'un tiers est impliqué dans l'intervention (ex. : la mère d'un adolescent). Ce travail sur le lien et la confiance permet l'émergence d'un sentiment de commune humanité où le vécu de l'intervenante pourra éventuellement être investi partiellement et prudemment dans la relation. La commune humanité est cependant balisée par d'autres stratégies visant à signifier la distance. Par exemple, nombre de réciproques existentielles, ne serait-ce que le fait d'accepter un cadeau de courtoisie, sont réprimées quasi systématiquement. Favoriser la création du lien de signifiance implique de nombreuses micro-actions, en général hors du champ de l'observation scientifique. Ainsi, la nécessité impérative de respecter les règles élémentaires de courtoisie, surtout lorsque l'action est à domicile, s'observe mal si l'on ne la cherche pas.

> Je n'étais pas harcelant, parce que je suis très respectueux, parce que t'es pas chez vous. (18)

Si la nécessité d'établir un lien est certes des plus importantes, elle ne forme pas un absolu incontournable, loin s'en faut. L'urgence, l'incapacité de reconnaître le client comme autonome, ainsi qu'un ensemble d'impératifs sociaux balisent cette nécessité praxéologique. En fait, il s'agit d'un invariant praxéologique relationnel essentiel... jusqu'au moment où le registre relationnel laisse le pas à un registre qui ne l'exige plus. La possibilité de changer de registre d'intervention demeure une prérogative exclusive de l'intervenante, ce qui crée, il va sans dire, une limite à la réciprocité relationnelle.

Le lien privilégié est certes celui qui se tisse avec le client désigné. Néanmoins, l'ensemble des relations avec les tiers sont l'objet de liens qui auront la force de leur nécessité. Plus la relation est nécessaire à l'atteinte des objectifs d'intervention, plus les liens secondaires ou tertiaires seront entretenus.

À l'occasion de l'élaboration du récit-client, les intervenantes déclinent un ensemble d'indices de confiance et de signifiance nécessaires à la formulation des diagnostics existentiels, mais aussi à la démonstration de leur bon travail. Ces indices sont la présence de pleurs, l'absence de réticences ou d'inhibitions, l'expression de la satisfaction, les marques ostensibles de la signifiance comme la détente physique du client, son ouverture à avouer une information nouvelle ou à dire les problèmes, l'accès à l'intimité, à l'introspection, voire au spirituel. La qualité du lien constitue ainsi l'indice premier de réussite d'une intervention qui, tout compte fait, est d'abord une obligation de moyens plutôt que de résultats.
>La personne te dit des choses qui sont quand même assez
>Personnelles ... une relâche physique. (13)

Ainsi, si les résultats de l'intervention sont souvent intangibles, et donc impondérables, la qualité de la relation, quant à elle, se mesure quelque peu plus facilement que le gain d'estime de soi, par exemple. Faut-il le rappeler, l'intervention s'appuie davantage sur des processus que sur des contenus. L'intervention-relation peut alors être perçue et revendiquée par les intervenantes comme l'entièreté de l'action professionnelle. Pourtant, il est clair pour nous que l'intervention se construit de façon beaucoup plus ample qu'autour de l'unique relation, comme en témoigne la possibilité de se sortir en tout temps du registre relationnel pour accéder à un registre plus intrusif. Ce passage du relationnel au juridique, par exemple, pose la question du statut de la relation dans l'intervention. Tantôt elle semble substantive à l'intervention, tantôt instrumentale à un projet socialement construit. Le caractère mi-substantif, mi-instrumental du relationnel dans la question de l'établissement du lien se retrouve chez les deux groupes professionnels, mais selon une composition qui varie quelque peu en fonction de la tâche à effectuer. Certaines infirmières semblent plus ouvertes à affirmer la dimension parfois instrumentale de la relation que ne le sont les travailleuses sociales. La différence de statut accordée au relationnel est cependant moins factuelle que symbolique. En effet, la part instrumentale de la relation, si elle apparaît honteuse chez les travailleuses sociales, peut néanmoins être déduite de l'analyse de l'ensemble des discours sur la pratique que nous avons recueillis. Pour les infirmières, avant que le lien s'établisse ou en son absence, l'action se fait de façon plus formelle, en appui sur un protocole, sur un questionnaire, sur une séquence de gestes techniques. Le lien se tisse alors peu à peu, au fil de l'élaboration de la signifiance. Les travailleuses sociales, quant à elles, cherchent très tôt lors des premières rencontres à établir ce lien. Pour certaines d'entre elles, protocoles et questionnaires infirmiers sont substitués par des formulaires administratifs. Ici, le rapport à la tâche permet plus ou moins de jouer sur la séquence pour établir les conditions favorables au lien. Dans ces cas, les premières rencontres peuvent sembler incertaines et limitées à l'exploration de la demande. Mais ce flou est déterminant dans l'établissement du lien de confiance.

Si elles bénéficient d'une grande latitude pour ce faire, les infirmières ont l'avantage extraordinaire, comme l'affirme Osiek-Parisod (1994), de cette proximité au corps qui offre une condition très favorable à l'établissement du lien. Un tel lien de confiance est utile à plusieurs égards. Il permet entre autres l'engagement, facilite la parole, et ouvre sur l'introspection, la plupart des intervenantes ressentant l'appel des profondeurs. Il s'agit d'un désir fort, véritable pulsion motrice des métiers relationnels. Mais pour reprendre l'analogie psychanalytique, le *surmoi* professionnel serait l'interdit de la fusion client/intervenante. Ce rapport désir/peur des profondeurs de l'âme structure l'intervention dans les métiers relationnels, notamment chez les infirmières cliniciennes qui se méfient d'une trop grande introspection, véritable lieu de toutes les ombres.

    Ça, c'est délicat comme le diable. (6)

Malgré son désir, une travailleuse sociale se rappelle que c'est elle qui appelle l'introspection ou l'accession à l'intimité. Elle respecte le fait que cette demande ne corresponde pas forcément à un besoin explicite du client, même si cet accès permettrait d'aller plus avant dans la relation :

    Tu veux créer de l'intimité, mais c'est toi qui la demandes. (17)

Enfin, en certaines circonstances (par exemple l'appréhension d'une problématique complexe), les infirmières cherchent à créer les conditions d'un lien qui a pour seul but de permettre le transfert du dossier vers une travailleuse sociale.

> Au début, j'aime ça que la travailleuse sociale entre ... Parce que, si un cas [devient] problématique, l'entrée est là. C'est moins menaçant pour les gens. (7)

Un invariant praxéologique incontournable de l'intervention est ce travail incessant de création ou de soutien des conditions favorables à l'engagement du client : **agir sur la motivation.** Cela exige que l'intervenante s'affilie au client pour le convaincre de la nécessité de s'entendre sur un projet d'intervention, notamment en lui présentant les gains possibles à l'aide d'un argumentaire adapté à sa situation. Un tel engagement est clairement une condition de réussite de l'intervention.

> Il fallait qu'il s'engage à venir tous les jours. (1)

En fait, il serait plus précis d'affirmer qu'il s'agit d'une condition souhaitable d'une intervention qui s'espère humaniste. Parfois, en certaines circonstances que l'intervenante souhaite exceptionnelles (mesures de protection de la jeunesse, curatelle publique, loi d'exception en santé mentale, et toutes les urgences du corps), le défaut d'engagement est compensé par l'appel d'une légitimité sociale forte de type légal ou médical. Un défaut d'engagement n'invalide pas l'intervention, il la reformule. Un tel engagement peut prendre la forme d'un contrat, explicite, implicite, voire tacite, qui engage à la fois le client et l'intervenante comme praticienne et représentante de l'organisation. L'intervenante rappelle au besoin ce contrat, ses conditions et les étapes de sa réalisation. Cependant, le fait même que le client et l'intervenante se rencontrent traduit un contrat générique et implicite qu'elle rappellera au besoin, notamment en signifiant les responsabilités respectives de chacun.

> C'est évident que le monde veut, quand ils sont là, dans le bureau. L'autorisation est implicite. (20)

Outre le surcroît de légitimité qu'elle procure, l'obtention de l'acquiescement explicite ou au moins ostensible à l'intervention apparaît comme un moyen de réaliser un engagement plus profondément existentiel. À défaut d'un tel mouvement, l'intervenante tentera de l'instiller par la mise à l'expérience, au plan existentiel, de morceaux de solutions ou de traitements. L'acte de formulation d'une demande, le transfert de méthodes d'exploration du problème, les devoirs, l'invitation lancée au client de participer à divers processus en l'engageant à venir au bureau, à parler de lui et à donner sa chance au corps, entre autres, sont autant de tactiques pour favoriser l'engagement.

« La prochaine fois qu'on se voit, je veux que tu me parles des trous que je t'ai mentionnés. » (11)

En certaines circonstances, où l'engagement concerne des dimensions fondamentales ou délicates pour la personne, les intervenantes développent une stratégie étapiste, véritable technique des petits pas. Un petit engagement, comme celui de reformuler la demande, peut ouvrir sur un engagement plus fondamental, comme exprimer sa souffrance. Bien qu'en général doublement légitimée par un impératif social (santé publique, problématique sociale, etc.) et par l'humanisme professionnel, cette stratégie procède d'un *ethos* professionnel dans lequel se trouve un véritable désir d'engagement du client. Les intervenantes souhaitent sincèrement que le temps et la qualité de la relation permettent d'éviter d'en appeler à une légitimité plus intrusive.

L'idée, c'est ... ça va mûrir. (2)

La crainte de l'aggravation de la maladie et son envers, le désir de guérison, constituent pour les infirmières des conditions existentielles favorables à l'engagement. Elles solliciteront au besoin de telles craintes et désirs afin d'agir sur la conscience du client. Pour les travailleuses sociales, une part du travail d'engagement vise à responsabiliser le client quant au rôle qu'il doit jouer dans la structuration même de la relation clinique. Ainsi, il doit se préparer à l'entrevue de façon à exprimer ses besoins. Pour ces intervenantes, l'accès à l'introspection et à l'émotion sont des indices forts de l'engagement du client au plan existentiel. Une travailleuse sociale utilise pour ce faire un tableau qui schématise la situation problématique de son client.

[Le tableau sous les yeux] T'es pris pour voir ton histoire. (12)

Il importe donc d'élucider les responsabilités des uns et des autres, notamment en rappelant la responsabilité existentielle du client quant à ses objectifs de changement. C'est pourquoi l'intervention doit partir de l'expérience du sujet plutôt que d'un classement administratif *a priori*. Le changement peut donc s'instiller par l'engagement du client, éventuellement provoqué ; l'intervenante saisit, ou emmagasine en vue d'une intervention ultérieure, la moindre occasion relationnelle pour instiller ou faire expérimenter l'engagement.

> J'ai observé ça ... Toutes les occasions sont bonnes, ça peut me servir. (14)

Cette infirmière saisit ainsi l'occasion que lui donne une jeune mère pour lui faire une remarque très discrète sur les risques de la posture ventrale quant au syndrome de la mort subite du nourrisson :

> Là elle me dit : « Ça, elle le fait déjà. Elle se lève déjà la tête » et j'ai dit « Est-ce parce que tu la couches sur le ventre ? J'ai remarqué en passant qu'elle était couchée sur le ventre. » (5)

À défaut de les saisir au bond, les intervenantes cherchent à créer des occasions éventuellement porteuses d'engagement. Il s'agit de tendre une perche, d'aller à la pêche, d'explorer une émotion, un tacite, de suggérer, d'illustrer, de formuler des hypothèses, des résumés et des recommandations professionnelles. Les attitudes estimées négatives sont le plus systématiquement possible déconstruites ...

> C'est ça que je veux un peu briser, c'est un peu ça la démarche thérapeutique. Une espèce de déconstruction. (16)

... alors que les attitudes estimées positives sont expérimentées à l'occasion de la relation clinique.

> Il y a quelqu'un qui ne la juge pas, qui l'écoute, qui l'accueille, qui est présent. (16)

Une cible importante de l'intervention est la conscience du client quant aux problèmes et aux solutions. Pour ce faire, l'intervenante fait jouer des contrastes entre les désirs et craintes du client, élucide des contradictions, induit une posture réflexive chez un client à l'égard de ses problèmes et possibles. Un tacite ou un interdit significatif pour le client feront, si nécessaire et si possible, l'objet d'un travail d'élucidation, parfois fort discret, comme par exemple lors de l'usage si fréquent et structurant du *Comment ça va?* La souffrance, l'angoisse et les désirs de changement sont le plus systématiquement possible utilisés comme porte d'entrée à la signifiance. Cette signifiance verbalisée permet d'instiller de façon efficace un changement d'attitude ou de conscience.

> Ils iraient s'acheter une petite maison à la campagne... Pour élever leurs petits enfants ... C'est sûr que j'ai aussi utilisé ça. « Pour t'acheter une maison, tu vas avoir besoin de sous. » (4)

La qualité du lien client/intervenante est alors utilisée pour agir sur la motivation, et l'argumentaire mobilisé est mis en forme de façon telle qu'il s'arrimera à ses valeurs et à son histoire. La nécessité d'intervenir peut, par exemple, être instillée par différents commentaires évaluatifs sur la situation, la motivation du client, ou les gains possibles.

> Souvent je vais faire mon commentaire. (1)

Ainsi, l'intervenante encourage, positive et valorise sur la base du chemin parcouru par le client, en soulignant la moindre de ses victoires. En fait, une part du travail de motivation consiste à reconnaître la capacité humaine universelle du client.

> Je lui dis que je suis contente. (6)
>
> Lui faire voir que « Je te considère comme un adulte... Je pense que t'es capable de faire face au médecin... et de faire face à ce qui t'arrive »... J'ai tenté, par mon intervention, de lui transmettre une confiance. (14)

L'horizon problématique (aggravation, conséquences fâcheuses, effets secondaires, etc.) est fréquemment rappelé au cours de la relation clinique de façon à soutenir la motivation du client. Les infirmières rassurent au besoin le client quant aux risques de la maladie. Certaines d'entre elles souligneront et féliciteront la conformité aux protocoles de soins infirmiers. Elles souhaitent grandement que le client démontre de la bonne volonté à l'égard du traitement proposé. À défaut de quoi, il faudra agir sur ladite volonté en moussant sa motivation, notamment en exprimant son propre enthousiasme professionnel quant à la possibilité d'atteindre un quelconque état du mieux.

> Je lui dis « Moi, j'ai le goût de le faire, j'ai le goût de m'impliquer là-dedans. » J'ai essayé de lui passer mon enthousiasme. (1)

Enfin, les intervenantes se doivent de prendre une posture praxique, où la congruence entre le *faire* et la *mobilisation de soi* est suffisamment forte pour que l'action soit le fait d'une volonté existentielle. Il s'agit d'une condition constitutive de l'efficacité dans les métiers relationnels.

> Il faut que je sois convaincue de ce que je parle [...] que cette approche peut être bénéfique. (10)

Dans les discours recueillis, l'idée d'intervention pose d'emblée une relation comme dimension caractérisante et condition incontournable d'une action complexe, parce qu'affaire humaine. Favoriser, voire **créer la continuité** de cette relation constitue un invariant praxéologique des plus importants tant aux plans professionnel qu'organisationnel. Le changement, le progrès, la croissance ou toute modalité du *mieux* nécessitent pour se réaliser la continuité de la relation thérapeutique primaire, c'est-à-dire avec l'intervenante, et secondaire avec l'organisation ou les programmes. Il s'agit, par exemple, de boucler la rencontre en engageant le client pour la suite, en lui rappelant l'engagement implicite à sa présence, au traitement, etc. Il s'agit également d'assurer la continuité de l'intervention même, tant au niveau des objectifs poursuivis que des moyens mobilisés. Suivre l'évolution du problème et de la séquence d'événements est alors essentiel à la réalisation même de l'intervention.

> « La semaine passée, te souviens-tu ? » Pour qu'il ait comme un sentiment de continuité. (14)

Cette préoccupation de la continuité dépasse les exigences de la rencontre client/intervenante dans la mesure où cette dernière cherche à assurer la continuité du parcours intra-organisationnel et interprofessionnel. De même, créer une certaine continuité interétablissement est nécessaire à la réalisation du projet clinique. Par exemple, un cas lourd, susceptible d'une aggravation prochaine de son état, fait l'objet d'un bref échange avec le supérieur immédiat pour préparer la mobilisation éventuelle des ressources. La continuité est ici davantage anticipée qu'effective.

> On est susceptibles d'avoir un appel. (8)

Il importe également que l'intervention marque et produise sa continuité, autant que faire se peut, en laissant des traces dans la vie du client. Il s'agit, parfois, de donner des devoirs (surtout par les travailleuses sociales) ou des documents explicatifs (surtout par les infirmières), engageant le client à poursuivre lui-même l'intervention. Pour les infirmières, l'archivage des actes et méthodes déployés pour réaliser un plan de soins est essentiel. Ces informations sont compilées soigneusement dans une fiche d'information, dissociée du dossier officiel du client. En fait, cette fiche, moins réglementée au plan légal que ne le sont les dossiers, circule entre les infirmières et permet d'assurer une continuité méthodologique quant aux traitements. Le transfert de fiche donne parfois l'occasion de dire le récit-client. Au plan clinique, il importe également d'assurer la continuité du traitement en réalisant des activités d'enseignement mais aussi, voire surtout, des activités de suivi de cet enseignement.

> Il faut toujours, dans un cas comme Madame ... revenir sur tout, tout le temps. (7)

Dans cette perspective, une part importante du travail consiste en une activité de transfert méthodologique auprès des aidants ou des malades afin qu'ils adoptent de nouvelles façons de faire.

> J'ai dit à la madame comment faire ça. « Mais après ça, vous allez pouvoir le faire. » (6)

Au plan intradisciplinaire, les infirmières se préoccupent de cette continuité méthodologique en assurant de façon très rigoureuse le transfert de l'information et l'adaptation méthodologique, voire en favorisant le développement des compétences d'une collègue afin que soit assurée la continuité dans la représentation qu'a le client de l'acte infirmier. Au plan symbolique, chacune doit reconnaître qu'il existe une bonne méthode pour un problème donné, et que cette méthode s'impose d'elle-même. En changer, c'est éventuellement porter atteinte à la vérité de l'acte infirmier. Pour les travailleuses sociales et certaines infirmières sociales, dire son engagement professionnel pour le mieux-être du client, c'est poser la continuité de son service, notamment en signifiant sa disponibilité en cas de besoin, par-delà le service formellement requis dans un dossier. Le fréquent rappel de l'orientation de l'intervention et des objectifs négociés ou exprimés par le client indiquent la nécessité pratique de réaliser un focus, de ne pas se perdre dans les méandres de l'instructuré relationnel, bref de garder le cap sur les objectifs pour assurer la continuité de l'intervention au plan clinique. Ici, l'intervention est entièrement tournée vers un but, même si sa formulation demeure imprécise et évolutive.

La continuité inscrit l'intervention dans la durée et rappelle qu'elle participe de divers processus temporels qu'il faut savoir lire, dont les processus interactifs de la rencontre clinique, les processus auxquels participe le client en tant que tel, ainsi que les processus organisationnels et programmatiques. Il s'agit, en certaines circonstances, de signifier et de structurer la durée, d'en rappeler la nécessité et la séquence. Il peut s'agir de la nécessité d'attendre une opportunité appréhendée, un indice de l'évolution ou de la détérioration de la situation, une mise à l'expérience par le client, un élément déclencheur ou une demande formelle. Bref, il faut attendre le bon moment pour aller plus loin dans la relation, le problème ou l'âme du client.

> C'est délicat, cette information. On va revenir avec ça un petit peu plus tard. (4)
> Je n'ai pas poussé plus loin ... Les trous, quand je le verrai tout seul, on ira les voir. (11)

L'inscription dans la durée concerne évidemment les objectifs du changement qui forment, dans bien des cas, un horizon temporel déterminant. Ceux-ci sont énoncés, avec comme horizon le mieux ou la guérison, ou sont instillés, délicatement, pour faire l'objet au moment opportun d'un retour, éventuellement plus insistant.

> Je lui dis « Penses-y ... Puis on pourra regarder ça la prochaine fois ». Ça, c'est sûr que c'est un sujet plus à long terme. (4)
> « Je te laisse ... C'est ta curiosité, si tu veux en savoir plus, bien tu liras puis on en jasera la prochaine fois. » (6)

De ces objectifs et autres formulations du *mieux* découle une série d'actions que l'intervenante doit savoir anticiper. Une des ces actions importantes consiste en l'identification d'éléments, d'informations, de facteurs de risque ou d'indices auxquels il faudra donner sens ultérieurement, après vérification. Pour les infirmières, il s'agit parfois de vérifier des informations formalisées et inscrites comme catégories d'un protocole d'intervention. Le corollaire de cette anticipation est la nécessité d'assurer un certain encadrement temporel, car il ne s'agit pas de se laisser porter entièrement par l'ensemble des processus à l'œuvre dans la relation clinique.

C'est dans mes investigations à venir. (11)

À partir des informations recueillies, l'intervenante cherche à canaliser la relation clinique vers un domaine de possibles qu'elle entrevoit en général très tôt dans la relation. D'une certaine façon, il s'agit d'inscrire la relation clinique dans un projet clinique. Ce projet peut, en certaines circonstances, se trouver en contradiction avec les valeurs fondatrices de l'action professionnelle. Par exemple, une intervenante, qui rappelle avec force conviction son engagement humaniste, souligne qu'elle désire respecter les choix de sa cliente ... jusqu'au moment où elle devra intervenir de façon unilatérale. Ce faisant, elle lit les possibles de son intervention et les pose dans la durée. S'il s'avérait nécessaire d'intervenir de façon plus intrusive, elle le fera, à l'encontre de ses valeurs humanistes s'il le faut. La nécessité de s'inscrire dans la durée induit alors un rapport au client qui se décolle de l'immédiate relation clinique. Dans la citation suivante, le travailleur social exprime son postulat humaniste, tout en spécifiant par le terme *présentement* qu'il est possible que cette posture soit délaissée au profit d'une posture d'intervention plus unilatérale, éventuellement nécessaire.

Je pense qu'il faut la respecter dans son choix, présentement. (18)

Spécifiquement pour les infirmières, l'archivage est un moyen privilégié pour garder les traces objectives d'un relationnel négatif. Si jamais le client revenait, l'intervention se ferait de façon plus prudente ou plus insistante, selon le cas. Ici, la durée se découple de la relation clinique immédiate et s'inscrit dans une perspective plus large, celle de la vie du client. Il importe alors de noter le négatif car, ce faisant, il sera possible de répondre à une nouvelle demande (par exemple une quatrième demande de pilule abortive pour une même femme) de façon mieux adaptée aux écueils de la relation passée.

[Il faut consigner au dossier] quand il y a des affaires

négatives, dans le sens qu'il va rester quelque chose de négatif. (2)

Pour certaines tâches, notamment en périnatalité, un suivi qui s'inscrit dans le plus large spectre possible de la séquence d'intervention est considéré comme une source potentielle de signifiance. Par exemple, suivre une jeune mère dès le début de sa grossesse permet d'inscrire la relation dans la durée d'un vaste projet clinique plutôt qu'en regard d'un problème ponctuel. La dimension technique du travail des infirmières engage également un rapport au temps beaucoup plus structuré que ne le serait la simple relation. Ainsi, une part de leur travail consiste à gérer l'horaire de travail au niveau de la durée et des séquences de traitement, de la gestion des fournitures, des étapes de la maladie, etc.

Si le relationnel est parfois pour les infirmières l'envers de la technique, il occupe une place, de toute évidence importante dans leur pratique, mais selon des statuts variant au gré des circonstances ou des exigences de la tâche. De façon *a priori* étonnante, le relationnel est désigné par plusieurs infirmières comme une dimension *sociale* plutôt que psychologique du travail en CLSC. Elles indiquent par là que la part de relation dans l'intervention infirmière permet de réaliser une action plus vaste que la cible première qu'est le problème de santé du client. Au surplus, cela traduit le métissage sémantique propre aux CLSC, où la présence des psychologues est relativement mineure contrairement à celle des travailleuses sociales. Malgré la psychologisation du travail des travailleuses sociales, c'est le lexique social qui s'impose pour désigner le *travail des âmes.* Cela est d'autant plus étonnant que les lexiques de la psychologie populaire ont une grande prégnance dans le sens commun. Cette curiosité sémantique traduit l'efficacité du modèle CLSC à produire une langue commune. Les infirmières sont, cependant, équivoques sur l'envergure du déploiement du *social* dans leur pratique puisque, si elles estiment que *faire du social* est fort important pour leur intervention, elles estiment également que ce social se situe à la périphérie des affaires du corps. Bien qu'essentiel, elles constatent que le *social* prend du temps que la technique, les exigences du corps et les conditions du travail ne leur permettent pas de prendre.

Le niveau social, le moral, ça je sais que ça prend plus de

temps. (7)

D'ailleurs, pour certains secteurs d'activités et types de tâches, il appert essentiel de problématiser puis d'agir sur le rapport que le client entretient au temps.

> « Vous avez pas beaucoup de temps. Vous avez dépassé beaucoup votre temps. Vous savez que là ça va moins bien, puis que votre médecin ... vous l'a dit voilà 15 jours que les métastases ... c'est la maladie qui continue. » (7)

Pour les travailleuses sociales et certaines infirmières sociales, le rapport au temps est marqué spécifiquement par la nécessité pratique de se laisser porter par l'évolution de la relation clinique et l'exigence praxéologique, *a priori* contradictoire, de chercher à la canaliser. Cela se traduit, par exemple, par le dilemme quotidien entre intervenir de façon intrusive et courir le risque de laisser aller les choses en comptant sur la création d'un lien suffisamment significatif pour escompter engager un changement significatif chez le client. L'élaboration même d'un plan d'intervention traduit cette équivoque du rapport au temps.

> Leur faire raconter leur vécu, puis, tranquillement, ça va se dessiner. De faire un plan, les objectifs ... on n'est pas encore rendu là. (20)

Il faut noter que si le temps de la relation semble d'abord dans l'explicite *ici et maintenant*, l'intervention, quant à elle, s'inscrit dans une durée, à plusieurs égards, implicite. De nombreuses actions relationnelles sont faites dans le but d'infléchir le cours de la relation. Par exemple, il s'agit de préparer la suite de la relation en allégeant l'investigation, l'intensité émotionnelle, ou en reportant un sujet délicat.

> On ne l'a pas retravaillé, on s'est orienté vers le présent. (14)

Pour certaines clientèles (ex. : les adolescents) ou pour certaines circonstances (ex. : un client qui refuse de collaborer), la durée est un indice de signifiance, et donc d'efficacité de la relation clinique. *A contrario*, une relation trop courte peut indiquer un échec clinique, comme une durée hors norme une perte de contrôle de la canalisation temporelle. L'ouverture aux besoins immédiats du client est certes valorisée, mais il apparaît nécessaire de garder le focus sur la demande initiale, négociée ou formelle, et sur les objectifs et moyens qu'elle implique.

> « Si tu veux consulter pour ça à un moment donné, tu pourras ». Mais ce n'était pas la demande. (13)

Enfin, s'inscrire dans la durée c'est également se poser comme ressource potentielle au cas où les ressources mobilisées autour du client s'avèrent inadéquates, ou la situation s'aggrave. Cela importe au plan de la signifiance de la relation clinique, malgré les difficultés d'organisation du travail que cela comporte. En fait, cet engagement dans la durée est source de signifiance relationnelle et, partant, d'efficacité de l'intervention.

Avoir une nécessité d'intervenir

Il est impératif au plan praxéologique **d'avoir une nécessité d'intervenir.** En fait, il ne fait nul doute qu'intervenir est une action sociale au caractère forcément intrusif, même si le désir de réduire et d'humaniser l'intrusion est pour le moins présent. Les souffrances du corps et de l'âme, les conséquences d'une crise appréhendée ou actuelle, l'urgence, la fatigue physique ou psychologique suffisent en général à légitimer une intervention et ce, d'autant plus que ces légitimités sont appuyées d'une demande d'un client. Puis la perspective d'un changement possible et positif étaie la légitimité de l'intervention.

> C'est pas juste de la respecter. Tu sens, en évaluant, en continuant à faire un certain suivi, on assure une certaine sécurité. (18)

À la légitimité existentielle préexistent des légitimités sociales incarnées par l'organisation, les programmes et les politiques sociosanitaires. Qu'il s'agisse de mandats de santé publique (ex. : prévention des maladies transmissibles sexuellement), ou de problématiques sociales fortement instituées (ex. : la protection de l'enfance), l'intervention a la légitimité de sa potentialité et de sa capacité à agir sur les problèmes.

> Je vérifie un petit peu, en passant, le bébé ... Je m'aperçois que le petit bébé est couché sur le ventre. Je vois qu'elle dort, mais elle est couchée sur le ventre ... C'est sûr que là j'ai à intervenir. À cause de la mort subite du nourrisson. (5)

L'intervenante relève des indices, prend des mesures, vérifie certains indicateurs afin de poser divers diagnostics existentiels (« C'est une bonne mère ») ou plus spécifique à la problématisation sociale (« Cette mère est attachée à son bébé », ce que démontrent divers indices d'attachement, comme autant d'indicateurs d'un faible risque de maltraitance). En certaines circonstances, notamment lorsque le monde socio-judiciaire est interpellé, la nécessité d'obtenir une corroboration factuelle est déterminante. La teneur des diagnostics commande alors des interventions à intensité et cibles variables, suivant la qualité de la preuve, le statut de la problématique, etc.

> C'est peut-être pas un cas de violence grave, mais j'ai un petit plan de match sur comment traiter la violence. (15)

Dans les cas extrêmes, il s'agit de suspendre certains droits (Protection de la jeunesse, curatelle publique, etc.), ou d'agir d'office (les urgences du corps, les indices suicidaires, etc.), sinon l'intervention est moins intrusive, selon les objectifs poursuivis et les possibles de la relation. Il peut simplement s'agir de continuer le suivi, le temps de stabiliser les diagnostics, ce qui offre l'occasion d'intervenir à différents niveaux, de l'enseignement à la motivation, en passant par différentes activités d'expérimentation. Ainsi, l'intervention s'oriente, entre autres, par la nécessité d'assurer la sécurité d'un client, de façon à prévenir une aggravation de son état ou de supporter le travail des aidants, comme pierre angulaire d'une intervention multidisciplinaire et multisectorielle.

> J'ai instauré avec Madame, puis avec sa nièce, une feuille de ses médicaments pour qu'eux-mêmes puissent faire le suivi. (8)

En outre, le fait de participer d'une organisation procure une légitimité pratique lorsqu'il s'agit, par exemple, de relayer l'action d'une collègue. Ce faisant, c'est l'intervention de l'organisation toute entière qui se réalise par une telle action. Il peut s'agir de relayer une information de la nutritionniste, de traduire au client une décision de la travailleuse sociale, de rappeler la nécessité d'une inscription à l'hôpital en soins palliatifs. Plus spécifiquement, la présence d'effets pervers de l'intervention multidisciplinaire engage et autorise chaque praticienne à intervenir de façon à les minimiser, et éventuellement à remobiliser l'organisation.

Méthodes et protocoles imposent, d'évidence, une forme de légitimité de l'action. Il faut faire ceci ou cela, car l'intervention est contenue dans l'objectivation même du problème. Dans le cas suivant, la nécessité d'intervention (informer sur les risques d'une maladie) s'évanouit avec le constat de l'adéquation de la pratique à la méthode. En outre, le fait même de s'appuyer sur une méthode ou un protocole pour agir procure, si ce n'est une nécessité d'intervention, au moins une légitimité de type rationnel. En pratique, le client estime qu'après tout, c'est l'intervenante qui est l'experte en la matière.

> Elle a l'air de me donner tous les renseignements. Elle sait que c'était du muguet. Elle sait quelle intervention elle a à faire.
> (5)

La relation, la parole, la qualité du lien, l'intensité de l'émotion, la présence de pleurs et la simple présence du client au bureau procurent une légitimité existentielle au fait de s'introduire dans la vie d'autrui. L'intensité de cette légitimité est relative au degré de conscience du client quant aux buts de l'intervention. Un défaut de conscience laisse planer un doute sur la légitimité même de l'intervention.

> C'est toujours délicat pareil à aborder. Même s'il faut qu'on l'aborde ... il faut quand même qu'elle soit consciente de ça.
> (5)

Un esprit négatif, une volonté défaillante, une émotion paralysante peuvent légitimer une intervention visant à transformer cet intolérable état d'esprit, pour toute intervenante socialisée aux valeurs du changement. Il est d'ailleurs nécessaire et légitime d'intervenir lorsque l'humanité d'un client est mise à mal. Par exemple, cette travailleuse sociale, qui avait grand besoin de s'affilier à la conjointe de son client principal, intervient malgré le risque de briser le lien naissant avec la dame, pour défendre l'humanité de son client. Sa conjointe livrait, sans son accord, des détails de son intimité de façon à prendre pouvoir sur lui.

> J'ai été obligé de lui dire à la madame : « J'ai pas vraiment besoin de tous ces détails ». Il fallait à quelque part que je protège le conjoint à travers tout ça. (17)

Il va sans dire que la formulation même de la demande engage la potentialité de l'intervention. En l'absence d'une demande provenant du client, ou de ses mandataires, l'intervention est estimée unilatérale et susceptible de se voir invalider par défaut de légitimité. L'acte de recevoir une demande produit une légitimité formelle nécessaire à une intervention minimale ou initiale, qui consiste, en un premier temps, à vérifier la recevabilité de la demande au plan organisationnel, professionnel et programmatique. Cela étant acquis, l'intervenante explore la demande, notamment par une activité de mise en mots lors de laquelle peuvent émerger les objectifs de l'intervention et, dans certains cas, le plan d'intervention lui-même. Cette première séquence d'activités permet de vérifier et d'élucider la légitimité sur laquelle s'édifie l'intervention. À partir de ce moment, l'entrée en relation s'intensifie et devient, si nécessaire, proactive. Notons qu'à l'idée de demande correspond un envers tout aussi déterminant : soit l'idée de *besoin*. Ici, il doit y avoir un arrimage entre la reconnaissance sociale du besoin et une formulation incarnée de celui-ci, portée par un citoyen sujet de droits et formellement demandeur. Ainsi, une demande n'ouvre pas à elle seule un droit de recevoir un service. Le besoin qui la sous-tend doit rencontrer la définition sociale dudit besoin. Il est possible de soutenir que l'intervention en tant que telle, ou plus spécifiquement le désir d'intervention, en cela soutenu des *ethos* professionnels, génère une certaine légitimité d'intervention autoréférée. En fait, il y a consensus éthique sur le fait qu'il vaille mieux intervenir que de favoriser le *statu quo* : intervenez, intervenez, il en restera toujours quelque chose.

> J'insistais sur le fait : « Je pense que ça vaut la peine de l'essayer, de ne rien faire, c'est le statut quo, on sait ce que c'est... Donc, essayons autre chose ». (10)

La nécessité de s'appuyer sur une légitimité permet à l'intervention **de faire autorité**. Cette dimension tend à s'occulter dans la mesure où les mandats sociaux d'autorité sont rarement évoqués en cours de relation. D'aucuns les signaleront comme présents en esprit, voire comme horizon menaçant de l'intervention. Somme toute, cependant, l'autorité est peu explicite pendant l'épisode relationnel de l'intervention. De même, le capital symbolique et relationnel des praticiennes fait l'objet de nombreux efforts d'occultation. Cela pourrait s'expliquer tout bonnement par la force et la place qu'occupent, dans l'*ethos* professionnel des intervenantes les valeurs de l'humanisme et du relativisme. Nous rejetons cependant le causalisme axiologique, comme si les valeurs déterminaient les pratiques, pour, plutôt, chercher à comprendre comment, en pratique, ces valeurs deviennent significatives et prégnantes. Nous pensons que ce jeu d'ombres et de lumières, articulant humanisme et autorité, traduit l'une des conditions du travail dans les métiers relationnels liés à l'État : une pluralité de mandats aux fondements pluriels. Chacun de ces mandats s'appuie sur une légitimité qui lui est propre et implique des invariants praxéologiques distincts que l'intervenante articule dans la composition pratique. L'autorité et la légitimité premières proviennent alors de cette rencontre d'une demande incarnée, de mandats sociaux, d'une capacité et d'une autorité professionnelles. Faire autorité, c'est aussi appuyer son intervention sur l'autorité d'autres légitimités que les siennes.

Les infirmières en appellent à l'autorité de la science de façon plutôt discrète, voire de façon périphérique, notamment par un certain usage de protocoles techniques, symboliquement chargés de sciences. Différents supports sont porteurs de l'autorité *science* : pancartes, documents, livres (pour illustrer), formulaires, guides vulgarisés, etc. L'usage de ces supports permet de mettre à distance la froideur de l'autorité scientifique pour laisser place à la chaleur de la relation. Ils ne font donc pas l'objet d'un investissement important de la part des infirmières, quasi nul de la part des travailleuses sociales. Tout au plus viendront-ils légitimer une prescription formulée comme sociale : maintenant, les bébés sont couchés sur le ventre pour prévenir la mort subite du nourrisson. En outre, le biologique se conçoit d'emblée, et pour toutes, comme une positivité indiscutable quoique imprévisible.

> C'est assez alarmant comme chiffres. Quand je leur dis les chiffres, ça les surprend un peu parce qu'ils le savent qu'il y a un problème. (10)

Un second type d'autorité est convoqué lors du colloque singulier. Il s'agit de l'appel à l'expérience, constituée d'un vaste répertoire de cas et d'interventions-types. Cette expérience, doublée d'une capacité de mise à l'épreuve des rubriques du répertoire, est investie explicitement dans la relation clinique pour donner sens au problème, pour motiver le client, pour rendre plausibles, au plan symbolique, les possibles de son intervention en regard de la situation singulière. Cet usage systématique de l'expérience permet d'instiller, auprès du client, pour qui le problème est forcément unique, un rapport d'objectivité à lui-même fort utile au plan clinique. L'interventionnisme comme tel est convoqué à titre d'autorité. La volonté d'intervenir s'apparente à une autorité dans la mesure où chaque personne impliquée dans la relation clinique sait bien que sous le couvert d'une relation intersubjective se trouve une relation sociale les dépassant. La volonté d'intervenir s'auto-institue comme droit d'intervenir. Du côté des travailleuses sociales, outre quelques recherches d'appuis théoriques, peu nombreux sont les usages explicites des diverses formes d'autorité. Nous pensons que l'analyse précédente que nous avons faite de l'occultation de l'autorité comme négativité de l'action professionnelle gagne en pertinence pour le travail social. La catégorisation, sublimée dans la catégorie *expérience*, comprend une part de savoirs scientifiques et sociaux incorporés à la pratique. Certaines travailleuses sociales, selon la tâche ou la fonction qu'elles accomplissent, en appellent néanmoins explicitement à l'autorité administrative, en général comme négativité de leur intervention. C'est sur cette base qu'elles peuvent mobiliser des ressources, éventuellement à l'encontre des normes administratives, pour ainsi réaliser modestement leur projet professionnel de transformation sociale.

Parmi les diverses sources de légitimité de l'intervention se trouve **le statut du mandat ou de la demande** qui initie la mobilisation professionnelle et organisationnelle. Au plan praxéologique, le fait même d'avoir un client qui s'est déplacé au bureau implique une demande *de facto*. Faut-il encore que l'intervenante puisse bien identifier qui est le client véritable (le père atteint de la maladie d'Alzheimer, son fils demandeur ou sa mère, qui prend soin de son conjoint depuis des années). Il importe donc de résoudre les conflits de demandes.

> J'étais comme un peu pris entre les deux. Je pense que c'est important d'établir c'est qui mon client. Si c'est Monsieur, si

c'est Madame. C'est sûr que les enfants sont inquiets. Mais s'ils sont trop inquiets, on fait un certain travail avec eux. (18)

Les intervenantes cherchent, autant que faire se peut, à respecter la volonté explicite du client. Pour cela, il faut qu'elles procèdent à des activités d'explicitation et d'actualisation continue de la demande. Celle d'un tiers est reçue, mais analysée avec précaution de façon à ne pas provoquer une équivoque quant à la désignation du client véritable. Et toute demande a une dimension socio-institutionnelle. Celle d'un client doit, d'une façon ou d'une autre, passer le test de l'arrimage à l'offre institutionnelle. Néanmoins, une action qui cible formellement un client socialement désigné, le bébé d'une mère à risque, par exemple, peut occasionner une intervention plus informelle ou tacite auprès de la maman. Il peut aussi s'agir d'une demande assez lointaine, voire diffuse (ex. : santé publique) ou plus rapprochée (cibles d'intervention prioritaires pour l'organisation). Dans ce dernier cas, la légitimité de la division/organisation du travail, ou ce qu'il est possible de désigner comme la légitimité de la tâche, est une des plus structurantes de l'intervention. Ainsi, le mandat de vérification des A.V.Q.-A.V.D. procure une grande légitimité d'intervention pour les infirmières. Leur présence à domicile a alors un sens non équivoque pour chacun. Le mandat institutionnel, dont la réalisation passe en partie par l'application de programmes, implique l'analyse des demandes en fonction de critères objectivés. Ainsi, le CLSC attribue des ressources d'aménagement du domicile en ergothérapie si la personne demanderesse se conforme aux exigences du programme. En période de rareté de ressources, ce seul critère est cependant insuffisant pour l'obtention du service. Outre sa capacité à rencontrer les critères formels, la personne demanderesse doit formuler, à la satisfaction d'une intervenante qui en fait l'évaluation, une demande qui exprime une motivation personnelle forte. Cela illustre, s'il le fallait encore, l'articulation complexe des niveaux de demande.

Dans tous les cas, il appert incontournable pour les intervenantes de distinguer la demande officielle de la demande réelle. Notamment pour les travailleuses sociales, la demande officielle telle que formulée par l'organisation à travers son service d'accueil/évaluation, constitue un point de départ formel que la reformulation expressive de la demande par le client en début de relation clinique permet de valider ou de reformuler. Mais dans tous les cas de figure, l'acte de demander constitue un point de départ incontournable à la mobilisation minimale de l'organisation par une activité d'évaluation de la demande, véritable droit fondamental du client dans les services publics de services aux personnes. Mais si la demande engage l'organisation, elle n'engage donc pas automatiquement une intervention. Une fois le droit d'entrée au système accordé au client, la demande initiale se réduit à un élément de contexte pour nombre d'intervenantes sociales.

> Ce que j'avais comme information, c'est qu'il s'était exhibé devant un petit gars de six ans, le petit gars aussi s'était exhibé devant lui. C'est ce que j'avais dans ma demande initiale. (11)

Il est ici nécessaire de souligner l'importance de la mission institutionnelle comme mandat fondateur de l'intervention, auquel s'arriment les « missions » professionnelles. En fait, les intervenantes interviewées affirment très clairement leur adhésion non équivoque au mandat organisationnel général d'aide à la population. En fait, la mission des CLSC permet de transcender les particularismes disciplinaires de tout ordre qui ont tendance à fragmenter le travail. Le mandat prend aussi racine dans l'*ethos* professionnel et la reconnaissance sociale et organisationnelle dont il est l'objet. Le travail des infirmières ou des travailleuses sociales implique, par exemple, une mobilisation pour le soin et la promotion de la santé, d'une part, et une certaine volonté de contribuer au changement social et à la justice sociale, d'autre part. Ainsi, pour les infirmières, la mission d'enseignement est autant un mandat professionnel qu'institutionnel. La convergence de ces deux mandats, reformulés en des termes transcendantaux humanistes, et réalisés par l'incarnation d'un agent qui y adhère au plan existentiel, engendre une formidable synergie pratique, mère de toutes les évidences d'intervenir. À ce propos, ladite autonomie professionnelle[20] permet d'adapter le mandat à la complexité de la situation.

> Int. : Vous avez pris les signes vitaux ?
> Oui, mais des fois je les prends pas. (7)

---

[20] Il s'agit donc moins de l'autonomie professionnelle telle que désignée par la pensée professionnaliste que de l'autonomie du travail, comme condition d'adaptabilité de l'organisation à la complexité des situations.

En regard des mandats sociaux, l'intervenante doit, de par sa responsabilité professionnelle, gérer les risques inhérents aux conflits de demandes. Par exemple, un parent qui frappe son enfant peut demander un support psychosocial afin de modifier ce comportement. L'intervenante devra évaluer et, partant, gérer le risque inhérent au fait d'avoir un comportement socialement et juridiquement réprimé, sans pour autant mobiliser d'emblée la Protection de la jeunesse. C'est sur la base de la légitimité de leur jugement professionnel, sous-tendu d'une sanction symbolique, et de leur capacité à miser sur la possibilité d'établir une relation signifiante que les intervenantes peuvent repousser la mobilisation de ressources lourdes. À cet égard, il semble y avoir un désir collectif chez les travailleuses sociales d'attendre autant que faire se peut avant de répondre à une demande sociale contradictoire à la demande du client. Au plan praxéologique, celle-ci a préséance sur la première le temps que la relation demeure possible et que le progrès vers la solution reste soutenu. Sous l'aspect biomédical, la gestion du risque est moins ouverte, notamment par le fait que la division du travail médical implique la soumission relative des infirmières à l'autorité médicale. Ici, l'incertitude est d'autant plus éludée que les actions de correction ont une capacité de changement objectivable.

En cours d'intervention, les praticiennes énoncent et rappellent fréquemment le mandat de façon à préserver le caractère explicite du consensus sur la nature de la demande et, ce faisant, sur l'espace des possibles et des légitimités de l'intervention. Il est cependant parfois nécessaire de dépasser la seule demande du client en offrant des services non sollicités, mais objet d'une offre de service institutionnelle ou professionnelle.

> Au niveau de la dynamique de couple, il y a peut-être quelque chose à travailler, s'ils ont le goût de le travailler. C'est peut-être quelque chose que je pourrais leur offrir. (17)

Il va sans dire que la pluralité des mandats implique une complexité de l'intervention pouvant engager des rapports parfois équivoques, voire schizoïdes, à la profession. Ces équivoques sont probablement en grande partie résolues par l'adhésion à la mission institutionnelle et par la cohérence et les exigences pratiques de la tâche.

> Il y a la réaction du thérapeute, puis la réaction du T.S.,

puis la réaction de l'éducateur. (11)

Il s'agit donc aussi d'une activité d'élaboration et de signification publiques des légitimités de l'intervention. Pour cela, l'intervenante tente d'obtenir un accord explicite sur l'intervention, les finalités qu'elle poursuit et les stratégies qu'elle implique. Les divers mandats sociaux, organisationnels et professionnels, ainsi que ceux provenant des demandes des clients, sont investis symboliquement par la suite dans la relation. L'intervenante présente fréquemment sa propre *praxis* et l'*ethos* de son groupe professionnel comme sources de légitimité fondamentale et désintéressée de son intervention.

J'utilise beaucoup ce terme, « vous aider » ... ils voient que c'est vraiment mon intention de les aider. (17)

Comme nous concevons le travail des infirmières et des travailleuses sociales comme celui de métiers relationnels, l'intervention doit invariablement **prendre appui sur le client**. Le travail de type *case work*, c'est-à-dire tout ce qui n'est pas application de programmes, de protocoles de soins infirmiers, ou d'activités de groupe, implique que l'intervention s'initie à partir de l'expérience du client. Pour ce faire, il faut d'abord identifier et dire le client véritable, puis expliciter la demande qu'il formule. Seul le client peut véritablement dire ce qu'il vit. Les intervenantes s'assurent, cependant, de sa capacité cognitive, émotionnelle et sociale à dire et à décider, puis cherchent à obtenir un consentement éclairé. Une décision éclairée sera respectée autant que le permettront les impératifs sociaux.

C'est le client qui nous amène sur des pistes. (14)

Au plan existentiel et en regard de l'obligation de moyens des intervenantes, le client a, sauf exceptions qui mobilisent un tout autre registre d'intervention, la responsabilité ultime de dire la demande, tout comme la responsabilité de l'appropriation des outils transférés, de l'engagement vers le changement, et de l'expression des difficultés. Les intervenantes favorisent quant à elles l'expression des peurs et des craintes et contrôlent le contexte d'expression. Elles rappellent et se rappellent fréquemment les bonnes responsabilités, dont la plus fondamentale, celle du client à l'égard de sa propre vie. Ce faisant, elles créent une distance nécessaire aux métiers de la souffrance. Mais cela se complique d'une dialectique fondamentale au plan de l'*ethos* professionnel, celle du désir intense de respecter les attentes du client et de croire en ses capacités tout en ayant une certaine méfiance à son égard, notamment quant à sa volonté de dire et de s'engager vers le changement proposé. En fait, si le client souhaite l'intrusion de quelqu'un dans sa vie, comme en témoigne sa présence en bureau ou son acceptation de la visite à domicile, il n'est pas toujours prêt à entreprendre les changements que sa demande implique du point de vue de l'intervenante. Ce paradoxe se résout en partie par la fonction objectivante de la praticienne ; sa présence permet et favorise la mise à distance du problème au client. Dans ces cas difficiles et ultimes, il peut y avoir traitement du problème, dissocié de la personne-cliente. Les intervenantes doivent composer avec ce paradoxe en jouant confiance et méfiance tour à tour. Si le rapport au problème s'objective, c'est pour mieux s'y attaquer au plan existentiel, le client et son problème ne faisant qu'un. D'ailleurs, problèmes d'estime de soi, de communication, ou de souffrance envahissante désignent l'essentiel des problèmes rencontrés, du point de vue des travailleuses sociales. Cette apparente pauvreté diagnostique exprime l'unicité du problème-client et le focus réalisé sur les processus typiques plutôt que sur les contenus. Pour les infirmières, le problème est plus facilement objectivable, et donc taxonomique, et la mobilisation existentielle du client se réalise en outre ou à l'encontre du problème. Le rapport au client procure à l'intervention une légitimité formelle qui s'espère détachée des contingences de la pratique et des obligations organisationnelles ou programmatiques. Il permet d'espérer ou de revendiquer une transcendance de l'action, véritable primitivité d'une action professionnelle idéale. Ainsi, l'intérêt suprême de la nation professionnelle sera le client. Les autres mandats ne sont que contingence et pragmatique de l'action sociale, en général minimisés dans les discours.

Intervenir, c'est, en outre écouter et recevoir de façon minimale le client dans son besoin de s'exprimer. Nous écrivons *minimale* en ce sens que les intervenantes ne peuvent se substituer aux carences socio-affectives du client. Mais elles doivent, notamment pour l'efficacité d'ensemble, s'ouvrir à cette condition praxéologique de l'action. De même, si l'intervention est souvent action d'instillation normative, l'intervenante doit tenir compte du point de vue axiologique de l'*autre*, qui fixe certaines cibles de l'action et trace certaines limites infranchissables en pratique. Par exemple, l'infirmière qui présente les possibles contraceptions à une adolescente ne peut, dans le cadre d'une activité ponctuelle, explorer les craintes de l'obésité qu'exprime l'adolescente lorsqu'elle lui indique les effets secondaires d'un contraceptif. *A fortiori*, il lui est impossible, dans ce contexte, d'espérer un changement d'attitude, et ce d'autant plus que cette crainte caractérise davantage l'ensemble des adolescentes que celle-ci en particulier. Sa crainte rend impossible d'envisager un contraceptif réputé efficace, mais qui a comme effet secondaire le risque de développement de l'embonpoint chez certaines utilisatrices.

> À la minute que j'ai parlé de poids, elle s'est appuyée sur sa chaise. (2)

Valeurs et points de vue sur le monde tracent donc autant les contours des possibles de l'intervention qu'ils permettent d'identifier les cibles de l'action. Dans un autre contexte d'intervention, cette infirmière pourra peut-être explorer la question de l'embonpoint avec la cliente car, autant que faire se peut, l'intervention vise à modifier le rapport existentiel que le client entretient avec le problème au cœur de sa demande. Il peut s'agir, par exemple, de faire reconnaître le chemin parcouru, comme ici à une mère à propos de sa fille qui lui a parlé de ses premières relations sexuelles.

> « Elle est rendue là, on y peut rien ... Mais elle vous l'a avoué, c'est bien. » (2)

Les intervenantes sont attentives aux indicateurs de l'accès du client à son intériorité, qu'il s'agisse d'introspection, d'expression de l'émotion, ou de réflexions rétrospectives. Ces indices sont des plus importants pour formuler un diagnostic existentiel. Un début ou un refus d'introspection, comme une introspection débridée, sont des indices existentiels de la mobilisation ou non du *soi* et, partant, de l'efficacité même de l'intervention.

> Elle y a pensé, c'est un indicateur. Je l'ai vue réfléchir, ne pas parler ... Il se passe quelque chose, elle est en train de mijoter quelque chose, alors je vais laisser faire. (19)

En général, les intervenantes souhaitent cet accès à l'intériorité et créent les conditions de l'introspection, car il s'agit de l'un des indices les plus forts de la significance relationnelle. L'une des façons les plus répandues pour ce faire est de provoquer l'expression de l'intimité en centrant le client sur le domaine de parole de l'émotion, notamment par le vague « Comment ça va ? », suivi d'un retrait de la praticienne créant, ce faisant, un espace transitoire favorable à l'expression de l'émotion. Surtout pour les travailleuses sociales, l'intervention à ce propos sera itérative, avec une volonté de toujours aller plus en profondeur, de conquérir sur les espaces vierges d'intervention.

> À chaque fois, je reviens de plus en plus solide. (11)

Aller plus loin ou accéder à l'intériorité semble, pour les intervenantes, une condition de l'intervention quasi inévitable, car véritable caractéristique de la condition humaine.

> Je perçois qu'elle ne veut pas toucher à son intérieur, mais elle prend tout ce qu'il faut pour l'amener à une réflexion. Elle va tout chercher, puis tu vois qu'elle est en alerte. (6)

L'intervention est une action toute entière tournée vers un but générique, soit **viser le changement** et toutes ses déclinaisons possibles. Pour les infirmières, il s'agit d'abord et de façon archétypique de la guérison, qui s'énonce en CLSC, où le modèle McGill se déploie de façon générale par le désir du *mieux* comme étape du développement de la santé globale. La santé globale inclut de toute évidence le plan existentiel, avec une ampleur variable selon les problématiques. Par exemple, une intervention de soins palliatifs engage le *mieux*, mais évidemment selon une optique palliative de contrôle de la souffrance, de la sécurité du client, du support aux proches et de la réduction de l'angoisse de la personne à l'égard de la mort si proche.

> Je suis contente, si c'est amélioré. (1)

De façon générale, l'intervention vise à instiller un changement d'attitude à l'égard du problème, de la maladie et de son rapport à sa souffrance. Nous employons ici le terme *instiller,* car il ne s'agit pas d'imposer, au moins directement, son point de vue. Il s'agit plutôt de conduire le client vers certaines attitudes, en fait de créer les conditions favorables à ce que le client s'oriente de lui-même vers certaines attitudes. Cela détonne des fréquentes évocations affirmant que l'intervention part du projet de changement tel que formulé par le client. Or, s'il est vrai que cette formulation première constitue un point de départ crucial, et qu'il est également vrai que l'intervention n'est pas imposition brute du point de vue de l'intervenante, elle demeure, néanmoins, une activité d'instillation tant aux niveaux des valeurs, des attitudes, des comportements que des méthodes. Le terme *instiller* traduit l'équivoque même du projet d'intervention, qui consiste à se mettre *au service d'un client* dans le cadre d'une relation sociale politiquement et scientifiquement finalisée. S'il est inconvenant d'imposer un changement, il est légitime de tout faire pour l'instiller, eu égard aux demandes sociales. Il va cependant sans dire que cette logique n'a de sens que pour les objets qui n'exigent pas la mobilisation de légitimités fortes, comme c'est le cas de la Protection de la jeunesse ou des urgences du corps. Il est possible ici de tracer une ligne entre comportements et attitudes, ligne départageant des modalités et niveaux d'intervention. En fait, le changement d'attitude ne fait pas, en général, l'objet d'une prescription sociale aussi directe qu'une action visant les comportements (arrêt d'agir, suspension de droits, etc.). Dans la citation suivante, l'infirmière visiteuse invite délicatement la mère à ne pas accourir au chevet de son bébé au moindre de ses sons. Ainsi, elle pourra se reposer davantage et conserver ses quelques forces pour les soins du bébé. Cette invitation au repos est certes une volonté sincère d'éducation parentale. Mais elle s'inscrit aussi dans une perspective de prévention du bris d'attachement qui, au plan social, est estimé source de maltraitance potentielle, et donc engage un éventuel et grave arrêt d'agir qu'exige la Loi de protection de la jeunesse.

« Tu n'as pas l'impression que si tu la laissais dans son lit, qu'elle se rendormirait toute seule? » (5)

Cet exemple traduit comment le désir d'aider se conjugue, se mêle, prolonge et parfois occulte le mandat social. D'ailleurs, ce segment, tel qu'énoncé, ne permet pas de comprendre en lui-même le sens social. En cours de relation, le mandat social demeure occulté ou à tout le moins, tacite. Seul l'entretien pris dans son ensemble nous permet de comprendre que la citation ne réfère pas qu'à une simple discussion entre femmes attentionnées, mais bien à une relation sociale orientée sur le mandat de prévention de la maltraitance. En fait, le terme *instillation* induit l'idée d'une action faible en un temps, et relativement efficace au terme de la séquence. Si l'intervention sur la santé ou sur la protection peut être proactive, voire unilatérale, en appui sur un mandat social puissant, l'intervention quotidienne est surtout affaire d'influence. Évidemment, il ne s'agit pas ici de laisser entendre que le travail d'instillation implique une quelconque mauvaise foi. En fait, son efficacité procède sans doute de ce jeu complexe et incessant entre l'action sociale et son intériorisation dans le désir d'intervenir de la praticienne.

« Tu acceptes des choses qui sont pas vraiment ... acceptables ». La violence, ce n'est pas acceptable. (13)

La perspective du changement se joue comme un moyen de motivation et d'engagement dans une démarche qui, parfois, sera beaucoup plus ambitieuse que le changement visé explicitement par l'intervenante ou celui demandé par le client. Il importe alors de refléter la moindre trace du changement et du progrès.

Je lui ai reflété aussi qu'elle avait une belle relation avec elle. (2)

Cette nécessité de viser le changement engage différentes façons de faire. Il peut s'agir d'établir les conditions pratiques du changement, mais il peut aussi s'agir, pour certaines travailleuses sociales, d'assurer les conditions préalables à l'engagement vers un changement clinique. Parmi ces conditions se trouve la nécessité première de combler les besoins de base. Pour ces travailleuses sociales, il s'agit de pourvoir un toit, de lancer la demande d'aide sociale, de s'assurer que le client ait accès à un dépannage alimentaire, etc. Du côté des infirmières, le préalable est d'abord lié au corps : contrôle de la douleur, par exemple.

Au plan de la souffrance existentielle, les intervenantes se rendent disponibles et signifient cette disponibilité aux clients. Elles travaillent à faire exprimer le plus finement possible la demande et ses tacites, dont, en premier lieu, la souffrance. L'horizon du contrôle, de la réduction ou de la disparition de la souffrance apparaît, bien entendu, comme source de motivation pour l'engagement vers un changement. Globalement, les infirmières nous semblent à cet égard davantage proactives que ne le sont leurs collègues travailleuses sociales. Cela s'explique en partie par le fait qu'elles mettent de l'avant des objets plus faciles à circonscrire et dont la problématisation sociale est moins discutée. Ainsi, il est très fréquemment question d'enseigner, de s'offrir en modèle lors d'activités d'expérimentation, ou de renforcer explicitement des attitudes.

Pour les travailleuses sociales, le changement s'exprime moins par la guérison que par le mieux, en fait par la perspective du progrès. Il peut s'agir d'une perspective développementaliste au plan des compétences, d'une perspective de croissance personnelle au plan psychologique, mais surtout d'une perspective de responsabilisation et d'engagement au plan existentiel.

> C'est de la resituer sur ses propres forces à elle ... Essayer de la faire reprendre contact avec elle-même ... pour qu'elle reprenne possession d'elle-même, de son corps, se réapproprie son énergie, sa propre estime de soi. (16)

Dans cette perspective, l'expérimentation et la conscientisation par les devoirs, la relation clinique en tant que telle, les transferts méthodologiques ou l'expression des sentiments sont autant de moyens pour favoriser la croissance personnelle.

> Les deux ont à observer les changements positifs qu'elles vont voir l'une de l'autre. Je donne des devoirs pour pouvoir voir les changements. (20)

En fait, en travail social les gains sont multiples, quoique souvent ineffables, évanescents et donc assez peu mesurables. C'est ainsi que le changement laisse le pas à une catégorie peut-être plus incertaine, mais sans doute plus globale et relativiste qu'exprime l'idée de cheminement. Les suggestions, recommandations, devoirs et, dans certains cas, confrontations, devront découler logiquement des possibles du changement tels que formulés en cours de relation clinique. Mais ils auront un statut secondaire au processus en tant que tel. S'il s'avérait que le cheminement exige de prendre un chemin de traverse, il sera pris.

> C'est supporter monsieur dans son cheminement vers le recours à une autre façon d'intervenir avec ses enfants. (15)

Ces divers projets de changement **s'arriment à des objectifs**. Jusqu'à maintenant, les différences disciplinaires étaient moins nombreuses que les espaces de convergence entre les deux groupes professionnels à l'étude. Ici, le rapport aux objectifs indique une relative différence, souvent atténuée par le type de tâches à exécuter. Pour les infirmières, l'objectif semble davantage un donné qu'un construit à élaborer comme c'est le cas pour nombre de travailleuses sociales. Les objectifs au cœur de leur intervention préexistent à la relation. Il peut s'agir de soulager, d'enseigner, de voir, de vérifier, etc. En cours de relation, se greffent toutefois à l'objectif principal des objectifs secondaires discutés et négociés en cours de relation. D'une certaine façon, les objectifs en soins infirmiers s'articulent aux désirs professionnels constitutifs de l'*ethos* infirmier, soit de *faire ce qu'il faut comme il le faut* pour assurer la guérison. Ce désir, qui peut parfois se réaliser à l'encontre de la volonté du client, puis du projet d'humaniser la pratique, est souvent formulé par la volonté d'outrepasser les frontières du traitement dans sa dimension technique. Au-delà de ces frontières techniques se trouve un ailleurs important pour la reconnaissance de la complexité du travail infirmier. Mais malgré ces désirs profonds, il ne s'agit pas en général de négocier l'objectif puisque la maladie, le traitement, la technique ou le médicament imposent leur vérité. L'humanisation, si importante soit-elle, se réalise à la périphérie de ces vérités.

Pour les travailleuses sociales, l'objectif poursuivi se veut plus clairement le fruit d'une négociation entre les désirs du client, les possibles institutionnels et les impératifs sociaux que véhiculent les intervenantes. Les premières rencontres permettent d'établir le lien, d'évaluer la situation et d'établir un véritable contact existentiel de façon à ce que la formulation du problème et des objectifs soit significative pour le client. Au cours de l'exercice, les objectifs seront négociés. En fait, il nous semble plus juste d'écrire qu'il s'agit d'une négociation de la formulation des objectifs plutôt que des objectifs en eux-mêmes. Par exemple, il peut s'agir de travailler l'objectif de la confiance ou de l'estime de soi, mais il s'agit toujours de favoriser une meilleure participation sociale du client à la société. Le plan d'intervention n'apparaît alors que comme la formalisation des objectifs poursuivis et élaborés en cours de relation, dont l'évidence apparaît très tôt aux yeux de la clinicienne.

> Le plan, ça va être de préciser ce que ça veut dire en terme de comportements précis. J'avais l'idée de faire le plan d'intervention, où c'est qu'on s'en va, c'est quoi qu'ils veulent? Mais il y a quand même des bribes qui sont déjà en

> action. Dans ma tête je sais déjà un petit peu vers quoi on s'en va. (20)

Comme les infirmières, les travailleuses sociales ont des objectifs/désirs professionnels constitutifs de leur *ethos* professionnel. L'intervention en travail social poursuit toujours un but fédérateur dont l'intervention spécifique dans un cas donné ne forme qu'une incarnation particulière : à travers un vague projet émancipateur et humaniste, il s'agit d'aider le client à cheminer dans le bon sens, de le supporter dans sa croissance personnelle, en autant que les seuils sociaux de tolérance ne soient pas franchis en matière de comportements déviants. Même si les objectifs tendent à s'imposer d'eux-mêmes en fonction du travail de catégorisation réalisé par l'intervenante, ils sont cependant modalisés de façon continue tout au cours de la relation.

> Mes buts étaient fixés, mais ils étaient assez souples parce que je ne savais pas jusqu'où je pouvais aller. (11)

Aux objectifs correspondent plus ou moins étroitement des solutions, qu'il s'agit d'illustrer et dont il s'agit de démontrer les potentialités et surtout, qu'il s'agit de faire expérimenter.

> « Ça te tenterait qu'on essaie de la coucher sur le dos ? Mais regarde ... tu l'as recouchée, puis elle redort. » Le bébé a dormi sur le dos, alors je me suis dit, dans le fond elle a vu qu'elle pouvait quand même la coucher sur le dos sans que ça nuise au bébé. Je lui ai montré de rouler une petite couverture, si jamais elle a peur que la petite fille couche sur le dos. (5)

Ainsi, une part substantielle de l'intervention consiste à repérer, enlever, appréhender et minimiser les entraves de manière à ce que l'action soit tournée toute entière vers les solutions.

> Je sais que les émotions, la boule est moins grosse, de dire maintenant on peut peut-être tourner la page, pas perdre ça de vue, mais en dégager quelque chose qui va être comme une lumière, puis qu'elle va sortir d'ici plus en énergie. (12)

Mais quoi qu'il arrive, les moyens que la solution mobilise demeurent secondaires aux objectifs et aux processus au cœur de la relation clinique. Tout peut être éventuellement utile à l'expérimentation d'une solution. En fait, le processus qui conduit à la solution importe plus que les contenus auxquels elle réfère.

> Pour moi, le contenu, c'est quelque chose d'important. Mais c'est surtout comme un processus. (14)

En ce sens, surtout pour les travailleuses sociales, la solution s'avère féconde par sa capacité à mettre en mouvement le processus de croissance personnelle, qu'elle qu'en soit la cible visée.

> Faut qu'elle sorte au moins avec un outil. (12)

Pour les infirmières, la solution est souvent plus technique et s'arrime à des impératifs d'action davantage explicites (ex. : prévention des maladies transmissibles sexuellement). Elle peut également s'inscrire dans des protocoles que l'infirmière tente d'appliquer avec la plus grande conformité possible, tout en tenant compte du contexte relationnel. Pour les travailleuses sociales, il semble y avoir une certaine tension quant au choix de solutions, tension entre les méthodes d'inspiration humaniste et le désir interventionniste où les solutions sont préexistantes à l'action. Nos locutrices formulent à ce propos de nombreuses pétitions de principes sur la responsabilité du client quant à la recherche et aux choix de ses propres solutions, comme elles réalisent des actions concrètes pour mettre en valeur les solutions du client telles qu'énoncées.

> Qu'est-ce que t'as réussi à régler? (14)

Et pourtant, un fort sentiment de responsabilité professionnelle quant aux solutions mises en œuvre dans l'intervention est exprimé.

> C'est mon enjeu à moi de chercher s'il y a quelque chose qui a bloqué. (12)

Il découle de cette focalisation sur des objectifs et des solutions que l'intervention **porte invariablement sur un problème** qu'il s'agit dans un premier temps de nommer, de formuler, d'illustrer et d'explorer. L'expression du problème par le client donne à la fois accès au sens dudit problème et légitimité à l'intervention. Par exemple, lors d'une intervention de couple, un travailleur social est fort content que la conjointe dise le fond de sa pensée à son conjoint. Ce faisant, elle problématise la situation de façon à engager une parole.

« Si ça arrête pas, moi je vais lever les voiles ... J'en ai jusque là. » J'ai trouvé ça intéressant que ce soit fait. Je trouve que ça donne des assises solides à notre démarche. (15)

Le problème donne une légitimité sociale à la demande et constitue ainsi le point de départ officiel de l'intervention, alors que sa formulation incarnée en constitue le point de départ praxéologique. En fait, l'absence d'un problème réel ou appréhendé définit une zone de non-intervention. Il peut également s'agir de problématiser la situation, au sens scientifique du terme.

« Si à un moment donné ça va pas bien, est-ce que vous allez décider de demeurer à la maison, décidé de pas aller à la maison, ou bien si vous aimeriez aller à l'hôpital, ou dans un unité de soins palliatifs ? » À partir de là ... on parle de la mort. (7)

De telles problématisations permettent de cibler les conséquences du problème, réelles ou anticipées. La demande initiale devient une potentialité problématique, où le travail professionnel concerne notamment l'explicitation des incidences. Le client est d'ailleurs estimé trop collé sur son problème pour en voir toutes les conséquences, comme en témoigne le fait même qu'il ait formulé une demande d'aide professionnelle. Au plan du diagnostic, le problème se voit néanmoins relativisé en regard des ressources et de l'engagement du client, entre autres. Il va sans dire que de telles mises en problème procèdent de dimensions sociales fort structurantes, quoique non suffisantes à l'intervention. Les problématiques sociales (ex. : les grossesses hâtives), les mandats sociaux (ex. : favoriser le virage ambulatoire) et les impératifs sociaux (ex. : le signalement en Protection de la jeunesse) sont constitutifs de l'intervention au plan praxéologique.

Spontanément chercher le bébé. Je voulais voir ce qu'il avait l'air. (4)

Une infirmière visiteuse réalisant un suivi à domicile auprès d'une très jeune mère et qui a comme mandat social de vérifier le degré d'attachement de la mère comme indicateur de risque de maltraitance, estima dans cette perspective que c'est :

rassurant de voir qu'elle est capable de remarquer des

> choses chez son bébé. (5)

Le diagnostic a un caractère provisoire et comporte souvent un appel à poursuivre le traitement. Si cette jeune mère est capable aujourd'hui de remarquer les petits indices nécessaires aux soins du nouveau né, pourra-t-elle maintenir cette acuité d'observation, la fatigue nuisante, au troisième mois de vie du bébé ? L'infirmière recommande alors de maintenir le suivi et de travailler sur le développement des compétences parentales de la maman. De tels récits-client permettent aussi de formuler des diagnostics sociaux archivables : il s'agit d'une bonne mère, le bébé a un bon développement, etc.

> [Bébé] était toute dodue. (4)

Il s'agit aussi de problématiser la mise en scène du *pathos,* au sens dramatique du terme. Une telle dramatisation du problème favorise sa conscientisation. L'objectif poursuivi n'est évidemment pas la dramatisation en elle-même, mais bien un engagement plus fondamental du client vers le changement. *A contrario,* une trop grande charge émotive, nuisible à l'engagement raisonné, peut ouvrir sur une activité de dédramatisation. Il y a donc un jeu de dramatisation et de dédramatisation en fonction des conditions pratiques de l'intervention.

> Là, je lui explique que sa maman fume, donc c'est un autre des signes de la mort subite du nourrisson. « Je voudrais pas qu'il arrive un petit malheur à ton bébé. » (5)

Le problème devient élément problématique de l'intervention s'il influe sur la relation clinique. Dans certains cas, il peut occasionner un refus de service, condition évidemment déterminante de l'intervention. Par exemple, le risque qu'un anovulant produise des saignements intermenstruels entrave l'intervention d'explication auprès d'une adolescente qui refuse cette éventualité. Plus grave, la faible reconnaissance du problème par le client, les pertes de contrôle du client et sa difficulté à dire l'indicible ou le tacite problématisent la relation clinique. L'intervention a ici une dimension méthodologique de recadrage et d'expression de l'émotion tacite. L'intervention se modalise alors sur la façon dont le problème qui se dit construit ses possibles. Est-il formulé de façon officielle ou existentielle ? Est-il dit ou tacite, chargé d'émotion ou non ? Fait-il l'objet d'une parole véritable ou non ? Une formulation officielle du problème engage l'intervenante, parfois malgré elle, dans une intervention quasi provoquée, car elle l'oblige *a minima,* ne serait-ce que pour vérifier ce dont il en retourne vraiment. La crainte des effets pervers de l'intervention problématise également l'intervention. Il s'agit toujours d'intervenir pour le mieux, en réduisant les coûts pour le client. En fait, il importe de suivre l'évolution du problème et d'en soupeser les risques, conséquences et incidences potentielles. Pour ce faire, il importe de relever des indices, de sorte d'en assurer la reproblématisation continue. Parmi ces indices se trouve la part de volonté et de responsabilité du client dans son problème. Un comportement problématique peu fréquent ou involontaire ne se gère pas de la même façon qu'un problème où la volonté du client est impliquée ou la fréquence élevée.

Au départ, [bébé] n'était pas désiré, mais elle l'a accepté.
(5)

Les travailleuses sociales donnent sens au problème de multiples façons. En général, il est considéré comme une composition complexe pouvant comporter des dimensions contradictoires. Une lecture existentielle du cas le ramènera à de grandes catégories générales, comme l'estime de soi, la difficulté de communication, le refus de devenir adulte, etc. Cette perspective existentielle se conjugue à la recherche de *patterns* (culturel, personnel, familial, ethnique) historicisés, contextualisés ou socialisés. Les niveaux de problèmes s'étagent d'une façon complexe et difficile à décrire, probablement d'une façon diffusément dialectique. Quoiqu'il se dise lors de la première rencontre d'évaluation, et par-delà les analyses explicitement faites, souvent les travailleuses sociales estiment qu'il se cache sous le problème une difficulté plus fondamentale que ne le dit sa formulation initiale. Alors la faible estime de soi s'articule à une société infantilisante, par exemple.

Chez les infirmières, l'articulation des problèmes semble moins dialectique, plus logique, en général du corps vers l'esprit. Il faudrait cependant faire ici moult préventions pour rendre compte de la complexité véritable. En fait, outre une analyse par la tâche qui viendrait atténuer l'énoncé précédent, il semble que le regard infirmier soit d'emblée focalisé sur des objets circonscrits et que la dimension existentielle soit plutôt affaire interpersonnelle à sa périphérie. Quoiqu'il en soit, le problème est occasion de croissance personnelle, et ce tant pour les infirmières que pour les travailleuses sociales. Pour les infirmières cliniciennes, le problème est moins ce que le client en dit qu'une série d'indices et de symptômes du corps auxquels elles tentent de donner sens. La douleur ou l'angoisse de la mort, par exemple, sont des manifestations *de facto* découlant des affaires du corps qui nécessitent d'accéder, au plan existentiel, à ce que les infirmières appellent « faire du social ». Loin de nous la pensée qu'elles considèrent ce social comme secondaire à leur pratique. Les modèles conceptuels récents accordent une place importante à ces choses de l'âme. Nous voulons simplement avancer ici que de façon typique les infirmières ordonnent le social au corps, ce qui les distingue des travailleuses sociales pour qui le corps n'est que contexte de l'âme. L'action infirmière vise donc à couvrir l'aire toute entière du problème selon une séquence disciplinaro-logique, des symptômes du corps, en passant par l'anxiété et la souffrance, aux affaires de l'âme.

Peu importe sa source, la légitimité fondant l'intervention peut être en tout temps contestée et l'intervenante appelée à rendre des comptes, soit à des collègues, soit à des proches du client, soit à des administrations ou éventuellement, à des tribunaux. Pour intervenir, il faut donc non seulement constater des faits, mais aussi **faire preuve**. Ici encore, nous pouvons identifier une certaine différence entre les deux groupes professionnels, bien que ce repère ne soit pas suffisant à lui seul pour tracer la ligne de partage des eaux. En fait, l'action de colliger des preuves se réfère au moins à deux univers de sens. D'une part, un univers scientifico-technique, où la preuve est constituante du modèle expérimental. Elle permet de démontrer une hypothèse, d'établir un diagnostic ou d'identifier l'action à faire. D'autre part, la preuve participe d'un univers juridico-administratif, où elle devient affaire de faits qui confirment ou soutiennent une évaluation en regard de normes administratives. Le niveau de preuve et de convergence des preuves (paroles, faits, témoins et artefacts) engage un même niveau d'intervention en autant, bien sûr, que la problématisation sociale des objets traités soit d'intensité comparable. En fait, les impératifs sociaux ne suffisent pas, *in abstracto*, à engager une intervention lourde. La preuve fournira une assurance empirique à cette légitimité normative de façon à éviter les contestations formelles de l'intervention. Il s'agit parfois tout simplement de *voir*, de façon à pouvoir témoigner au besoin. Dans la situation qui suit, l'infirmière énonce à de nombreuses reprises dans l'entretien de recherche de tels constats empiriques. Elle estime que le bébé se porte bien et que, par conséquent, la mobilisation de la Protection de la jeunesse n'est plus à l'ordre du jour pour ce dossier.

> Juste à voir, on voit bien, une petite dodue. (4)

Pour les infirmières, ce *voir* a une grande importance : voir le bébé, voir le milieu de vie, voir le problème de santé, voir le pansement, pour éventuellement dépister des problèmes ou des besoins. Une absence de vérification devra éventuellement être justifiée de façon expresse (pas d'urgence, pas de demande, pas d'indice); elle affaiblit de toute façon le jugement, la parole étant considérée comme faible en preuve.

> Je l'ai regardée, mais je ne l'ai pas vue beaucoup. Je l'ai touchée un petit peu. Je ne l'ai pas eue dans mes bras. Bien en tout cas, j'essaie si possible de le faire déshabiller tout nu le bébé ... Pour justement voir ... (5)

Les infirmières versent donc au dossier des schémas, des statistiques, des graphiques et des listes de symptômes *vus*. Du côté des travailleuses sociales, il s'agit plutôt d'*entendre*, de recueillir la parole. Au dossier, il est indiqué que le client a formulé la demande x ou y, qu'il interprète de telle façon son problème, etc. Ces paroles sont corroborées, renforcées de témoignages de proches. Le repérage factuel a ainsi un pouvoir probant. Pour reprendre l'analogie judiciaire, il s'agit ici de reconstruire une *preuve circonstancielle* plutôt que de faire la démonstration expérimentale d'une hypothèse.

> Je vais chercher une corroboration du côté de Monsieur quand on rencontre des choses qui sont plutôt sujettes à interprétation. (15)

Aller voir est en toute circonstance utile pour pouvoir éventuellement témoigner auprès d'instances qui exigent une preuve plus formelle. Dans la citation qui suit, la travailleuse sociale au soutien à domicile est chez un couple de personnes âgées pour évaluer leurs besoins. L'intervenante monte, à l'aide des informations recueillies, une preuve circonstancielle engageant son jugement professionnel. Lorsque le couple, formellement admissible pour des services d'une agence étatique offerts aux personnes handicapées, demande que le matelas orthopédique de Monsieur soit changé en vertu d'un programme spécifique pour cause d'usure, la travailleuse sociale demande à *voir* l'usure de l'objet, pour pouvoir *témoigner* auprès de l'ergothérapeute qui réalisera cette partie du service.

> Je suis allée voir effectivement si son matelas était si abîmé que ça. (17)

Un peu à la manière de ces détectives de la littérature policière attentifs aux intuitions que génère le détail, il s'agit pour les intervenantes d'être réflexives et de poser ses propres intuitions comme objet d'analyse. Ces intuitions n'ont qu'un statut provisoire et appellent une vérification, plutôt factuelle chez les infirmières, plutôt discursive chez les travailleuses sociales. Car la seule intuition, centrale dans la conduite de la relation, ne suffit pas à légitimer une intervention spécifique.

> Si c'est juste du feeling, je le garde pareil, je ne le jette pas ... Quand j'ai des éléments, je vais pouvoir partir la prochaine entrevue avec ça, je vais pouvoir aller à la pêche sur mes perceptions de certaines choses. (11)

Ces évaluations visent notamment à vérifier l'adéquation des dires aux faits : un défaut d'adéquation provoque une certaine méfiance à l'égard du client, méfiance qui sera en général réintroduite dans la problématisation. La recherche des indices factuels n'est pas systématique mais certainement assidue et faite de détails. Par exemple, cette travailleuse sociale observe, lors d'une visite à domicile, l'état de propreté du plancher pour évaluer l'épuisement de ses clients.

> Je regarde le plancher ... ça en dit long. (17)

Faire de façon ordonnée et stratégique

Intervenir, c'est faire une activité de façon ordonnée. Cette mise en ordre du *faire* se conçoit moins comme la réalisation de protocoles de travail ou de prescriptions sociales que découlant des exigences praxéologiques au cœur des métiers relationnels. Le travail d'analyse que nous présentons ici ne vise donc pas à reconstruire une méthode générique et générale de l'intervention, bien que nous pourrions en tirer quelques matériaux pour ce faire. Il s'agit plutôt de démontrer la pluralité, la complexité et l'étendue des invariants praxéologiques concernant le *faire*. Ce dernier se compose, et compose avec un ensemble d'actions visant à modifier les consciences et les attitudes. Il s'agit d'instiller une réflexion, de semer les graines d'un changement jugé nécessaire et positif. S'ajoutent à cette condition de nombreuses conditions praxéologiques également présentes au niveau de l'activité de mise en forme de l'intervention. Nous pensons à l'alternance du formel et de l'informel dans la relation clinique, à la nécessité d'expliciter les limites de l'accessible organisationnel et programmatique, à l'exigence de répondre aux craintes explicites ou implicites du client, à la nécessité de contribuer à l'interprétation du problème en témoignant auprès de tiers et en se posant comme référence en cas d'aggravation ou de besoin, par exemple. La communication se doit alors de dépasser la parole et d'impliquer le non-verbal.

> Je les autorise, inconsciemment, ou par mon attitude, à pleurer. (19)

Une part importante du *faire* consiste en un travail de transfert méthodologique, notamment au niveau de l'objectivation du problème ou de l'exploration des solutions. L'intervention vise à répondre spécifiquement à une demande à l'aide de ces transferts méthodologiques. Les intervenantes encouragent l'expérimentation de la méthode en cours de relation clinique ou à la maison et elles en rappellent fréquemment les paramètres. La citation qui suit traduit à la fois un transfert méthodologique, en l'occurrence inspiré de la thérapie de la réalité, et une mise à l'expérimentation de la méthode en cours de relation clinique.

> Ils trouvent leurs réponses, ils s'aperçoivent que dans le fond, l'auto-évaluation est passée. Je ne suis pas obligé de tout leur expliquer. Je sais que ça glisse : clarifier ses relations, clarifier ses vouloirs... plus elle prend conscience de ses forces. (12)

Ce *faire* se présente également comme une composition d'actions stratégiques qu'il est possible de considérer, au moins en partie, comme composition unilatérale, proactive et planifiée de l'intervention. Après tout, le client demande à une inconnue d'intervenir dans les affaires de sa vie. En outre, l'intervention stratégique passe surtout par la mobilisation de ressources, notamment celles des réseaux auxquels participe le client. Et à la reconnaissance formelle et explicite des droits de la personne, s'ajoute un déploiement stratégique souvent tacite qui permet de considérer les mandats sociaux dans la planification de l'intervention.

> C'est juste au niveau de l'intervention comme telle, bien je peux dire : « Ha ! vous ne voulez pas de service tout de suite, bien, on classe le dossier. » C'est pas ça, dans ce type de cas, je les garde pareil, puis je fais comme un suivi. (18)

Au plan stratégique, il s'agit de relever, de consigner et d'interpréter des indices de toutes sortes, dont des indices praxiques (la volonté, l'intention, la résilience, la compliance), et de jouer stratégiquement les informations reçues. Au terme de l'exercice, il peut être nécessaire d'intervenir plus largement que le client désigné ou que la cible d'intervention telle qu'identifiée initialement.

> J'ai vérifié beaucoup de choses, à son niveau à elle, aussi. Veut, veut pas, quand il y a une autre personne, on intervient (5)

L'intervention se conçoit par étapes, se veut progressive, à petit pas, au rythme du cheminement du client. Dans tous les cas, le focus se réalise sur le client et son problème en regard de l'extraordinaire diversité des parcours possibles. Les moyens mobilisés sont adaptés en continu à l'évolution des objectifs, bien que les possibles de l'offre soient rappelés fréquemment et que les intervenantes fassent de nombreux efforts pour conserver le focus implicite à la demande, aux mandats, et au contrat de communication. La relation thérapeutique se rythme donc par diverses itérations et relances.

> S'il y a des points qui me semblent importants, je vais relancer. (16)

Nous l'avons écrit, les mandats sociaux sont productifs de la pratique. Pensons, entre autres, à la Protection de la jeunesse. Sous cet aspect, il est possible que le rapport stratégique unilatéral apparaisse parfois et *a priori* comme une forme de cynisme professionnel. Nous avons par exemple observé un contact téléphonique entre une infirmière et une maman toujours hébergée à l'obstétrique de l'hôpital. La relation est chaleureuse, l'intervenante signifie son support à la maman, questionne vaguement sur l'état du bébé. Puis la discussion s'enclenche, des indices sont recueillis : le frigo ne fonctionne plus à la maison, le père est parti, la mère est déjà épuisée, elle dit consommer de la drogue à l'hôpital. L'infirmière lui dit qu'elle ira la visiter bientôt, toujours sur un ton supportant. La communication terminée, elle présente à sa collègue ses conclusions : « Je vais faire le signalement. Je comprends pas pourquoi elle m'aime bien, c'est moi qui ai signalé pour ses deux autres enfants ». Mais s'agit-il véritablement de cynisme ? Cette intervenante est-elle manipulatrice? Nous préférons penser que cette situation, dont nous ne rendons pas compte ici de la complexité, traduit le rapport stratégique de l'ensemble des intervenantes aux impératifs sociaux. La discussion nous apparaît stratégique, car il s'agit de protéger un enfant tout en donnant la chance à la relation avec la cliente de s'établir. La mobilisation des ressources de protection de l'enfance ne clôt pas l'intervention. En effet, le signalement ne sera pas forcément retenu, la mère pourra avoir des besoins spécifiques suite à cet événement, des délais imprévus peuvent se produire dans la mobilisation de la Protection de la jeunesse ou la situation peut servir d'élément déclencheur à l'engagement de la mère vers des changements fondamentaux. Demeure qu'en regard de ces divers possibles, le mandat social de protection du bébé prime sur tout autre mandat.

De même, il n'est pas toujours nécessaire de tout dire, une trop grande transparence pouvant nuire à l'atteinte d'un intérêt supérieur. Par exemple, la demande d'un tiers, jugée légitime, pourra être occultée pour un temps auprès du client désigné. La citation suivante réfère à un tel cas, où les enfants d'un couple âgé, dont l'un des membres souffre d'une maladie débilitante qui entre dans une phase avancée, demandent au travailleur social de convaincre leur mère d'accepter de placer leur père, au bénéfice de la protection minimale à assurer pour la santé et le bien-être de celle-ci. Le travailleur social accepte d'aller vérifier sur place s'il est nécessaire de passer à l'action. Il ne présentera pas à la mère la demande des enfants, il se contentera de vérifier l'état de la situation.

> C'est sûr que j'allais sonder un petit quelque chose, mais pour le reste, j'en n'ai pas parlé. (18)

Le déploiement stratégique vise à rencontrer des nécessités praxéologiques inhérentes à la situation. Il ne faut pas aller au-delà du nécessaire ou du légitime, comme il faut éviter que les effets pervers de l'intervention soient tels que le bien-être du client soit diminué par l'intervention. L'intervention stratégique a également une dimension plus ou moins explicitement analytique, notamment quant à l'histoire de la personne. Pour les infirmières, il s'agit entre autres de tenir compte de la présence d'universaux tels que l'angoisse et l'inconnu de la mort.

> Je leur parle de ça. L'anxiété peut être causée parce que on ne sait pas ce qui va nous arriver. La nuit, bien on a peur de mourir ... (7)

Toujours au niveau du *faire ordonné*, se trouve, en regard de l'ouverture existentielle et du profond humanisme des intervenantes, la nécessité praxéologique de contrôler les paramètres de l'intervention, l'environnement, les effets secondaires, les besoins les plus importants, etc. Mais le premier des contrôles est le contrôle de soi, au moins au plan ostensible. Les intervenantes doivent démontrer une maîtrise complète de leur action professionnelle, au moins en apparence. De même, l'intervention doit se moduler selon diverses dimensions qui la tirent hors de l'unique relation, telle la nécessité de s'adapter aux niveaux d'urgence, de s'arrimer à la faisabilité des stratégies, d'être capable d'objectiver les diverses dimensions de l'intervention, tout en demeurant inscrite dans une communication véritable. Pour ce faire, les intervenantes doivent être habiles à lire et à identifier les possibles de la situation, à défaut de quoi le travail ne pourra qu'être source de souffrance professionnelle pour les intervenantes, et de désillusion thérapeutique pour les clients. Le *faire ordonné* est donc aussi une activité de mise en scène du soi professionnel. Il faut savoir dire sa connaissance de la réalité et exprimer ses compétences. Il faut également avoir conscience des limites et conséquences de son travail et, soit l'envers praxéologique de ce qui précède, atténuer l'impression de sur-puissance que le client attribue aux intervenantes. Au besoin, les probabilités de réussite sont présentées soit pour encourager, soit pour conscientiser, soit pour relativiser. Une travailleuse sociale évalue comme suit la possibilité de satisfaire à la demande d'un client désirant que son matelas orthopédique soit changé en vertu d'un programme donné :

> Bien moi je sais que faut vraiment que ce soit rendu mou. J'y dis: « On peut essayer, mais d'après moi, ils voudront pas le changer ». (17)

Pour les infirmières, intervenir est une action complexe qui permet de dépasser le simple traitement. Pour réaliser un tel dépassement, l'infirmière travaille à partir de la périphérie dudit traitement, par exemple en enseignant des façons méthodiques de faire, en laissant au client de l'information écrite à teneur scientifique, mais surtout technique, de façon à prolonger son action à travers l'augmentation de sa capacité d'auto-soin. Il s'agit aussi de renseigner à propos de la médication, des ressources communautaires, en passant par le sens de la mort. Mais il demeure toujours solidement arrimé à la demande et aux mandats sociaux à l'œuvre dans l'intervention. La maladie et les médicaments, entre autres, sont expliqués, parfois en montrant les liens de causalité scientifique au plan des médicaments et de leurs effets, ou simplement au niveau des attitudes, en renforçant le lien assiduité/efficacité de la contraception, par exemple.

Ici, le *faire ordonné* s'articule d'abord au caractère méthodique de la technique, ce qui n'empêche pas l'intervenante de mettre en place des conditions qui permettent d'accéder à la conscience. Une séquence probable de l'intervention est celle-ci : faire le traitement, illustrer une méthode ou une solution pour augmenter la capacité d'auto-soin du client, démontrer les gains possibles, les faire expérimenter de façon à favoriser l'apprivoisement, faire verbaliser les craintes et désirs, accéder au moral. Pour les infirmières, le *faire* est d'abord une affaire technique qu'il faudra préparer dans la solitude de la procure et l'évidence des protocoles. La technique est d'ailleurs tellement évidente qu'elle n'est pas, ou si peu, objet de parole, si ce n'est d'une parole technique et rapide pour combler une lacune très spécifique. Lors de l'intervention comme telle, la technique s'occulte toute entière derrière la finalité de l'intervention. Alors qu'une infirmière était accompagnée par une stagiaire, la technique n'a fait l'objet d'aucune discussion.

Du geste comme tel, non, du pourquoi, oui.

Int. : Comme le fait qu'il soit piqué très souvent, qu'il guérisse mal, en avez-vous parlé à l'infirmière que vous orientiez ?
Elle l'a compris, de par notre gestuelle qu'on a faite. (3)

Auprès du client, la technique n'est pas non plus discutée, bien qu'elle soit présentée, notamment à travers la séquence d'actes qu'elle met en œuvre. Cette profonde intériorisation du *faire* constitue la technique comme un espace de silence et, par conséquent, un espace potentiel de parole au plan relationnel. Ainsi, la réalisation technique devient une occasion de bavarder de tout et de rien, pour, éventuellement, accéder au moral, notamment par le banal, en apparence, *Comment ça va ?* Il va sans dire qu'à ce moment-là, et notamment dans la proximité du corps, tout devient possible. Le développement d'une technique d'entrevue permet d'augmenter le potentiel de l'intervention dans ces moments informels.

On m'a montré à développer ça. C'est dans mon rationnel. (7)

En ce qui concerne les travailleuses sociales, une part de la mise en ordre du *faire ordonné* découle de l'explicitation de l'implicite de l'intervention et sa formulation en plan d'intervention plus ou moins rigide, plus ou moins détaillé. En fait, elles mettent en œuvre un plan d'actions d'une telle évidence en regard des objectifs, de la problématique et des différents invariants praxéologiques en jeu dans la relation qu'il consiste surtout en une simple explicitation, souvent *a posteriori*, de ce qui se fait. Cela indique sans doute la place privilégiée qu'occupent les invariants praxéologiques dans l'action professionnelle, en regard du peu de signifiance des très formels plans d'intervention. Les travailleuses sociales nous ont semblé plus relativistes que les infirmières à ce propos. Par exemple, la diversité des points de vue sur le problème enrichit pour elles l'analyse, alors que les protocoles de soins infirmiers tendent à réduire la diversité. Le relativisme semble cependant quelque peu équivoque à l'occasion. En effet, si l'action de normaliser, au sens de confirmer que « c'est correct que vous fassiez ceci ou cela », exprime un relativisme certain, l'action sur et par les normes est au cœur de la pratique en travail social. Il s'agit, par exemple, de décristaliser, c'est-à-dire de

déconstruire un problème tel que signifié par le client de façon à pouvoir le reconstruire d'une façon estimée positive.
Et au travers de ça, il y a beaucoup de décristallisation et de normalisation. (16)

Elles nous semblent quelque peu plus stratégiques à cet égard que leurs collègues infirmières, dans la mesure où leur pratique leur impose de poursuivre en même temps une pluralité d'objectifs et de mandats parfois difficiles à arrimer entre eux, éventuellement contradictoires. Il est parfois nécessaire d'avoir une stratégie quasi occulte pour réaliser l'intervention. Cette stratégie détonne de la belle transparence humaniste de la relation privilégiée avec le client.

En arrière de la tête, j'avais un petit peu les préoccupations de ses enfants. Cette fois-ci, je lui en parlais pas, mais à un moment donné peut-être qu'on en reparlera. (18)

La gestion du risque, notamment en l'absence de faits ou de légitimités sociales fortes, est une caractéristique discriminante de la pratique des deux groupes professionnels. Il nous a semblé que les infirmières sont plus intolérantes au risque que ne le sont leurs collègues. Cela traduit sans doute un rapport au *vrai* et à *l'incertitude* fort différent d'un groupe à l'autre. Un autre point les distinguant est que les infirmières se réfèrent à un modèle conceptuel engageant au plan méthodique, en l'occurrence le modèle McGill, alors que les travailleuses sociales se contentent de nommer à l'occasion, et ce en général de façon assez floue, des courants et savoirs théoriques des sciences sociales (thérapie de la réalité, cycle de la violence, etc.), auxquels s'ajoutent quelques références à ce qui serait une méthode générale du travail social et à ses variantes spécifiques (ex. : intervention court terme centrée sur les solutions). En fait, si le modèle McGill semble signifiant pour dire la pratique des infirmières, les référents théoriques sont plutôt affaires personnelles pour les travailleuses sociales. La méthode générale a peut-être pour elles une fonction signifiante similaire au modèle McGill des infirmières, mais sa puissance référentielle apparaît incertaine. En fait, la méthode générale est moins une méthode qu'un appareillage disparate, composite et utile pour agir sur ce qui serait un processus général d'intervention, formé de grandes phases comme l'accueil, l'évaluation, etc. (DeRobertis, 1981). Ce processus général est pour nous une structure d'invariants praxéologiques transversale à plusieurs métiers relationnels. Le modèle conceptuel s'en distingue en affirmant comment et selon quels principes l'intervenante s'y insère. Ce faisant, la méthode générale semble plus incertaine, mais plus ouverte à l'éclectisme qu'exige la pratique.

> Il y a souvent une thématique de base, mais qui se manifeste de différentes façons. La répétition du travail qui se fait ... il y a comme le processus de la pelure d'oignon. (12)

Le *faire ordonné,* c'est aussi mettre en œuvre des protocoles d'action. Si nous ne croyons pas que la protocolarisation du travail constitue l'unique dimension structurante de la notion d'intervention, nous pensons qu'elle y joue un rôle important, mais d'une façon plus complexe que la simple technicisation de la pratique professionnelle. A *priori*, cette caractéristique semble ici distinguer travailleuses sociales et infirmières. Ces dernières réfèrent dans leurs discours à des protocoles de façon relativement explicite, contrairement aux travailleuses sociales pour qui, au mieux, ils demeurent tacites. En fait, elles se réfèrent, d'une certaine façon, à la bonne vieille méthode expérimentale lorsque les enjeux du corps sont importants. Dans le doute, l'infirmière explore systématiquement les possibles du corps et de ses traitements de façon à ne pas interpréter de façon erronée un indice *a priori* existentiel. Pour cette raison, l'intervention en soins infirmiers est un *faire* plus ordonné qu'en travail social

Au plan conceptuel, si le développement et l'adhésion au modèle McGill ont permis un élargissement du champ de pratique des infirmières vers les domaines du social, l'élargissement vers le champ de la pratique médicale est et sera encore plus important pour elles. Cet élargissement suit la séquence suivante : 1) production de modèles conceptuels, 2) reconnaissance d'un rôle propre, 3) formulation de diagnostics infirmiers relatifs au rôle propre, diagnostics auxquels sont associées des interventions protocolarisées, 4) puis développement de l'infirmière experte qui pourra formuler des diagnostics à la périphérie du champ médical actuel. L'élargissement du côté du social apparaît essentiel dans la reconnaissance de la part tacite du travail des infirmières. Cette reconnaissance est l'une des conditions d'accès à la professionnalité découlant de l'*art* professionnel. En fait, il s'agit pour les infirmières de s'élever au-dessus de cette aura de technicienne que d'autres corps professionnels se plaisent à leur rappeler. Le fait de participer à une famille théorique, ici le modèle McGill, apparaît sous cet aspect comme une protocolarisation du travail précisant ce qui se doit d'être fait, mais surtout comment il faut le faire.

> J'ai déjà eu Virginia Henderson au niveau des besoins. On travaille plus avec McGill, mais c'est resté comme élément de base. (7)

Il faut tout de même formuler ici une prévention importante. Le rapport aux modèles conceptuels chez les infirmières nous semble d'abord normatif avant d'être théorique. En fait, si nous pouvons trouver des travailleuses sociales se revendiquant d'une analyse structurelle ou systémique, d'une perspective de type thérapie de la réalité, ou d'une approche féministe, c'est que nous nommons des rapports au réel qui s'appuient sur des théories. Pour ce CLSC, toutes les infirmières adhèrent, officiellement du moins, à un même modèle, le modèle McGill. Celui-ci dit moins un rapport théorique au monde qu'une conceptualisation du travail infirmier, une façon de dire et de prescrire *l'être infirmier*. Une telle unanimité, fantasmatique en travail social, exprime sans doute la clarté relative des objets en soins infirmiers, mais surtout un rapport épistémologique au monde. Par ailleurs, nombre de protocoles ont un fondement scientifique et sont vite intériorisés par les infirmières. Par exemple, les stades du développement de l'enfant, le codex des effets secondaires des médicaments, les seuils de dépistage des problèmes auditifs sont suivis (presque) à la lettre.

> J'ai tout un questionnaire à faire. Je suis rendue que je le sais par cœur. Mon explication, c'est quasiment une cassette. (2)

Le client qui suit de près les étapes d'un protocole sera estimé bon client. En périnatalité, par exemple, l'État distribue à toute mère sortant de la clinique d'obstétrique un livre, le *Mieux vivre avec son enfant*, vulgarisant une série de protocoles pédiatriques prescrivant ce qu'il convient de faire pour le bien-être de son poupon. Dans le cas suivant, où le CLSC craint que la jeune mère ne se sente dépassée par les exigences de sa récente maternité, le suivi de l'infirmière a pour but de l'outiller et de la soutenir, mais aussi de vérifier son niveau de compétence parentale. L'emploi *religieux* par cette mère de l'ouvrage offre à l'infirmière un indice fort que tout va pour le mieux : la cliente adhère aux préceptes pédiatriques :

> Quand j'ai sorti le « Mieux vivre », elle dit : « C'est ma bible ! Je l'aime assez ! » Elle utilise ce livre beaucoup. (4)

Une part de l'intervention infirmière, revendiquée avec fierté, est précisément le travail d'enseignement, soit le transfert protocolaire qui permet de prolonger l'intervention professionnelle. Ici, l'infirmière présente un agenda indiquant les étapes de développement de bébé et offrant une méthode d'observation et de consignation des données à l'aide de :

> petits albums de bébé, il y a des choses d'indiquées que le bébé devrait faire. (5)

Il ne faut cependant pas laisser entendre à ce propos que la déférence des infirmières à ces protocoles exprime un conformisme aveugle. Elles se doivent constamment de les adapter à la nécessité et aux contextes. Ainsi, une infirmière du soutien à domicile vérifie les A.V.Q.-A.V.D. selon ce qu'elle juge pertinent de faire en situation. Une autre adapte un protocole de dépistage des problèmes auditifs à une évidence pratique : celle de vérifier plus avant sur la base de soupçons empiriquement fondés, de façon à rendre efficace l'activité globale de dépistage dans une école.

> Si tu suis vraiment toute la théorie, tu devrais regarder chaque enfant avant, mais moi je me dis, quand l'enfant entend bien, je ne vois pas pourquoi je regarderais toutes les oreilles. (9)

L'intervention pose également des protocoles pratiques en regard de la tâche et du programme en question. Il peut s'agir, par exemple, d'aborder de façon systématique certains thèmes implicites aux programmes (ex. : projet de vie de la mère lors d'un suivi ciblé en périnatalité). S'il est vrai que les travailleuses sociales ne se revendiquent que fort peu explicitement de protocoles, elles se réfèrent, néanmoins, à de très nombreux systèmes de règles administratives et programmatiques. Ces règles, cependant, sont vécues d'abord comme contraintes/ressources de l'intervention plutôt que comme mise en forme protocolarisée du *vrai* de l'intervention. Si elles se réfèrent aussi à des courants et concepts théoriques, à des savoirs scientifiques, ceux-ci ne sont pas protocolarisés, inscrits dans une séquence d'actions standardisée. L'éclectisme caractérise ici le collectif *travailleuses sociales*.

Si notre travail ne porte pas à proprement parler sur les valeurs au cœur de l'intervention, il appert, cependant, incontournable d'en aborder quelques-unes, auxquelles nous accorderons le statut d'*invariant praxéologique*. Au plan praxéologique, il n'est donc pas possible de penser intervenir sans énoncer certaines valeurs exprimant les conditions d'une **commune humanité**. Il ne s'agit pas ici de laisser entendre que cet humanisme est factice, loin s'en faut. Notre propos vise plutôt à analyser les valeurs sous l'angle de leur nécessité praxéologique. En effet, les « objets » du travail pour ces métiers relationnels sont des personnes et les principaux moyens engagés sont d'ordre communicationnel et relationnel. La reconnaissance de la capacité de choisir et de la responsabilité ultime du client à l'égard de sa vie est invoquée haut et fort et en toute occasion. L'intervention se dit humaniste, l'intervenante se limitant à proposer des façons de faire à une personne qui, après tout, le demande. Cependant, cet humanisme explicite a son envers tacite, où l'action est dans les faits beaucoup plus proactive qu'elle ne l'affirme, par le contrôle des conditions de la relation ou par les jeux déséquilibrés des divers capitaux mobilisés dans l'intervention. L'humanisme engage, néanmoins, l'intervenante à tenir compte du sentiment et des ressources de la personne, et à s'y intéresser au plan existentiel. Au plan diagnostique, il lui faut lire la situation problématique comme un phénomène empreint de subjectivité, sur lequel il sera parfois nécessaire d'agir. Et c'est donc au nom d'un humanisme, parfois formel, qu'une part importante de l'intervention instille une réflexion existentielle, notamment en favorisant la conscientisation des risques et conséquences d'une action sur la vie du client ou de ses proches.

> Je lui ai montré avec le miroir, parce que le monsieur, il a la bedaine un peu ravagée, puis il n'est pas capable de se voir quand il est couché. (1)

Car il s'agit, au terme de l'exercice, de responsabiliser le client au plan existentiel ...

> « C'est correct, vos enfants pensent ça, mais je pense que c'est à vous de décider. » (18)

... et d'en arriver, de façon ultime, à une intervention qui se situe précisément au plan existentiel.

> On ne sait pas si ça va se représenter. Si ça veut pas se représenter ... ça les regarde quelque part. Si ça se représente, je serai là. Si c'est mis sur mon chemin pour ça, bien ce sera mis sur mon chemin. C'est des cadeaux qu'on reçoit quand quelqu'un ouvre une porte bien fermée ... S'il te le donne à toi, bien il le donne à toi. S'il le donne à un autre, il le donne à un autre. Ça finit là. (6)

Un point de rupture distingue en partie les infirmières des travailleuses sociales, soit la façon dont l'humanisme normalise le projet d'intervention. Pour les premières, il est d'abord une nécessité praxéologique de l'établissement d'une relation, un projet socioprofessionnel d'humanisation des soins et une condition du transfert de compétences (*l'enseignement* en soins infirmiers). Les travailleuses sociales partagent sans aucun doute cette vison de l'humanisme, mais leur projet professionnel semble quelque peu différent : il s'agit d'un humanisme plus ou moins émancipateur, où les stratégies d'*empowerment*, d'habilitation citoyenne et de croissance personnelle donnent sens à la *praxis* professionnelle. Dans cette perspective, l'intervention est aussi une façon d'instiller l'humanisme et d'expérimenter des relations plus égalitaires, notamment en soulignant la relative coresponsabilité de l'intervenante et du client à l'égard des résultats et de la conduite de l'intervention. Ainsi une travailleuse sociale caractérise la façon dont elle a travaillé une dimension importante du problème objet de la demande de service :

> Je l'ai travaillé avec elle. (19)

Dans cette perspective, les travailleuses sociales considèrent le vécu et la reconnaissance formelle du potentiel des clients comme points de départ de l'intervention.

> La recentrer sur elle-même, on est tous quelqu'un de bien, qui en vaut la peine. (16)

De même, le fait d'avoir un problème est considéré comme une caractéristique humaine, comme le cheminement existentiel ou la croissance personnelle sont indices d'humanité.

Elle réalise que c'est humain ... (12)

La formulation sociale des mandats entre parfois en confrontation avec le désir d'inscrire sa pratique professionnelle dans une perspective humaniste. Il ne s'agit pas de laisser entendre que les mandats sociaux s'appliquent brutalement aux praticiennes, leur faisant nécessairement violence au plan symbolique en les obligeant à faire une action à laquelle elles ne croient pas. Mais l'alternative conceptuelle à cet énoncé n'est pas la croyance professionnaliste en une action totalement autodéterminée. En fait, en pratique, *aider* peut se réaliser avec ou à l'encontre du client. Par exemple, au soutien à domicile, une personne en perte d'autonomie qui, au plan légal, demeure détentrice de ses droits fondamentaux peut faire l'objet d'une intervention intrusive s'il s'avérait que sa sécurité soit menacée par les choix de vie qu'elle fait. S'il va sans dire qu'au plan légal le droit de choisir demeure imprescriptible tant qu'un régime de protection n'est pas entériné par un juge, en pratique, nombre de situations commandent une intervention plus intrusive. L'affaire n'est donc pas que légale. Lorsqu'une intervenante estime que la situation d'une personne est suffisamment grave ou risquée, que cette impression est appuyée de faits, et que la problématisation sociale est suffisante, elle pourra chercher à convaincre la personne de façon parfois très insistante, voire même en effectuant des petits coups de force symboliques du genre « Si vous ne faites pas ceci ou cela, nous ne pourrons plus vous aider ». Nous ne voulons pas laisser entendre ici que cette intervention est illégitime. Il est parfois nécessaire de tenter de convaincre le client d'accepter une hospitalisation, par exemple. En fait, de telles interventions ont en général une grande légitimité pratique que confirment avec force conviction le récit-client et la puissance du consensus interprofessionnel qui s'en dégage.

Cet humanisme implique que le regard de l'intervenante soit **relativiste.** En fait, le cadre de l'intervention est relatif, car il met en scène des sujets participant à des phénomènes particuliers plutôt que des objets stabilisés. La principale manifestation de ce relativisme, et qui n'est pas sans comporter de nombreuses contradictions, consiste en ce travail incessant, au moins au plan existentiel, de « normalisation » des comportements. Nous employons ici les guillemets car nous empruntons le sens du terme aux intervenantes.

Pour le chercheur, la normalisation est l'activité de production et de transfert de normes. Pour elles, ce terme est employé pour dire aux clients la nécessité de reconnaître le caractère relatif des pratiques, en affirmant que telle ou telle est « normale, correcte », en ce sens que chacun peut vivre sa vie comme il l'entend. Par exemple, il est « normal » qu'une personne ait de la colère, au point de ressentir une pulsion de violence. Mais toute pratique est normale, c'est-à-dire correcte, en autant qu'elle n'occasionne pas de problèmes ou qu'elle ne franchit pas un certain seuil social de tolérance. Cette normalité relativiste peut impliquer une diversité, parfois contradictoire, de comportements ou d'attitudes corrects. Ainsi, une intervenante recevant une adolescente et sa mère *normalisera* l'une, en disant qu'il est correct que sa mère cherche à la contrôler, et l'autre, en affirmant qu'il est normal que sa fille cherche à s'émanciper de son contrôle. De tels messages, *a priori* paradoxaux, expriment ici le pragmatisme existentiel des intervenantes. Tout est possible, en autant que cela ne provoque pas de problèmes pour soi ou pour autrui.

> À ce moment-là, je le normalise : « Pour l'instant, ça fait ton affaire, c'est correct. » En même temps, je lui fais voir qu'un trop grand isolement ça peut être dangereux. Je vais normaliser, puis en même temps je vais peut-être recommander des affaires. (14)
>
> J'ai demandé à la mère de ne pas répéter 100 fois pour la chambre, mais plutôt de prévoir qu'est-ce qui arrive ou qu'est-ce qui arrive pas si la chambre n'est pas faite, de ne pas vérifier tous les dires de sa fille à tout coup. En même temps, je normalisais vis-à-vis la fille que c'était normal que sa mère le fasse, avec tout ce qui s'est passé, puis tous les mensonges qu'il y a eu. (20)

Le sens commun laisserait croire que les infirmières, puisant dans un paradigme médical plus positiviste, feraient un usage d'exception d'un tel relativisme. Or, notre analyse nous invite à nuancer beaucoup cette idée reçue. D'ailleurs, il faut remarquer que malgré les invitations de l'interviewer à dire leur *faire*, les infirmières ont tout autant parlé de la relation clinique dans sa dimension existentielle que les travailleuses sociales, et ce de façon, en gros, équivalente. Ce qui permet le relativisme, c'est le focus existentiel sur le problème. Lorsque cet existentialisme ne peut se réaliser (parce qu'il est inaccessible pour le client, parce que la problématique sociale ou l'urgence sont telles que cela n'est pas souhaitable), la positivité du geste des infirmières demeure toute entière. Il est, en outre, possible d'avancer l'idée que le relativisme peut se concevoir comme une prise de position formelle des intervenantes reconnaissant la commune humanité, où chacun mène sa vie comme il l'entend. Nous qualifions cette posture de formelle dans la mesure où nous savons à quel point l'intervention est en même temps, voire surtout, normalisante, ici au sens des sciences sociales. Au plan humain, il y a énonciation et évocation de la macro valeur du respect, dans un contexte professionnel, disciplinaire et politique néanmoins plutôt normalisant. Mais il importe ici de ne pas laisser entendre que la normalisation a sa source hors de la pratique, comme imposition brute d'une force extérieure contraignante. En fait, nous pensons plutôt que le relativisme s'articule aux normes sociales. Notre intuition à ce propos est que le relativisme est plutôt formel et instrumental et que le travail de normalisation cherche à s'occulter lui-même, pour augmenter son efficacité pratique.

Néanmoins, ce travail de normalisation constitue la part occulte, quasi honteuse, d'un travail revendiqué comme humaniste, relativiste et au seul service des besoins des clients. Nous touchons là, sans doute, à la contradiction fondamentale des métiers relationnels associés à l'État. Soyons ici spécifique : la contradiction n'est pas pour nous carence ou malfaisance du travail, mais sa condition de réalisation. En général, il s'agit moins de transmettre les normes reconnues du *bien vivre* en communauté que les normes du *bien-être existentiel*, comme celles, impératives, du *devenir adulte* ou du respect de la liberté de l'autre.

> Je lui avais apporté un petit document sur l'alimentation des enfants 12-24 mois. Je lui ai apporté pour montrer ça. (4)
> Je fais souvent du recadrage, par rapport aux difficultés, pour normaliser, préciser que comment la mère a agit par rapport à telle chose ... c'est correct. (20)

Une telle action sur les normes peut parfois conjuguer de façon étonnante une discussion ouverte et relativiste, dans le cadre d'une discussion banale avec une normalisation forte (passer des messages) de ce qui est bon ou nécessaire de penser ou de faire.

> J'essaye de faire la réflexion et de passer en même temps des messages. (20)

Pour les infirmières, le *faire* est incorporé si profondément en elles qu'il ne fait pas facilement l'objet d'un discours d'explicitation. Nous élaborerons ultérieurement une interprétation plus ample de ce constat. Qu'il suffise, pour l'instant, de souligner que cela traduit une composition complexe du travail où une conception objective du *faire* s'articule au relativisme qu'implique le fait d'être en relation clinique. Voici un exemple de composition du relatif et de l'objectif : si les problèmes de santé sont hiérarchisables au plan biomédical, tout peut être grave au plan subjectif. L'intervention des infirmières doit en pratique tenir compte de ces deux dimensions du problème. En fait, elles affirment constamment le caractère imprévisible du corps ; même la science se voit fréquemment relativisée par la dimension relationnelle de l'intervention, comme les effets pervers du positivisme sont contrés, notamment quant à l'étiquetage social. Tous les arguments, *a priori* et se valent, même ceux de l'intervenante peuvent se voir relativiser en cours de relation. Par exemple, certaines consignes scientifiques, telles que la posture dorsale comme prophylaxie du syndrome de la mort subite du nourrisson, soit la norme admise en pédiatrie, peuvent être nuancées par l'infirmière qui reconnaît facilement que cette pratique n'était pas la même il y a quelques années et que la peur spontanée des mamans quant à cette posture est donc tout à fait normale.

> « Cigarette et pilule, ça ne fait pas bon ménage. Mais c'est sûr, qu'à l'âge que tu as, tu n'as pas de problème. » (2)

Il importe aux deux groupes professionnels de reconnaître et de dire la complexité des problèmes des clients. Une part importante des jugements professionnels est estimée relative, notamment parce que le problème est perçu comme inscrit en divers processus, ce qui le rend complexe et simple à la fois ; complexe, parce que mouvant, simple, parce qu'il y aurait des processus transversaux. Ce faisant, l'action porte sur ces processus pour lesquels les contenus sont relatifs et, somme toute, de peu d'importance.

> On aborde beaucoup de sujets quand on va comme ça chez les mamans. Tout prend le bord, on voit la santé, on voit au niveau monétaire ... (5)

Au moins dans les discours, il y a reconnaissance de la pluralité des valeurs et volonté de les respecter.

> Admettons que si ça avait été sale dans la maison, et qu'ils avaient toujours vécu comme ça ... Moi je vais leur offrir de l'aide ménagère. Si moi je considère qu'il y a un besoin là, mais pas eux, alors je touche pas à ça. (17)

Néanmoins, en regard du relativisme, de nombreux changements normatifs sont visés par l'intervention. Par exemple, il y a nécessité de devenir « adulte ».

> Alors t'as le droit de te revirer de bord puis de dire maintenant « J'en tire ma leçon... Je prends mon côté adulte. » (12)

Le relativisme a, en pratique, ses limites, notamment en regard des orientations mises de l'avant par les appareils d'État auxquels participent les intervenantes. Par exemple, une travailleuse sociale en milieu scolaire hésite entre encourager une adolescente à exécuter une tâche domestique, en l'occurrence tondre le gazon, et respecter la campagne publicitaire sur le même thème qui recommande aux parents de ne pas laisser aux mineurs cette activité.

> Ils font même de la prévention, dans ce temps-ci, pour pas laisser ça aux enfants. Elle a 13 ans, elle est aussi grande que moi, mais c'est quand même un travail pas nécessairement... faisable. (20)

Bien que les deux groupes professionnels se revendiquent d'un certain relativisme axiologique, cette posture apparaît plus radicale chez les travailleuses sociales. Le holisme existentiel y est tel que les contenus n'importent pas vraiment ; ce qui compte avant tout, ce sont les processus et le cheminement existentiel du client. Dans certains cas, l'intervention se résume à une maïeutique de l'existence favorisant la croissance personnelle du client.

> « C'est vraiment une hypothèse, je vais vérifier avec toi. Tu me dis ce que tu penses de ça. » (19)

Une autre distinction entre les deux groupes professionnels réside au niveau des *ethos* professionnels respectifs. Les travailleuses sociales participent, plus ou moins explicitement, d'un projet émancipateur, même s'il apparaît *a priori* à l'observateur comme relégué au second plan d'une relation existentielle occupant tout l'espace clinique. Il s'agit, par exemple, de se poser en défenseur des droits du client, en catalyseur d'une croissance personnelle, etc. Ce projet professionnel induit une posture équivoque des travailleuses sociales à l'égard de l'organisation qui les emploie et des programmes et règles administratives qu'elles mobilisent au bénéfice de leurs clients. Leur intervention est, pour ainsi dire, bivalente, car elle vise à la fois l'organisation et le client, suivant évidemment des proportions fort variables selon les exigences et possibles de la situation. Ce désir de soutenir un projet émancipateur rencontre donc des résistances systémiques.

Outre les nécessités pratiques d'une relation clinique devant répondre à ses propres exigences, les travailleuses sociales doivent parfois opposer et mettre en balance le droit et l'intérêt individuels de leur client à l'intérêt général, notamment en contexte de rareté de ressources. Ainsi apparaît un double équivoque : en regard de ses affiliations premières à l'organisation et au client, en regard d'un client qu'il faudra parfois desservir aux bénéfices de l'intérêt général. Cette posture pourrait certes se voir assimilée à un travail de fonction publique, où l'intervention est d'abord affaire d'intérêt général, quitte à ne pas satisfaire la demande spécifique. Pourtant, cette fonction publique du travail social se conjugue d'un *ethos* professionnel émancipateur et existentialiste. En fait, pour les travailleuses sociales, l'intérêt général n'est pas que brute imposition de la dictature du nombre ; elle est aussi projet de société auquel elles participent en intervenant aussi sur les systèmes d'interventions dans lesquels elles œuvrent.

À ce propos, les infirmières ont une relation plus univoque avec les programmes et règles administratives qu'elles mobilisent. Elles ne participent pas, au plan collectif, d'un projet émancipateur ou transformationnel de la société, mais plutôt d'un projet d'humanisation de la technique infirmière. Les désirs d'humanisation des soins et de dépassement de la technique sont, de toute évidence, les voies de la transcendance en soins infirmiers, et ce tant au plan collectif qu'individuel. Cela exige moins de se mettre en tension avec l'employeur que de promouvoir les conditions de travail favorables à la réalisation de ce projet. D'une certaine façon, la dimension clinique compose la quasi entièreté de l'intervention en soins infirmiers. Ce faisant, le groupe professionnel ressent moins le besoin de se poser comme rapport social que ce n'est le cas en travail social. Encore une fois, le rapport à la tâche vient atténuer notre propos, en rappelant notamment que les infirmières portant des mandats sociaux, comme c'est le cas en périnatalité, peuvent avoir un rapport quelque peu différent de celui décrit ici. Néanmoins, de façon archétypique, nous avançons que ce rapport à la transcendance de l'action diffère d'une profession à l'autre. Voici ce qu'évoque un travailleur social au soutien à domicile. Un tel énoncé ne semble ni nécessaire, ni porteur de sens en soins infirmiers.

> L'advocacy, c'est d'essayer de défendre les gens qu'on a à défendre. (18)

Il va sans dire que l'intervention dans les métiers relationnels **se fonde sur la parole**. L'activité de faire verbaliser le problème, la demande, les possibles, ou d'obtenir un accord explicite, une confirmation, un acquiescement, la validation d'une interprétation ou une corroboration d'un événement procurent une légitimité accrue à l'intervention.

> Toujours valider ... « Comment ça va, aujourd'hui ? Si t'es fatigué, dis le moi. » (7)

Plus spécifiquement, la verbalisation constitue une véritable preuve factuelle de l'intention, du consentement, du problème, qui, outre son caractère de légitimation, pourra être invoquée en preuve, s'il le fallait, à l'occasion d'un litige. Obtenir la parole, et mettre en mémoire l'obtention de cette parole par une note au dossier, constitue donc une source de protection professionnelle[21]. En effet, en regard de l'extraordinaire ouverture des intervenantes face à la complexité des situations et de leur engagement indéfectible pour les clients, la préoccupation de se protéger au plan professionnel, notamment par la rédaction des notes très maîtrisées, semble constituer un invariant praxéologique fort. Le caractère langagier et évanescent des matériaux de l'intervention, en regard du caractère crucial des enjeux qu'elle affronte, exige le développement de stratégies de protection professionnelle à l'égard de plaintes pouvant provenir du client, d'un

---

[21] Nous avons entendu lors d'une réunion d'équipe une intervenante exprimer à peu près ceci : « En tant qu'intervenante, beaucoup de nos actions et de nos interventions sont dictées par la peur ». Peur de faire une erreur, peur de voir son client dans le journal du lendemain, peur des poursuites, peur du jugement des pairs ...

proche ou d'un tiers, du système public d'inspection professionnelle, du regard des pairs et autres collègues, ainsi que de l'employeur.

Au plan diagnostique, l'énonciation, la capacité de dire ou non, la mise en mots ou l'occurrence des énoncés constituent autant d'indices permettant de donner sens au problème ou à la situation. Au-delà de la demande formelle, la première énonciation du problème constitue le point de départ pratique de l'intervention .

> La première chose que je lui ai demandée : « Pour quelle raison que tu es assis ici ? » Mon but principal, qui était fixé avant, c'était : je veux savoir où il se positionne lui. Je voulais qu'il me détaille, pas en termes de voyeurisme, qu'il me détaille ce qui s'était passé. Je voulais comme sa version pour savoir plus loin ce qui en était. (11)

La parole est donc encouragée, et l'intervenante travaille à en favoriser l'expression la plus libre possible. La relation vise, notamment, à favoriser le dépassement des limites de cette parole en soutenant l'expression des craintes et autres tacites. Si d'emblée un défaut de parole constitue une limite factuelle de l'intervention, et que l'intervenante cherche à la repousser, cette parole demeure, d'abord et avant tout, une responsabilité existentielle du client.

> Il m'en parle quand c'est nécessaire. (3)

Les intervenantes cherchent, en engageant la parole, à faire expérimenter des changements ou de nouvelles façons de faire.

> Je lui ai demandé s'il peut se faire obéir ... autrement. (15)

Pour les travailleuses sociales, favoriser l'expression a donc une visée thérapeutique en soi. Il ne s'agit alors pas d'une simple condition instrumentale de la relation. Ainsi, elles s'activent pour contrôler non pas le contenu mais bien le domaine de la parole. Si, dans un premier temps, il est nécessaire d'accepter le discours tel qu'il s'énonce chez le client ...

> J'étais vraiment dans ce qu'il a accepté de me donner. (11)

... les travailleuses sociales cherchent à le diriger vers un domaine plus spécifique, de façon à, éventuellement, distendre les frontières du *disable* et de l'*indisable*.

Ce que je veux, c'est qu'on aille dans ces sujets-là. Il m'a dit ce qui est *disable*. (11)

Par exemple, il peut s'agir d'exprimer des doutes et de mettre en lumière les zones d'ombre contenues dans la parole. Dans la citation qui suit, le travailleur social cherche à faire dire par le client un acte répréhensible, objet de la consultation. L'intervenant fait décrire très finement la séquence d'événements par le client. Proche de l'événement critique, en l'occurrence un comportement sexuel inadéquat, le client élude l'indisable de son discours. L'intervenant met en lumière cette carence de la narration en signifiant qu'elle lui est suspecte.

« Là il ne se passe rien ... mais c'est sûr que ça regarde mal. »(11)

En fait, surtout pour les travailleuses sociales et pour certaines infirmières sociales, la parole est problématique, en ce sens qu'elle se conçoit comme part du problème. Il faut alors développer des stratégies pour la faire sortir, pour la valider, pour accéder au vrai qu'elle peut contenir. C'est qu'en matière d'intervention sociale, le client n'est pas l'unique demandeur. Sa demande, parfois imprécise, s'articule aux demandes sociales. Ainsi, le caractère volontaire de la présence du client s'altère quelque peu des exigences de ces demandes sociales, connues plus ou moins explicitement par le client. La libre parole est alors traversée d'enjeux de contrôle. En outre, il est parfois nécessaire de dire l'indicible sans vraiment le dire, ce qui serait une substitution illégitime de la parole véritable, celle du client.

« Ce que tu as à me dire, c'est probablement très lourd, et c'est pas évident à dire à quelqu'un. »(11)

Ce travailleur social connaît fort bien le contenu lourd et *indisable* que son client a à lui transmettre. Il lui signifie qu'il sait, sans s'y substituer. L'objectif de l'intervention est de voir jusqu'où le client est prêt à dire ; idéalement, la capacité du client à dire véritablement l'*indisable* traduirait son amendement ou sa capacité de se prendre en main. Cette potentialité, comme son envers, sera réintroduite dans l'analyse, dans la problématisation clinique, et donc dans le récit-client. En pratique, le tacite sera en temps opportun élucidé et objet d'un travail spécifique, souvent estimé véritable. La texture de la parole, son ampleur et sa profondeur indiqueront la signifiance de la relation et apparaîtront, pour des interventions dont les résultats sont souvent peu mesurables, comme *preuves* pratiques de l'efficacité de l'intervention.

> Je ne lui dis pas comme une affirmation, j'ai ce feeling-là comme hypothèse. J'ai cette idée en tête, mais je n'ai aucune ... Je la nomme tout haut, je vois comment ils réagissent. Eux autres vont me le dire si ça a du sens ou non. (19)

Cet accès à la parole conduit l'intervenante **à interpréter et à donner sens à la complexité** de la situation clinique et à l'indicible corporel.

> Le faciès, elle est pâlotte, les petits yeux cernés un petit peu. Elle avait l'air fatiguée, elle avait l'air un petit peu, pas découragée, mais tu sais un petit peu bouche par en bas. (5)

Il faut donc interpréter les symptômes et les diverses somatisations qui affectent le corps. Il faut aussi donner sens aux attitudes, aux comportements, aux valeurs, aux sens qu'attribue le client à son problème, aux rôles sociaux qui l'affectent, aux relations qu'il entretient avec les principaux protagonistes, au fait de formuler une demande, à cette demande même, aux preuves et indices de tout ordre. Il faut également interpréter le problème, l'ensemble de la situation, et les risques qui y sont associés.

> Elle disait qu'elle était dépressive, qu'elle parlait de la mort. Je trouve ça normal de parler de la mort, où elle en est rendue, c'est ça, c'est la mort qui est devant elle. Je l'ai pas trouvée dépressive parce qu'elle disait ça. Je l'ai trouvée dans sa réalité ; elle n'est pas belle, mais c'est ça. (6)

Il importe également d'entendre le sens tel que perçu par le client de façon à accéder à son univers sémantique.

> Monsieur a tapé.... qu'est-ce qu'il espérait comme résultat ? (15)

La relation clinique en elle-même, comme la relation entre des clients ou la dynamique de groupe, entre autres, font l'objet d'un travail incessant de reconstruction du sens. En fait, les intervenantes se doivent d'être réflexives à l'égard de la relation clinique, car elle est elle-même objet d'analyse à réintroduire dans le récit-client. Ce travail d'interprétation se réalise notamment à la faveur des activités de mise en récit ou d'actualisation des récits-client (discussions de corridors, équipes multidisciplinaires, notes au dossier, etc.). Ici, la pluralité des points de vue, notamment ceux des proches du client, est importante, quoique non suffisante. Elle permet d'accéder à l'univers de sens dans toutes ses dimensions. L'activité d'interprétation n'est pas que passive, ou reconstitutive, elle est aussi productive, en ce sens qu'elle est activité de production de sens auprès du client, de tiers, de collègues ou de l'État. Pour ce faire, les intervenantes réalisent diverses activités de recadrage, d'instillation et de formulation d'hypothèses interprétatives, dites ou non au client.

> J'avais avancé l'hypothèse que le plus vieux lui reproche qu'elle a volé son père. « Ça se pourrait peut-être que il y ait un conflit de loyauté, de trahison? »(12)

L'activité diagnostique porte tant sur l'objet (le problème, la situation, les ressources) que sur le sujet. Pour ce faire, l'accès à l'émotion véritable est précieux. Les intervenantes produiront avec de tels matériaux des micro diagnostics praxéologiques sur la compliance, la résilience (soit la capacité d'un individu à résister à l'adversité), la capacité de dire, de comprendre, etc. Ainsi une infirmière note au dossier un tel micro diagnostic liant l'objet et le sujet de la demande :

> « C'est un début de contraception, compréhension très bonne. » (2)

Il va sans dire que le terme *diagnostic* est employé ici selon une définition de sens commun. En un sens strictement médical, si les infirmières sont claires à savoir qu'elles ne formulent pas de diagnostic, elles exécutent néanmoins une activité diagnostique incessante et participent, comme les travailleuses sociales d'ailleurs, de ce regard clinique décrit par Foucault (1963). En fait, les infirmières semblent, ici, à court de concepts pour dire une part de leur travail, et ce malgré leur imposant bagage conceptuel. D'une part, le concept de *diagnostic* est affaire médicale, au moins en son sens légal, et, d'autre part, elles se reconnaissent plus ou moins dans le terme *évaluation* auquel réfèrent les professions psychosociales.

L'absence d'une confirmation factuelle ou discursive invalide, au moins en partie, l'interprétation du problème. En cette circonstance, la mobilisation professionnelle est mesurée, prudente et progressive. Les interprétations demeurent en tout temps des matériaux privilégiés de la production des récits-client, car elles permettent de concevoir et de dire la complexité des situations. Les travailleuses sociales cherchent à interpréter, en outre des dimensions déjà présentées, l'environnement comme milieu de vie, les ressources du client aux plans personnel, familial et de ses réseaux, ainsi que des ressources et possibles communautaires ou sociaux auxquels le client peut prétendre avoir droit. Par exemple, les programmes font l'objet d'un important travail d'interprétation de leurs limites et de leur perméabilité, de façon à, parfois, les distendre quelque peu afin de les adapter en certaines circonstances.

L'intervention exige, nous l'avons vu, la **production de différents récits** tendant vers le consensus. En plus des diagnostics et autres évaluations formelles des problèmes et situations souvent exigés pour mobiliser une ressource d'État, les deux groupes professionnels réalisent plus ou moins explicitement ce qu'il serait possible de nommer des diagnostics existentiels où, par exemple, l'optimisme, la maîtrise de soi et la lucidité caractérisent le client et permettent d'interpréter ses possibles. Si ces *diagnostics* sont peu ou prou formalisés à l'occasion de l'archivage, l'observation sur le terrain nous permet d'affirmer qu'ils sont au cœur de l'activité de production de récits interprofessionnels, soit ce que nous avons nommé les *récits-client*. Il s'agit de narrer l'histoire du client de façon telle que l'ensemble des facteurs significatifs sont mis en ordre, interprétés puis stabilisés en une forme narrative nécessaire à l'identification des possibles de l'intervention.

Ces récits sont présentés, lors des nombreuses et fugaces discussions de corridors, où ils sont actualisés par le regard des autres. Ils y trouvent d'ailleurs leur validité par leur capacité à faire consensus. Ces récits, éventuellement à multiples voix, constituent à n'en point douter les lieux privilégiés de l'interdisciplinarité pratique. Nous avons été frappé de constater que tous les entretiens de recherche ont débuté par une mise en récit similaire de l'intervention : l'histoire du client, le problème qui l'affectait et les possibles de l'intervention étaient d'emblée exposés, comme réponse à la consigne d'ouverture se formulant à peu près comme suit : « Parlez moi de l'intervention que vous venez de faire ». Les locutrices semblaient estimer qu'il eût été impossible à l'interviewer d'accéder au sens du discours sans cette mise en récit liminaire. De même, la plupart des interactions interprofessionnelles observées sur le terrain comportaient une part importante d'activités narratives du même ordre. Nous pensons même qu'il s'agit de l'un des invariants praxéologiques les plus importants que nous ayons identifiés et que s'y loge, encore plus fondamentalement, l'une des activités par laquelle se réalise l'interdisciplinarité. En effet, cette activité de mise en récit, souvent réalisée au fil de discussions de corridors et de rencontres d'équipe, vise à construire en pratique une cohérence biographique. Elle se compose en général des dimensions problématiques et diagnostiques, du contexte de vie du client, et des caractéristiques de la relation elle-même. Ainsi s'ouvre un entretien :

> C'est un petit couple qui est bien solide, bien heureux, qui n'a pas d'enfants. Ils ont une nièce qui est très présente, qui s'en occupe, qui vient d'aménager avec eux. Monsieur, la semaine dernière, a demandé au médecin s'il en avait encore pour longtemps. Le médecin lui a dit : « Une à deux semaines ». Le monsieur a été confronté à son pronostic avec une date très rapprochée. Il a pris ça quand même assez difficilement, il s'est fait à l'idée, il a lâché prise. (8)

Cette mise en récit s'adresse également aux collègues de travail :

> J'ai parlé de l'état de Monsieur : « Son état se dégrade plus rapidement que je pensais. D'ici la fin de la semaine, il serait décédé »... Juste pour dire où s'en était rendu, j'en ai reparlé avec la travailleuse sociale. On a parlé de la situation, de l'état de Monsieur, voir où s'en était, puis le pronostic. Monsieur était couché, elle ne l'avait pas vu. Je lui ai expliqué l'état de Monsieur, que vraiment, il y avait une grosse baisse, puis que j'avais insisté pour que le lit soit installé. Pour qu'elle soit au courant, qu'elle soit située sur la situation de santé. Elle, de son côté, elle me dit où elle est rendue dans ses démarches, qu'est-ce qu'elle entreprend. (8)

Une part importante de l'intervention porte donc sur la cueillette des matériaux nécessaires à l'élaboration d'un récit cohérent et présentable. Cette cueillette se réalise d'abord auprès du client, éventuellement auprès de proches et d'autres praticiennes impliquées plus ou moins directement dans le dossier.

> J'ai parlé à une collègue qui a suivi sa sœur. Elle dit « C'est une fille qui tenait son budget ». Il y avait comme des ressemblances. (4)

Ces récits sont confrontés aux récits de collègues, actualisés par les informations qu'elles apportent. Les intervenantes de la quotidienneté et de la proximité au corps, soit les infirmières et les auxiliaires familiales, participent activement à cette activité par leur capacité à témoigner du quotidien. Les récits de corridors sont évidemment beaucoup plus riches pour dire la complexité des situations que les récits d'archivage, qui sont l'objet d'une autocensure, ou plus précisément d'une représentation du récit, dans la mesure où le dossier constitue un espace public et qu'il peut être rapatrié en tout temps pour évaluer la pratique, voire même être invoqué en preuve lors de litiges.

L'actualisation des récits se réalise aussi à l'occasion de rencontres d'équipes. Ainsi, lors d'une telle rencontre, souvent convoquée et animée par une travailleuse sociale, chacune des intervenantes y va, dans un premier temps, de son propre récit-client. S'en suit une sorte de négociation du récit, puis sa stabilisation relativement consensuelle. Une fois le récit stabilisé, les protagonistes parlent brièvement de ce qu'il y a à faire. Comme chacune est maître d'œuvre de sa pratique, et que sa vis-à-vis, de toute façon, ne peut ni évaluer, ni revendiquer une intervention particulière dans le champ disciplinaire de l'autre, la séance se termine par une courte et efficace activité de mise en séquence des interventions monodisciplinaires. L'essentiel du temps se sera écoulé à dire et à ajuster les récits de chacun. De l'activité d'élaboration des récits-client découlent donc les divers possibles de l'intervention qui, au plan disciplinaire, s'imposent d'évidence. L'observateur qui étudie les produits de l'interdisciplinarité dans les actions communes se trouve alors conforté dans l'idée reçue qu'elle est décevante. Nous pensons, par contre, que l'étude de la négociation des récits-client, et donc des nécessités d'intervenir, permet d'en arriver à une conclusion beaucoup plus positive. Par exemple, si le récit construit le personnage-client comme ayant une carence au niveau de la compliance, l'intervention de chacune en sera conséquente. Outre l'articulation des multiples disciplines, ces récits permettent de donner sens au problème, à la maladie ou à la crise, en fonction de divers auditoires potentiels.

Cette production de divers récits s'inscrit dans une activité fondamentale au plan clinique : **la catégorisation**. En fait, la forte impression d'évidence qui ressort des discours pratiques sur l'intervention s'explique en partie par ce travail de classement des divers éléments diagnostics auxquels sont associés, soit des protocoles plus ou moins formels d'intervention, soit des ressources, etc. La réalisation de l'intervention apparaît comme une composition pratique singulière qui découle de catégorisations. Ce travail de classement se réalise d'abord à travers des catégories générales de sens commun (les jeunes, les styles de personnes, etc.).

C'est un style de madame très conventionnelle. (2)
Au départ j'ai une image de ce qu'est un jeune de 13 ans. Je me demande s'il correspond à l'image d'un jeune qui a 13 ans. (11)

Le classement s'effectue également en regard de taxonomies mi-scientifiques, mi-empiriques concernant les pathologies, les niveaux d'urgence, les risques, les indices, les symptômes, les types de clients, les facteurs aggravants, les conséquences, les méthodes, etc. La liste des entrées au classement est évidemment inépuisable, puisqu'elle est à la mesure de ce travail incessant et complexe d'adaptation du *faire* aux possibles des situations. Ces systèmes de catégorisation se sédimentent peu à peu et se constituent en ethnométhodes professionnelles, comme il en est de l'ethnobotanique. Nous estimons ces catégories comme mi-scientifiques et mi-empiriques, en ce sens qu'elles se composent de différents savoirs, dont des savoirs d'expérience[22]. Les travailleuses sociales ont ceci de particulier qu'elles se méfient de la catégorisation sociale, même si elles y

---

[22] Pour Malglaive (1990), la composition des savoirs se réalise par un processus réflexif d'apprentissage où les savoirs formalisés se modifient lors de l'épreuve pratique, puis se reformalisent un temps, avant une nouvelle mise à l'épreuve. Les savoirs d'expérience participent donc à la formation des savoirs reconnus et ne sont donc ni l'application de savoirs formalisés, ni de simples savoirs d'expérience, entendus comme quasi génération spontanée du savoir. Ils sont construits dans l'activité.

participent très activement par ailleurs. L'étiquette officielle ou le diagnostic formel sont fréquemment reçus avec méfiance et peuvent être réduits à de simples éléments de contexte que la relation clinique intégrera à l'analyse clinique. Par exemple, une travailleuse sociale, dans le service de santé mentale, reçoit avec méfiance le diagnostic psychiatrique et réduit la portée de l'étiquette *schizophrène* dans la production du *moi* public de l'un de ses clients.

> C'est assez comme identité, comme identification ! (14)

Toute relative et relationnelle soit-elle, l'intervention ordonnée est aussi **une affaire de mesure.** Les intervenantes mesurent en effet l'efficacité de leur intervention en compilant et comparant des indices plus ou moins formels de satisfaction quant à la relation, notamment pour ce qui a trait à l'ouverture et l'engagement du client, à la liberté et la pertinence de sa parole. Elles mesurent également son efficacité par sa capacité à répondre à la demande initiale et à des demandes ponctuelles formulées en cours de relation clinique. Mais c'est par le cheminement existentiel du client que les intervenantes mesurent l'efficacité fondamentale. Un suivi à succès en sera un où le problème sera certes réglé, diminué, contrôlé ou évité, selon les cas de figure, mais surtout où la relation aura été significative, et donc porteuse de croissance personnelle. Seule, l'action efficace sur le problème ne constitue pas une *intervention à succès*. Il s'agit d'une intervention réussie, mais incomplète si elle n'ouvre pas sur l'être.

> Personne n'avait réussi à établir un contact. (6)

La mesure du *cheminement* en tant que tel, pour les travailleuses sociales, a une valeur clinique certaine, car elle indique que la relation progresse véritablement vers un objectif, parfois même inconnu *a priori*. Expliciter le chemin parcouru, c'est provoquer le changement lui-même, en favorisant l'engagement vers un état ou l'autre du *mieux*. Mais comment peut-on mesurer un cheminement que l'on dit et revendique comme relatif à la personne, car essentiellement processuel et existentiel? L'engagement dans la démarche...

> aide aussi à évaluer d'une rencontre à l'autre, de voir les améliorations. C'est thérapeutique en même temps. (20)

La signifiance de la mise à l'épreuve, de la solution, de la relation en elle-même, et du progrès existentiel permettent une telle mesure, de toute évidence relative et intersubjective.

> Je l'ai vu que l'outil n'était pas approprié ... Il se sentait trop fragile pour faire ça. (14)

Ces dernières mesures sont, cependant, assez peu objectivées et laissent peu de traces factuelles au dossier. Elles ont une fonction praxéologique d'analyse de l'efficacité de l'intervention en cours et sur l'action et se stabilisent en devenant part du récit-client. Par exemple, il peut s'agir de consigner dans de tels récits l'importance d'un dévoilement existentiel pour signifier que l'intervention porte fruit. En outre, les résultats secondaires ou inattendus sont mis en lumière de sorte à donner une mesure incidente de la qualité de l'intervention ou de son potentiel de développement.

Puisque l'intervention est rarement le fait d'un agent seul, coupé des systèmes dans lesquels il œuvre, l'action professionnelle doit **participer d'une division du travail.** Un établissement public est un organisme à plusieurs circuits internes et externes. La comparaison de la demande aux possibles institutionnels permet le premier des aiguillages, sur la base formelle du découpage des secteurs organisationnels.

> D'autres disent que c'est un cas de pédo, tu ne touches pas à ça. (11)

Étant donné la complexité parfois inouïe des demandes, l'intervenante se doit de vérifier la qualité du premier aiguillage et l'engagement adéquat du client dans les parcours institutionnels pertinents à sa situation. Il va sans dire que l'une de ses tâches est alors de s'assurer de la fluidité de ces parcours, dans la mesure de la disponibilité des ressources.

> Il y a des choses que j'aborde juste en surface quand je sais que le suivi se fait. Ou, sinon, je vérifie si la nutritionniste doit passer bientôt. Si je ne suis pas certaine, je vais lui laisser une note. (8)

La production des récits-client a, entre autres fonctions, de vérifier la trajectoire interne la plus adéquate au client. Certains paramètres pratiques entrent ici en ligne de compte. Si une autre ressource, interne ou externe, est présente dans le dossier, et qu'elle apparaisse adéquate, l'intervenante pourra effectuer un délestage, tout en assurant la transition auprès du client. Il importe, et ce encore une fois tant au plan interne qu'externe, de ne pas dupliquer les interventions. Néanmoins, chacune des intervenantes tente de régler ce qui l'est par elle-même, quitte à réaliser des activités à la périphérie de son mandat.

> C'est sûr que nos intervenants sociaux ne peuvent pas ... Puis des fois, c'est des choses qu'on peu régler facilement, qui ne demandent pas nécessairement ... (7)

Les infirmières déblaient, pratiquent et entretiennent des ouvertures permettant le passage de l'intervention santé à l'intervention sociale. Un cas simple ne fait pas l'objet de ces passages, et ce d'autant plus que le problème en question découle des affaires du corps (ex. : anxiété à l'égard de la mort). La travailleuse sociale apparaît ainsi comme la spécialiste du social, mais d'un social lourd, et l'infirmière comme la spécialiste des affaires du corps (avec les médecins) et des problèmes psychologiques qui en découlent. Cette dialectique du corps et de l'esprit, du simple et du complexe au plan social, exige une articulation interdisciplinaire importante, qui se réalise bien souvent sans la rencontre effective des praticiennes. Cela importe pour notre réflexion sur l'*interdisciplinarité pratique*. Dans les faits, la tâche interdisciplinaire implique et exige de porter le regard de l'autre en sa propre pratique. Mais point d'angélisme ici, cette importation est souvent perçue comme contrainte à la pratique et mise en forme intéressée du travail. Chacune des intervenantes se met, néanmoins, au service de la division du travail telle que mise en forme.

> Il y a des cas où on va être toute l'équipe au complet. À ce moment-là, je vais plus trancher. Moi je suis en nursing. Quand il y a une problématique ... l'argent ... Moi j'ai mon volet, je dis « Moi je suis ici du point de vue nursing ». Je mets mon chapeau puis je le garde. Ça ne m'empêche pas de parler un peu.
> Int. :Si vous êtes toute seule dans le dossier, vous en prenez plus large ?
> Pas nécessairement, mais ça peut, ça permet. (7)

Les discussions interdisciplinaires ont surtout une fonction de production d'un récit-client convaincant pour l'ensemble des intervenantes impliquées. C'est sur la base de cette conviction partagée que la coordination des tâches concrètes est réalisée. Nous disons *concrètes* par opposition à la division officielle des champs de pratique qui structure les tâches concrètes, sans cependant les prédéterminer complètement. La proximité professionnelle permet d'accéder aux lexiques des autres disciplines et, ce faisant, de donner sens à des dimensions de la vie de leur client qui leur seraient, sinon, quasi étrangères. Par exemple, chacun demande au médecin traitant de lui expliquer la maladie qui afflige son client, le pronostic et les étapes de son développement. Par contre, la nécessité de parler d'une dimension existentielle de l'intervention ou de résoudre un problème d'ordre pratique très spécifique implique plutôt des rencontres entre collègues d'une même discipline. La demanderesse demeure cependant entièrement responsable du dossier.

« Je ne te demande pas des réponses à tout ça, je te demande ton point de vue, je vais m'arranger avec ça, c'est moi qui ai le bistouri. »(12)

Conformément à la conception du travail social où les praticiennes sont femmes d'interfaces, médiatrices de systèmes, et agentes de changement, il importe qu'elles cultivent leurs contacts inter et intra-organisationnels. Tous ces contacts, qu'elles entretiennent notamment par une grande quantité de discussions informelles de corridors, en périphérie de discussions de cas au téléphone, lors des diverses activités de formation ou d'information auxquelles elles participent, leur permettent de mettre sur pied non seulement un réseau d'informateurs, mais aussi un vaste système de contacts éventuellement utiles pour faire pression sur un programme, une ressource, un protocole administratif, au bénéfice, bien entendu, de leurs clients. Il importe de ne pas sous-estimer le caractère souple, sinon flou, de nombre de politiques ou de programmes. Ce flou est, sans l'ombre d'un doute, un caractère constitutif des organisations de services aux personnes, tel que l'a démontré Lipsky (1995). Ce faisant, les travailleuses sociales contribuent à la définition jurisprudentielle des problématiques sociales, voire des politiques et programmes sociaux, par une série de microdécisions qui influent peu à peu, de façon à instituer ces grandes conditions sociales qui ne peuvent, intrinsèquement, s'adapter à la complexité du monde. Il va sans dire que ces divers contacts ont d'autres fonctions plus immédiates, notamment au niveau de la stabilisation du récit-client, de l'analyse des possibles (par exemple, suivre l'évolution des listes d'attente), du court-circuitage des inerties organisationnelles, etc.

De façon générale, les infirmières nous ont semblé un peu moins actives à ce propos. Elles ont certes des contacts de tout ordre, notamment au niveau scientifique (par exemple, un accès à une équipe médicale de l'hôpital Sainte-Justine qui définit les protocoles applicables à une maladie infantile donnée). Mais ces contacts nous semblent plus circonscrits à la dimension d'interprétation des protocoles. Il s'agit donc, pour les travailleuses sociales, de faire un *travail sur le social* pour lequel il est nécessaire de participer à un ensemble complexe de réseaux. Elles doivent alors tenir compte de différents partenaires précédant, concomitant ou potentiels à l'intervention. La grande diversité des partenaires traduit l'inscription sociale de l'intervention et des problèmes auxquels elles tentent de répondre. Que ce soit dans les corridors, à l'occasion de rencontres en équipe multidisciplinaire ou simplement par la division et l'organisation du travail, les autres catégories professionnelles sont présentes à toute intervention de façon au moins potentielle. L'étendue pratique et effective de cette potentialité varie certes beaucoup, essentiellement en fonction de la tâche à accomplir et de la position occupée dans l'organisation par l'intervenante. Par exemple, travailler à l'accueil implique de tenir compte de toutes les catégories de partenaires, alors que le suivi de thérapie conjugale distend les rapports aux partenaires, car le travail se réalise surtout en mode *case work* ; les partenaires demeurent, néanmoins, comme potentialité dans la mesure où la relation pourrait faire émerger une autre problématique. Les partenaires sont aussi externes, proches du client, ressources communautaires, etc. L'intervention doit alors s'arrimer aux séquences des uns et des autres.

De plus, la structure organisationnelle et les mandats qui lui sont associés construisent les possibles de l'intervention. Par exemple, remplir un mandat de prévention quant aux maladies transmissibles sexuellement ne s'effectue pas, au plan pratique, de la même façon selon qu'il se réalise dans une clinique sans rendez-vous ou dans une clinique sur rendez-vous, où des suivis peuvent être instaurés et des interventions plus fondamentales entreprises. De même, l'organisation des charges de travail a des incidences pratiques, comme c'est le cas de l'organisation rotative des dossiers pour les infirmières du soutien à domicile, par exemple. Quoiqu'il en soit, il semble bien que la souplesse de la tâche nécessaire à l'organisation du travail permette de répondre à une demande spécifique ou inattendue, inévitable lorsque les produits des métiers relationnels sont d'une telle complexité. Participer d'une organisation offre la capacité de mobiliser des ressources internes ou externes pour ainsi orienter ou prolonger la portée de sa propre action.

> Je peux bien le référer, mais il y a un an d'attente. S'il présente ces comportements-là, je me dis, ça va donner quoi. Ça ne me sert pas. (11)

L'envers de cette capacité de mobilisation des ressources est l'exigence de solidarité organisationnelle. En pratique, il est parfois nécessaire pour l'intervenante d'être le relais de l'organisation auprès d'un client en expliquant des décisions, des possibles ou des contraintes à la périphérie de sa pratique. De même, la nécessité d'informer le cadre intermédiaire de l'évolution des dossiers les plus lourds, afin qu'il puisse avoir une vue d'ensemble du cas, s'inscrit dans cette perspective de solidarité organisationnelle.

Il va sans dire qu'il s'agit également de participer aux divers mécanismes de contrôle organisationnel. La composition de la tâche découle en grande partie de la définition du mandat, du poste et des programmes. Cette travailleuse sociale du soutien à domicile cherche à établir, lors d'une première rencontre à domicile, un contact de qualité avec un couple de personnes âgées qui a initié la demande. Mais par-delà, voire à l'encontre de l'exigence pratique d'entrer en relation, son action est d'abord engagée au plan organisationnel, elle doit relever les informations nécessaires à l'enclenchement administratif des programmes.

> J'avais vraiment des informations à aller chercher... (17)

Les priorités organisationnelles et programmatiques sont interprétées par les agents de base qui cherchent à user au mieux de leur pouvoir discrétionnaire (Lipsky, 1995) inhérent à leur position dans l'organisation. D'une certaine façon, il s'agit d'obtenir l'engagement de l'organisation, engagement qui peut même aller, dans certains cas, jusqu'à l'acceptation par l'organisation de la transgression de normes qu'elle a elle-même établies. Nous pensons que les travailleuses sociales se perçoivent plus facilement que les infirmières comme des agents de base, détentrices d'un pouvoir discrétionnaire. D'ailleurs, elles jouent et se jouent plus des règles que leurs collègues infirmières, d'une certaine façon plus conformes aux normes. Si, pour les travailleuses sociales le projet transformationnel offre une transcendance de l'action, pour les infirmières, la voie de dépassement des conditions de la pratique est, au plan individuel, l'humanisation de la pratique, et, au plan collectif, l'élargissement du champ officiel de la pratique. Pour les travailleuses sociales, *intervenir*, c'est obtenir le maximum pour son client.

> Je ne sais pas trop quoi leur offrir non plus. C'est que Madame a besoin d'aide au niveau du ménage, alors que ce que je pourrais lui offrir, c'est du Fonds régional ... Je vais essayer de voir comment je peux tourner ça pour pouvoir les aider, tout en respectant quand même mon programme. (17)

L'intervention **engage la conservation d'une mémoire par l'archivage.** Cette activité conservatrice se réalise en regard de normes administratives et légales assurant la confidentialité, balisant la circulation des informations et protocolarisant les pratiques d'archivage. À partir de et en plus de ce contexte administratif et légal, les pratiques de rédaction de dossiers répondent à des exigences praxéologiques pertinentes à élucider ici. En fait, il s'agit de produire un récit-client dont le lectorat potentiel concerne moins les collègues de travail que les juges, les commissaires aux plaintes, les clients et leurs proches qui pourraient s'y référer pour éventuellement contester l'intervention, ou tout simplement pour en connaître certains implicites. En fait, le dossier est davantage un espace public qu'un espace interprofessionnel, ce qui, par conséquent, appelle la production d'un récit public plutôt que professionnel. On y retrouve la part la plus stabilisée du récit-client, rédigée dans une langue factuelle quasi juridique et selon des lexiques professionnellement valides, ou à tout le moins incontestables par des pairs. Nous entendons par rédaction quasi juridique le fait que le récit public se caractérise par la présentation factuelle des événements. Il s'agit de faire preuve, moins devant un comité de pairs ou un comité scientifique, que devant un banc de procureurs et de témoins experts. Les indices et les traces de changement sont alors consignés, les témoignages cités, les engagements libellés, et les interventions objectivées.

>Je l'ai marqué dans le dossier : « Monsieur respecte notre entente, soit de venir en C.S.I. tous les jours, ne touche pas aux pansements. » (1)

Si le dossier est l'espace public que nous pensons, il n'est cependant pas agora ou lieu de délibération interdisciplinaire. Les stratégies d'influence interdisciplinaire se font selon les canaux administratifs prévus, mais surtout dans les corridors ou à la faveur de la discrétion des téléphones, en général à la périphérie de discussions plus factuelles. D'ailleurs, cette activité d'influence constitue l'une des sources de conflits interprofessionnels latents, les infirmières reprochant à leurs vis-à-vis d'être tatillonnes et lentes à intervenir, alors qu'à l'inverse, les travailleuses sociales leur reprochent leur caractère alarmiste et interventionniste. En fait, l'effort d'influence va surtout des infirmières vers les travailleuses sociales, les premières engageant les secondes « à faire quelque chose », alors que le *faire* des infirmières n'est pas (ou si peu) l'objet de discussions pour les travailleuses sociales. Tout au plus les sollicitent-elles pour recueillir des matériaux du récit-client en élaboration (compréhension de la maladie, mais surtout évolution du moral et indices de la quotidienneté) et pour les inciter à ne pas intervenir de façon trop intempestive dans le champ social.

La rédaction des dossiers se réalise donc, au moins en partie, dans une perspective de protection professionnelle. Au regard des pairs et autres collègues, le point de vue professionnel consigné par l'une ou l'autre des intervenantes servira éventuellement à démontrer sa clairvoyance, le fait qu'elle ait atteint son obligation de moyens, la complexité inextricable de la situation, etc. La fonction de protection professionnelle de l'archivage est donc multiple, car elle peut, en outre, être administrative, afin de se prémunir contre une éventuelle plainte, administrative ou légale, s'il s'avérait que la qualité du travail de l'employée soit contestée, et professionnelle, à travers les dispositifs de protection du public que sont les ordres professionnels et les nombreux offices gouvernementaux. Notamment pour les infirmières, le dossier permet de produire la preuve de la réalisation méthodique des protocoles. Au plan de la mémoire, il permet de consigner les limites de l'intervention pour éventuellement aller plus loin, lorsque le client se présentera à nouveau.

> Là je me suis notée : « Plus forte incitation à utiliser une meilleure contraception. » (2)

Malgré sa signifiance, la part existentielle de l'intervention trouve difficilement place à son expression dans les écrits de l'archivage, notamment pour les infirmières pour qui cette dimension de la pratique est insuffisamment reconnue. Alors que l'une d'entre elles nous présente une intervention où elle doit injecter un médicament, soit une opération technique prenant dix minutes tout au plus à réaliser, nous lui demandons comment sera notée la très vaste et fondamentale discussion qu'elle a eue pendant près d'une heure avec sa cliente sur le thème de la mort, du sens de la vie, de la douleur. Non seulement ces thèmes sont-ils fondamentaux de façon générale, mais c'était la première fois connue que cette grande malade acceptait de s'ouvrir à ce propos. Son mutisme était tellement préoccupant qu'une rencontre en équipe multidisciplinaire était convoquée par la travailleuse sociale pour chercher à s'attaquer de façon concertée à ce problème. Malgré l'importance de son succès, elle répond ceci à notre question :

> Je vais marquer peut-être « Échanges ». (6)

Est-ce à dire que l'intervention était non significative ? Loin s'en faut. C'est plutôt que l'archivage ne permet pas facilement à une infirmière clinicienne d'indiquer ce type de réalisation. Cette information nouvelle et déterminante pour l'actualisation du récit-client se perdra-t-elle dans les limbes des cloisons disciplinaires ? Non, car elle a informellement été transmise à l'équipe multidisciplinaire dans les heures suivant l'intervention. Cet épisode traduit le statut que certaines infirmières, de par leur position dans l'organisation et la tâche qu'elles réalisent, se voient accorder pour la part relationnelle de leur travail.

Enfin, le dernier des invariants praxéologiques concerne la nécessité pour l'intervenant de **voir et dire les limites** de sa propre intervention, notamment quant à l'offre de service, au champ de compétences, à l'autorité professionnelle, aux capacités du client lui-même ou aux possibles du changement.

> Je ne sais pas, une petite infection, peut-être du liquide derrière le tympan, je ne pose pas de diagnostic. (9)

Malgré ces limites, il demeure que l'intervenante a une responsabilité professionnelle et organisationnelle formelle face au problème, notamment une obligation de moyens. Les limites ne peuvent être invoquées pour se dégager de cette responsabilité minimale. Elles impliquent en cas limites un transfert sectoriel, disciplinaire ou intradisciplinaire, ou toute autre action visant à diminuer les risques et incidences d'une cessation de service. Il importe également que l'intervention anticipe ses effets pervers et secondaires, notamment lors des invitations à l'entrée en introspection ; il faut pouvoir assumer ce que l'intervention soulève sur son passage.

> Quand tu commences une piste, il faut que tu sois capable d'aller ramasser. (7)
>
> Je ne voulais pas éterniser trop, vu que je la réfère ailleurs, vu que ce ne sera pas moi l'intervenant. Je ne veux pas établir un lien trop fort, surtout lorsque c'est référé à l'extérieur. Je ne voulais pas aller trop loin dans le travail au niveau du processus de deuil. Parce que ça aurait été commencer quelque chose que je ne pouvais finir. (13)

Il y a également des limites existentielles propres aux intervenantes, comme la crainte assez répandue de l'épuisement professionnel.

> Je ne vais jamais au-delà de ma limite, où ça me siphonne. (7)

Les défauts de volonté, de parole, de lien de confiance du client qui ne peuvent se corriger par l'intervention constituent également des limites praxéologiques. Il en va de même quant à l'histoire du client, notamment en ce qui a trait aux rapports qu'il a eus avec les services sociaux. Si celui-ci ne veut pas s'engager, ou qu'il refuse d'assumer le coût du changement, et que le problème n'implique pas une légitimité sociale forte, l'intervention se voit grandement limitée. Cette limite sera explicitée de façon à provoquer l'engagement du client ou à lui rappeler sa responsabilité fondamentale. Cela peut être source de frustration pour des intervenantes formées pour et désireuses d'intervenir.

> J'ai de la misère avec ce tempérament-là, le laisser-aller. (1)
> L'attente des jeunes, elle est ici maintenant. Ils n'étaient pas prêts à écouter. (2)
> Comment en venir à être aidant tout en ayant une certaine limite... on ne peut pas forcer le jeune. On ne peut pas l'attacher, puis le forcer à ne pas consommer. (20)
> Je suis devant du vide, parce que je sais plus comment convaincre un parent. (20)

Les infirmières, et dans une moindre mesure les travailleuses sociales, subissent la négativité de leur potentiel d'intervention comme une source de souffrance professionnelle. Cette négativité consiste, pour les infirmières, en la maladie et ses aggravations et, pour les travailleuses sociales, en ces catégories sociales les plus lourdes. Cela induit une lourdeur au plan existentiel que l'intervenante doit réussir à contrôler ou à transcender au risque, sinon, de l'épuisement professionnel.

> Je suis infirmière, je dois faire face à des situations comme ça. (2)

Il va sans dire que le contexte organisationnel et programmatique dessine les contours des possibles de l'intervention.

> Je suis frustrée de ne pas aller plus loin dans une problématique parce que c'est une clinique sans rendez-vous. (2)

Le dépassement éventuel de ces limites, voire dans certains cas, leur transgression, est source éventuelle de transcendance de la tâche. Cela permet de participer plus ou moins modestement au projet de transformation sociale ou d'humanisation des soins.

> Ça fait partie de la job d'une infirmière. Dans l'équipe, les filles sont motivées à aller plus loin que juste de faire le traitement. (1)

Pour les travailleuses sociales et certaines infirmières, l'incertitude du social donne des limites à l'intervention. Cette incertitude fondamentale implique l'obligation de gérer des risques en regard d'impératifs sociaux, de conditions organisationnelles, juridiques, programmatiques ou professionnelles, et d'exigences praxéologiques relatives à la relation. Cette gestion constitue l'une des plus grandes charges mentales portées par ces intervenantes.

On le voit, nous avons relevé une abondance d'invariants praxéologiques, abondance que nous sommes loin d'avoir épuisée. Constatons alors deux points importants pour conclure. D'abord, nous pensons que toute praticienne, bien qu'elle puisse nuancer ou ajouter ici ou là, conviendra que cette forme d'analyse de la pratique permet de mettre des mots sur nombre d'évidences de l'action professionnelle qui s'expriment mal. Puis constatons que ces dimensions si profondes et structurantes de la pratique professionnelle que sont les invariants praxéologiques ne sont pas l'objet, ou si peu, d'un effort de formation dans les universités. En fait, le premier constat donne sens à l'autre, l'évidence favorisant le tacite. Nous ne proposons pas de faire fonds sur cette connaissance praxéologique et de revoir les programmes de formation universitaire. En fait, notre propos ne vise qu'à élucider la dimension pratique du travail des infirmières et des travailleuses sociales, dimension qui prend précisément sens et a toute sa puissance d'élucidation parce qu'elle reste proche de la pratique. Dit clairement, nous doutons que les invariants praxéologiques puissent s'enseigner à l'école. Par contre, il est possible d'outiller les futures praticiennes de telle sorte qu'elles puissent développer un savoir réflexif sur et à partir de leur pratique. C'est dans cette perspective que la suite du chapitre permettra de voir comment les invariants praxéologiques se distinguent et s'articulent aux deux autres dimensions de l'action.

4.2 Le monde des systèmes d'intervention

Quant au monde des systèmes, nous nous attendions à observer un clivage disciplinaire plus net que celui que nous avons trouvé. Certes, les frontières existent entre infirmières et travailleuses sociales, mais elles sont beaucoup plus poreuses et mouvantes que ce que nous anticipions. Puis nous nous attendions à ce que cette catégorie soit relativement plus présente dans le discours des intervenantes qu'il y paraît suite à l'analyse, notamment quant à l'axe biomédical pour les infirmières, et quant à l'axe des conditions sociales pour les travailleuses sociales. En fait, ces dimensions sont surtout significatives sous l'angle des conditions praxéologiques qu'elles engagent plutôt qu'à travers leurs contenus référentiels propres. Il appert donc, au moins en terme de volume dans les discours, que ces rubriques du monde des systèmes prises dans leur ensemble sont moins lourdes et étendues que celles du monde des invariants praxéologiques.

L'institution **science** est transférée et agissante dans l'intervention tant au niveau méthodologique (par exemple la méthode expérimentale), symbolique (pensons aux analogies statistiques) qu'épistémologique. Pour ce dernier point, de grandes disciplines mères sont interpellées : l'épidémiologie, la psychologie, la sociologie, etc. Ces savoirs peuvent être évoqués pour renforcer symboliquement une preuve, mais ils ont surtout une fonction classificatoire, tant au niveau d'une étiologie que d'une épidémiologie spontanées. Le monde du **biologique et du physiologique** comme systèmes de connaissances est évidemment fort présent chez les infirmières. Il en va de même pour le monde **médical,** qui est interpellé comme système de connaissances et de pratiques professionnelles, et pour les systèmes **pharmacologique** et **chimique**, interpellés tant comme systèmes de connaissances que systèmes techniques. Cependant, ils apparaissent à l'horizon plus ou moins rapprochés de la pratique de plusieurs travailleuses sociales. Ainsi, en santé mentale ou en intervention auprès d'enfants (avec la ritaline, par exemple), l'intervention en travail social se pense aussi en regard de ces mondes, malgré le fait qu'ils soient sans aucun doute externes à la pratique immédiate des travailleuses sociales. Déjà l'horizon se rapproche lorsqu'on considère l'intervention des travailleuses sociales au soutien à domicile où la totalité des patients souffrent de pathologies physiques presque toujours invalidantes. Il n'est pas rare d'observer une travailleuse sociale se documenter sur le traitement du sida, une autre assister à une conférence sur la maladie d'Alzheimer, une troisième discuter avec un médecin sur la séquence prévisible de la dégradation inhérente à la sclérose en plaques. Il va sans dire que cela ne participe pas d'une perspective d'intervention paramédicale, mais bien d'une nécessité pratique de comprendre l'état du client, ses potentiels, ses limites, parfois son destin. La transgression des limites disciplinaires apparaît, sans aucun doute, comme indicatrice de l'interdisciplinarité pratique. Cela permet, en outre, de prendre voix au débat de la production collective du récit-client.

Nous avons souligné comment les **protocoles,** au plan praxéologique, induisent des pratiques pour les infirmières. Ces protocoles s'inscrivent et participent de systèmes de mise en forme de l'action au niveau pharmacologique, au niveau des procédures standardisées de traitement, ou de techniques de dépistage par des questionnaires et grilles d'observation standardisés.

> Le questionnaire, je suis rendue que je le sais par cœur. (2)

Les protocoles sont également administratifs et engagent des procédures sectorielles.

> S'il y a lieu, on réfère des enfants aux médecins. Et les médecins, eux, à leur tour, vont référer à des spécialistes, et des spécialistes vont référer en audiologie. C'est un peu ça que l'audiologiste nous a exprimé, et puis c'est ça qu'on met en application. (9)

Le monde de **l'organisation** est évidemment fort présent, mais surtout comme quantités de ressources et contraintes qui affectent de l'extérieur la pratique professionnelle. Au plan cognitif, l'organisation est donc perçue comme extérieure à l'intervention, au mieux comme la scène d'une action d'abord relationnelle. Ce rapport d'extériorité s'applique à la division du travail, d'abord parce qu'il permet un séquençage de l'action et des échanges qui enrichissent la pratique, sans la modifier en son fondement. Les intervenantes se perçoivent pourtant comme part de l'organisation et acceptent leur rôle de porte-parole et de relais de l'organisation.

> À la première visite j'explique les services du CLSC. (7)

Au plan clinique, l'organisation officialise les demandes, ce qui est source de légitimité et points de départ formels de l'intervention.

> C'est important qu'il fasse une demande de services. (14)

D'autre part, la forme organisationnelle et les mandats que l'organisation porte et fait la promotion produisent des limites aux possibles de l'intervention.

> Je suis frustrée de ne pas aller plus loin dans une problématique que je vois ici, devant moi, parce que c'est une clinique sans rendez-vous. (2)

Plus spécifiquement, la position qu'occupe une intervenante dans l'organisation définit les limites de sa tâche. Par exemple, un travailleur social à l'accueil reçoit une personne éplorée suite au suicide d'un proche. Toute son action est tournée vers l'atteinte de l'objectif organisationnel d'aiguiller le plus efficacement possible la personne vers le bon service. Son désir d'intervenir se voit réprimé par le mandat spécifique. À plusieurs reprises, il réitère ceci pour donner sens à son intervention, qu'il n'estime d'ailleurs pas vraiment comme de l'intervention, au sens noble (comprendre clinique) du terme.

>C'est accueil-référence. (3)

La continuité interne des services, la position de l'intervenante dans l'organisation, l'affluence des clientèles, les politiques administratives, les modes de distribution, les listes d'attente, les priorités internes et les modalités d'aiguillage et d'organisation des ressources encadrent l'intervention. La continuité externe des services est, en outre, un élément de production des possibles de l'intervention.

>Hier, quand elle est venue, j'avais juste un médecin. Quand mes carrés seront tous remplis, je ne peux plus en faire voir au médecin. (2)

>Y a un an d'attente [...] C'est fou, là, ça ne me sert pas. (11)

La position de l'intervenante dans la **division du travail sur le social** est fréquemment évoquée. Chaque institution distribue ses mandats et demande à chaque intervenante d'en respecter les limites. Au plan professionnel, il existe une double logique de division du *travail sur le social*. D'une part, des professions fortes ont réussi à obtenir la protection sociale de leur champ de pratique. Pensons notamment aux professions médicales. D'autre part, certaines professions comme le travail social n'ont pu préserver ou acquérir un tel monopole sur un champ circonscrit et stabilisé. Ces positions faibles dans le champ des professions deviennent les lieux privilégiés de l'interdisciplinarité. Ce qui est propre aux infirmières, c'est leur situation en porte-à-faux sur ces deux logiques distinctes. En effet, elles jouissent d'un champ de pratique protégé tout en revendiquant, et à bon droit, la reconnaissance de la part relationnelle de leur travail dans le champ psychosocial. Cette position, à la fois riche de potentiels et source d'inconforts, les situe comme interlocutrices privilégiées du débat sur l'interdisciplinarité. S'ajoutent à cette division professionnelle du travail un aiguillage socio-légal (ex.: Protection de la jeunesse) et un aiguillage psycho-médical (ex. : psychiatrie). Ici, la citation réfère à un travailleur social qui doit décider si l'adolescent qu'il suit doit être orienté vers un centre de protection de la jeunesse, en pédopsychiatrie ou demeurer en première ligne, le temps d'établir une relation thérapeutique. De fait, les deux ressources lourdes sont inaccessibles compte tenu de leurs listes d'attente.

> Il y a un an [d'attente]. Que ça retarde d'une semaine ou deux, on est pas à une semaine ou deux près. Je vais comme cheminer ce que j'ai à cheminer avec. Je verrai ce qu'il en est après. (11)

L'organisation n'est cependant pas qu'un bassin de ressources et de contraintes. Elle apparaît également comme un acteur social qui définit un espace public d'intervention et qui poursuit des buts spécifiques. Elle met de l'avant et fait la promotion d'**une conception de l'intérêt général** comme interprétation première de la mission institutionnelle, du service public, et donc de la réalisation de l'État. Ainsi, la proximité des collègues de travail permet, lors de discussions, de cerner cet intérêt général, notamment en interprétant les programmes et politiques à l'œuvre par l'organisation. La vérification et la contre-vérification de l'adéquation de la demande à l'offre de service sont alors cruciales.

> Je vais leur offrir certaines choses, mais faut que j'en discute avec l'équipe, c'est un petit peu ambigu. (17)

Toujours au plan organisationnel, il semble que le syndicat ne soit pas *a priori* une dimension significative au plan de la pratique. Les effets de la syndicalisation au niveau de l'organisation du travail ont, néanmoins, permis d'assurer une certaine souplesse des conditions de travail à la source d'une relative autonomie nécessaire pour répondre à la complexité des demandes. Cependant, il y a clairement une tension entre cette nécessaire souplesse et le désir de contrôler la productivité des intervenantes. Le nombre de dossiers devient l'étalon de cette productivité, mais un étalon discutable et discuté du fait même de la complexité variable des dossiers.

Le **système professionnel** dans sa composante juridique constitue un horizon plutôt lointain de la pratique, sauf pour les infirmières dans leur rapport avec les médecins. Au plan de l'intervention, le système professionnel apparaît comme peu agissant, bien que nous ayons observé le grand dynamisme des infirmières au plan de la promotion professionnelle. Contrairement aux travailleuses sociales, l'adhésion de fait et de cœur à leur ordre professionnel est évidente et ne fait pas l'objet de débats identitaires comme chez leurs collègues. Pour celles-ci, non seulement l'adhésion à l'ordre professionnel n'est pas obligatoire pour accéder à la pratique, l'ordre professionnel ne protégeant que le titre de la profession, mais l'adhésion même à l'Ordre pose des questions identitaires à plusieurs d'entre elles qui refusent d'adhérer au modèle professionnaliste. Il faut, en outre, souligner une contradiction agissante dans le champ professionnel. Le système professionnel tend à surdéterminer la division organisationnelle du travail qui, au niveau de l'intervention, tend à s'assouplir en invitant les unes et les autres à l'interdisciplinarité.

Le système d'**archivage** est relativement présent dans l'intervention. Pour les infirmières, il permet de démontrer que les protocoles ont été suivis et d'en assurer la suite. Ce système ne se pose pas véritablement comme outil d'interdisciplinarité, autrement que par la mémoire qu'il crée et qu'il met à la disposition de toutes, et par le travail de stabilisation et de présentation publique du récit-client qu'il réalise. En fait, l'interdisciplinarité semble préférer la vague et protectrice pénombre des dialogues de corridors à l'objectivante lumière de l'espace public qu'est le dossier du client. De toute évidence, l'archivage est une contrainte à la pratique, notamment quant à la compilation des statistiques. Bien que le lexique du système informatisé soit celui de l'intervention, chacun y trouve à redire, soit que le système est trop vague, soit qu'il est trop précis. Mais par-delà ces plaintes et complaintes, c'est surtout que le monde de l'archivage est perçu comme extérieur à la *vérité* de la pratique, soit la relation. Par exemple, le dossier dissocie un couple de clients que l'intervention vise à réunir. Bref, la compilation des statistiques est surtout affaire de conformité aux exigences de l'employeur, et les notes au dossier affaire publique de l'intervention. La première apparaît superflue et insignifiante, et la seconde, exigeante, puisqu'elle implique une rédaction stratégique qui n'est pas immédiatement utile à la relation clinique. Sans doute que l'aspect le plus signifiant du système d'archivage pour les praticiennes est qu'il supporte la règle de confidentialité. Chacune y adhère de façon formelle et sincère, bien que la confidentialité soit estimée, et ce par-delà les pétitions de principes que chacune prononce, d'abord comme une condition praxéologique de la relation plutôt que comme une condition légale, organisationnelle ou professionnelle de la pratique. Il existe donc, en pratique, une règle de confidentialité à géométrie variable. À l'égard d'un client, d'un tiers, d'une organisation tierce, la règle sera des plus strictes. Au plan interdisciplinaire, une stricte règle de confidentialité ne fait cependant pas sens, surtout si l'on considère comme pertinent le statut que nous accordons à la production de récits-client pour réaliser l'intervention et l'interdisciplinarité. De tels récits sont impensables et insignifiants si on en extrait les principaux caractères des personnages, dont celui de leur dénomination. Néanmoins, nous pensons que cette relative transgression de la règle de confidentialité a des fondements praxéologiques solides et qu'elle pose son propre cahier de charges pratiques, auquel chacune adhère. Par exemple, toute information impertinente à la production du récit ne sera pas présentée à une collègue trop vaguement impliquée dans l'affaire. En salle d'attente et dans les corridors principaux, accessibles aux clients, la confidentialité est la plus totale. Au module de première ligne, où l'accès aux locaux ne fait pas l'objet d'un contrôle, les discussions de corridors ne se réalisent pas au grand jour, tout au plus dans les cadres de porte, à voix basse, avec porte close pour les cas délicats. Pour les autres services où l'accès est plus contrôlé, le ton est un peu plus élevé, la discussion plus ouverte. Outre cette traduction spatiale de la différence des rapports à la confidentialité, il y a clairement un clivage socioprofessionnel à ce propos. Cadres de proximité et prestateurs de services échangent, au besoin, sur les dossiers. Ces échanges impliquent autant l'auxiliaire familiale que le médecin. Tout le personnel de support logistique et les cadres administratifs sont, par contre, exclus de ces échanges.

Les systèmes **techniques, des méthodes aux outils,** sont relativement présents dans l'intervention des infirmières. Il faut, cependant, noter la grande disparité des référents techniques selon la tâche à accomplir. Nous pensons, néanmoins, que les infirmières ont un rapport privilégié à la technique. L'intervention en soins infirmiers se compose notamment d'une activité de recherche de l'adéquation des

techniques aux problèmes. Les infirmières, même les plus sociales, recherchent des outils qu'elles pourront utiliser de façon technique.
> J'ai eu la technique d'entrevue. (7)

Pour les travailleuses sociales, les règles administratives et les divers formulaires font pour elles, dans une certaine mesure, office de techniques. Par exemple, remplir l'outil multiclientèle, qui sert à évaluer la perte d'autonomie d'un client, permet de mettre en forme l'intervention de façon complexe, l'outil étant à la fois le prolongement de l'action de l'État et du geste de l'intervenante l'utilisant.

Nous voulons considérer ici les **mandats sociaux** sous l'angle des systèmes, en l'occurrence des systèmes normatifs auxquels sont associés des programmes, des institutions, des opérateurs, etc. Ils peuvent avoir, entre autres, une origine juridique ou socio-sanitaire. Il peut s'agir d'une finalité de prévention en santé publique ...
> En passant je dis « Regarde ton petit bébé dort ! » puis je jette un petit coup d'œil rapide. Je vois qu'elle dort, mais qu'elle est couchée sur le ventre. C'est sûr que là j'ai à intervenir parce que maintenant ce qu'on dit, c'est bébé sur le dos. À cause de la mort subite du nourrisson. Et sa maman fume, donc c'est un autre des signes de la mort subite. (5)

... ou de dépistage, et ce tant au niveau biologique que social, et pour tout type de clientèle.
> Je voulais voir, au niveau de l'attachement. (5)

Nous avons traité de l'acte de catégoriser dans la partie présentant les invariants praxéologiques. Comme acte, il s'agit d'un invariant praxéologique qui se réfère à de grandes **catégories sociales** que nous considérons ici sous l'angle des systèmes. Il peut s'agir de catégories sociodémographiques comme « les jeunes » ou « les mères monoparentales », de problèmes sociaux, d'étiologies psychologiques et médicales, voire de savoirs populaires ou d'enjeux sociaux caractérisant la société comme entité problématique. Le poids relatif de ces catégories traduit l'efficacité de l'épidémiologie à problématiser le social. Les travailleuses sociales sont néanmoins sensibles aux processus d'étiquetage social et relativisent lesdites catégories, même si une part importante de leur tâche consiste précisément à évaluer, à classer, à caractériser, bref, à produire des étiquettes.

Les systèmes **axiologiques ou normatifs** sont également investis dans la pratique. Il s'agit, par exemple, de connaître et d'utiliser les « valeurs des jeunes » dans l'intervention auprès d'eux. Ce qui les intéresse trace alors les contours des possibles de l'intervention. À ces vastes systèmes axiologiques correspondent les microsystèmes axiologiques des clients, que les intervenantes doivent apprendre à décoder et à utiliser.

J'en n'ai jamais de questionnements sur les effets secondaires. À 90 p.100, quand j'ai une question c'est « C'est vrai que je vais engraisser ? » (2)

4.3 Le monde de la praxis

Signalons au départ que cette dernière dimension de l'intervention est, et de loin, celle dont il est le moins fréquemment question dans les discours analysés[23]. Cela ne signifie évidemment pas qu'elle n'a pas sens pour les praticiennes. Nous verrons en conclusion comment peut s'interpréter le poids respectif de nos trois axes grammaticaux.

---

[23] Cela découle en partie de deux effets de notre travail. D'abord, la méthode d'entretien visait l'explicitation du *faire,* du procédural de l'intervention. Les relances en cours d'entretien cherchaient précisément à obtenir une description de ce procédural. Aux *pourquoi* si fréquents dans les entretiens de recherche, nous avons préféré les *comment* qui en appellent à une description. C'est que, pour nous, un entretien fondé sur le *pourquoi* appelle le locuteur à théoriser sa parole plutôt qu'à énoncer sa pratique, soit ce qui nous semble le plus intéressant et nécessaire à étudier Le second effet provient du regard analytique porté sur les énoncés. Nous estimons que nombre de ceux-ci traduisent un invariant praxéologique, bien qu'il aurait été possible de les lire précisément comme des actions intentionnées. Nous soulignons, cependant, la forte teneur d'évidence qui caractérise les discours recueillis. Mais le lecteur critique pourra rétorquer que ce qui est évident dans ces discours, c'est justement l'intention. Certes, cette lecture est possible et légitime. Il importe alors de revenir à la théorie du social sous-jacente à cet ouvrage, notamment quant au concept d'*invariant praxéologique*. L'intention est au cœur de ce concept, mais en ce sens précis qu'elle est à la fois productrice et produite de l'action. Elle ne se réduit ni au statut de productrice *in abstracto*, véritable créationnisme social, ni au statut de production *sine vitam*, si l'on nous prête l'expression, véritable théoricisme idéaliste. Il s'agit d'un sens pratique qui engage un agir stratégique en regard d'un espace de possibles.

Pour les infirmières, il existe un fort **désir de soigner et de prévenir,** ce qui implique de croire en la guérison et à la prévention, éventuellement par-delà le désir-même du client.

> On dirait que je veux plus que lui. (1)
> L'attente des jeunes, elle est ici maintenant. Je voudrais aller plus loin en prévention. (2)

Le **travail sur l'engagement** du client devient alors *praxis*, véritable réalisation du *soi professionnel*, et la perte de foi en le client peut devenir une véritable *antipraxis*, source de souffrance au travail. Une infirmière raconte à quel point le refus d'un client de se soigner provoque en elle de la frustration.

> J'ai un peu de misère avec ces tempéraments-là. (1)

En fait, les infirmières expriment un fort **désir d'agir** et de **faire tout ce qu'il faut, comme il le faut,** pour atteindre les objectifs de l'intervention.

> Quand ils reviennent trois puis quatre fois pour une pilule du lendemain ... ça me choque, parce que je me dis il y a quelque chose à faire. (2)

Ces désirs des infirmières visent à **aller au-delà du** traitement comme réalisation du soi professionnel. Il faut aller au **maximum des possibles** ou, encore mieux, travailler à **élargir les possibles** de l'intervention.

> Il a été capable de me le dire. Pour moi, ça a de l'importance dans la relation d'aide. S'il y avait quelque chose, le fait qu'il ait confiance, bien ça va être plus facile. Il va venir me voir, on va être capable de l'aider. Pour moi, ça a beaucoup d'importance. (3)

Pour les travailleuses sociales, la dialectique contentement/frustration est beaucoup moins présente, comme si le relativisme de la profession changeait les critères de l'évaluation du travail. La difficulté relationnelle devient alors défi professionnel ou facteur diagnostic à réintroduire dans l'analyse de la situation. La frustration est, pour elles, impuissance et difficulté à dire (et donc à se faire reconnaître) la nature de leurs productions. Quant aux infirmières, elles évaluent fréquemment leur travail en regard de la satisfaction de leur désir de soigner et de la qualité de l'engagement du client à l'égard du plan d'intervention qu'elles proposent. Elles seront contentes ou frustrées selon que leur plan se réalise ou non.

> Je suis contente de moi, parce que il a été un temps où j'avais envie de laisser tomber. Dans son cas, c'est décourageant, je vais la traiter combien de temps cette plaie? ... Je ne vois pas de changement. (1)

Le travail dans les métiers relationnels permet de façon incidente la **croissance personnelle** de l'intervenante, notamment parce qu'il fut possible d'avoir été important dans la vie d'un client au plan existentiel. Le fait de participer d'une commune humanité en aidant l'autre à se dépasser permet la réalisation du soi.

> On a tous quelque chose à apprendre. Si ça se représente, je serai là. Si c'est mis sur mon chemin pour ça, bien ce sera mis sur mon chemin. C'est des cadeaux qu'on reçoit quand quelqu'un ouvre une porte qui est bien fermée. (6)

Au plan social, les membres des deux groupes affirment de nombreuses façons **leur adhésion aux mandats sociaux.** Ceux-ci, sauf très rares exceptions, ne sont pas considérés comme illégitimes ou impertinents. En fait, malgré d'inépuisables complaintes formulées par les intervenantes sur la façon de remplir lesdits mandats, toutes adhèrent de cœur et d'esprit aux fondements de ces conditions déterminantes de l'intervention. Cette adhésion forme-t-elle une condition du travail dans les métiers relationnels? Ne pas y adhérer, c'est certes se mettre en état de souffrance professionnelle, mais aussi en situation d'expulsion du champ. Adhérer à ces mandats, c'est adhérer aux possibles et aux nécessités de l'action. Si nombre de ces mandats sociaux sont assez peu immédiats au travail, leurs effets propres demeurent présents à l'intervention en s'intériorisant comme **désir professionnel** d'intervenir.

Les praticiennes accordent une **valeur certaine à leur intuition.** Elle permet de réfléchir à la complexité de la situation et d'explorer ses possibles sans s'encombrer des exigences de mise en preuve et des diverses règles de réalisation du travail.

> Je suis resté comme avec des feelings. [...] Ces impressions-là, je les note, après ça je les médite. (11)

La perspective d'une plainte ou d'un conflit est fortement négative pour certaines infirmières, véritables **menaces** que l'objectivité de certaines dimensions de leur pratique rend d'autant plus prégnantes. Le geste s'objective, se mesure, s'évalue, se condamne donc. Dans l'incertitude du social et l'évanescence de la parole, les travailleuses sociales travaillent moins immédiatement sous cette menace. Demeure, néanmoins, pour les deux groupes professionnels, cette crainte de l'erreur potentiellement dramatique dans la vie des clients, et tout ce qu'elle peut provoquer, de la poursuite civile à la plainte en déontologie, en passant par une dénonciation dans l'hebdomadaire local. La critique des clients, des pairs, des collègues peut ainsi invalider la mobilisation de soi. Devant l'adversité, il importe de conserver une certaine maîtrise de soi, de ne pas démontrer sa déception, afin de conserver une certaine distance émotive à tous égards. En telle situation, l'intervention se réduit à l'application d'une technique, ce qui apparaît comme une réduction décevante de la pratique.

Pour les travailleuses sociales, le désir de guérison des infirmières trouve son équivalent dans le désir d'atteindre des objectifs de croissance personnelle.

> Je trouve ça valorisant autant que la paie. (15)

Si les infirmières souhaitent dépasser le traitement, les travailleuses sociales souhaitent dépasser l'inertie de la tâche. Par exemple, au soutien à domicile, d'importants efforts sont déployés pour dépasser la simple évaluation en vue de compléter l'outil multiclientèle, par exemple, outil qui enclenche certains processus programmatiques. Ce dépassement a, certes, un caractère praxéologique, en ce sens qu'il permet la production d'un récit-client, entre autres. Mais il permet aussi de dépasser, au plan praxique, les limites d'une tâche qui pourrait se réduire à celle d'un fonctionnaire de la complexité. L'*ethos* professionnel des travailleuses sociales est d'ailleurs marqué du désir de changement social. Pour certaines, ce projet s'incarne par un engagement socio-politique, un militantisme plus ou moins intense comme voie de dépassement personnel des limites de la tâche. Il peut s'agir, par exemple, de s'impliquer au syndicat ou de participer au débat sur l'antipsychiatrie. Le désir de changement s'incarne plus largement en travail social par la volonté, certes souvent vague, **d'agir**

sur les causes des problèmes sociaux. Ce désir est sans doute inassouvi en grande partie, voire inaccessible dans un contexte de travail si structuré. Cependant, nombre de petites actions émancipatrices sont réalisées, dans la mesure des contraintes qu'imposent la relation clinique comme telle et les mandats sociaux.

> Ça c'est dans mes cordes. Je suis bien fatigante avec ça. Je suis critique par rapport à la médication. (14)

Conclusion

Ce chapitre sur les invariants praxéologiques, le monde des systèmes et le monde praxique ne fait qu'esquisser la complexité de la pratique, car notre propos n'était pas de mettre en ordre les diverses composantes de ce qui serait l'*intervention*. La tentative de description de l'incommensurable, telle ce peintre de la mythologie celte qui n'en finit plus de peindre un arbre, en butte à la complexité du mouvement de la feuille, est, de toute évidence, vaine et inutile. Il faut souligner à grands traits le caractère inépuisable des entrées possibles pour les trois catégories. De nombreux invariants praxéologiques, par exemple, sont absents des discours recueillis qui, après tout, ne portaient que sur une intervention spécifique. Notre projet, plus modeste, cherche à construire un outil de lecture, d'analyse et d'auto-analyse de l'intervention. À la typologie, nous préférons la complexité de la grammaire qui pose par ses "règles" la nécessité de réfléchir les processus d'institution et les activités d'émancipation desdites règles au cœur des pratiques qui les réalisent. Par-delà l'incommensurabilité de la pratique, nous retenons la pertinence du focus sur les invariants praxéologiques pour mieux comprendre les pratiques professionnelles et l'interdisciplinarité. De même, nous pouvons proposer un cadre d'analyse du rapport social entre *ethos* professionnel, désir d'intervenir, et mise en forme du travail sur le social. Enfin, cette section met la table pour une réflexion plus fondamentale sur l'usage du relationnel dans l'intervention. Il devient alors possible de faire une analyse de ces objets, où les exigences pratiques du travail sont déterminantes en cela, si l'on reprend l'image de Serres (1968), qu'elles dé-terminent, qu'elles dissipent l'illusion que les phénomènes sont *terminés* par et en eux-mêmes. Outre ces questions, il nous reste à réfléchir l'articulation entre les trois axes de la construction de l'intervention. Mais avant de ce faire, descendons au dernier palier de profondeur, en cherchant à élucider le sens de chacune des interventions pour la vingtaine de praticiennes ayant participé à notre enquête.

CHAPITRE 5

LES SENS ET CONSTRUCTIONS DE L'INTERVENTION

Le dernier niveau d'analyse des matériaux langagiers dont nous rendons compte ici porte sur les sens de l'intervention élaborés par les locutrices à l'occasion d'entretiens d'explicitation. Il s'agit donc d'entrer plus en profondeur dans les constructions de l'intervention par une analyse du sens de chacun des discours recueillis. Pour ce faire, nous avons reconstruit et schématisé l'univers de sens propre à chacune des interventions, soit le *schème spécifique*, puis fait apparaître des similitudes et des points de rupture dans l'ensemble des schèmes. Au terme de l'exercice, nous proposons quatre *schèmes communs* autour desquels s'articulent les interventions. Ces schèmes communs permettent de réfléchir les conditions de l'interdisciplinarité pratique en élucidant les points de rupture, les lieux de passage, les articulations possibles, et les pratiques qu'ils engagent. Nous avons suivi de près pour ce faire une méthode développée par Demazière et Dubar (1997) [24]. Nous présentons ici les schèmes spécifiques pour chacun des entretiens, regroupés par groupe professionnel. Comme ces schèmes portent sur la construction sémantique des entretiens, il appert incontournable de les présenter *a minima* de façon à ce que le lecteur accède, autant que faire se peut, aux univers de sens en question. Nous avons donc résumé la situation d'intervention, puis

---

[24] L'analyse structurale considère que le sens est le produit d'une activité, l'énonciation, qui met en rapport signifiant et signifié. Demazière et Dubar illustrent ce propos en indiquant que le terme *noir* (signifiant) a une relation différente à *rose* selon que la catégorie de référence soit *humeur* plutôt que *couleur*, comme dans « je broie du noir /je vois la vie en rose ». Le sens (ou signifié) découle de la mise en forme de ces différentes conjonctions. Il faut donc lire les schèmes comme des systèmes de sens, où un élément particulier prend sens par son lien avec l'élément associé. Chaque terme des schèmes provient des lexiques des entretiens, sauf certains termes en lettres majuscules que nous avons introduits pour conceptualiser des idées émergentes. Le sous-titre au bas de chaque schème est tiré comme tel de l'entretien spécifique et traduit le sens général de l'intervention.

présenté et analysé le schème que nous avons produit pour chacun des entretiens.

5.1 Les schèmes spécifiques pour les infirmières

L'interlocutrice no. 1 : infirmière de la clinique externe

Cette intervention concerne un homme âgé souffrant d'une plaie abdominale qui ne veut pas guérir. L'infirmière le traite depuis plusieurs semaines sans grand succès. En fait, elle estime que Monsieur a une attitude négligente au plan de l'hygiène, ce qui entrave la guérison. L'infirmière nous présente l'entrevue-charnière où, après mûre réflexion, elle propose à Monsieur un contrat moral : si celui-ci accepte de venir tous les jours à la clinique, et de soigner sa plaie à la maison selon les prescriptions méthodologiques qu'elle lui indiquera, elle lui « promet » que la guérison suivra.

Après réflexion, le client accepte le contrat. Outre sa présence quotidienne à la clinique et le suivi à la maison d'un protocole de soins très précis, le contrat nécessite pour réussir de changer la pommade que Monsieur applique sur la plaie. Bien que prescrite par un médecin, l'infirmière estime qu'elle nuit à la guérison. Mais elle ne sait pas si le client a eu d'autres prescriptions, dont la pommade qu'elle juge nécessaire. Au cas contraire, elle sera contrainte d'appliquer une pommade ne convenant pas, à ses yeux, à la physiologie de la plaie. L'alternative serait de contrevenir à la prescription médicale, au risque, cependant, d'avoir des problèmes déontologiques, risque qu'elle n'encourra pas.

Schème spécifique de l'interlocutrice no. 1 : infirmière de la clinique externe

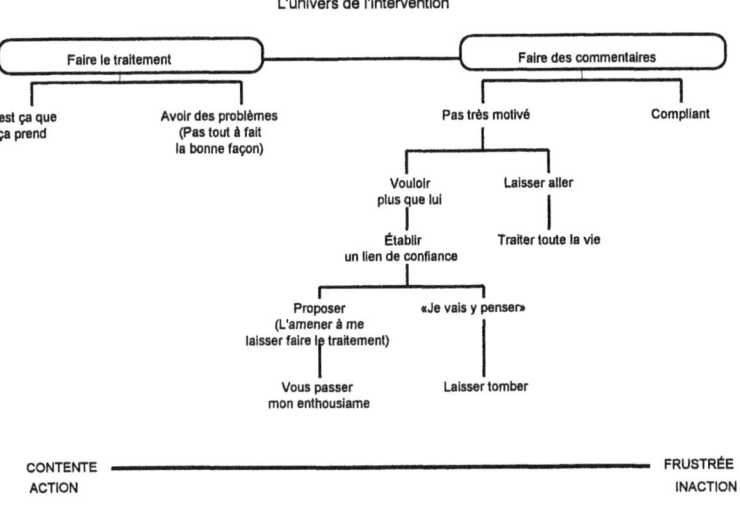

L'intervention présentée se structure par une opposition importante entre *faire le traitement*, sans plus, et *faire des commentaires* pour favoriser le dépassement des inerties présentes. Pour réaliser le traitement nécessaire, l'infirmière conçoit l'alternative suivante, l'une des possibilités donnant sens à l'autre : soit réaliser un traitement auquel elle ne croit pas, parce qu'il n'est *pas tout à fait la bonne façon* de guérir la plaie, soit faire le *traitement que ça prend*, éventuellement avec la perspective d'*avoir des problèmes* au plan déontologique. Elle rejette cette perspective tout en espérant que le produit en question a déjà été prescrit par le médecin. En dernier recours, elle songe à influencer le médecin, s'il s'avérait qu'il n'ait pas la même lecture qu'elle de la plaie. Dans tous les cas de figure, cette question technique devrait facilement trouver sa solution. En effet, l'essentiel de l'intervention vise bien à s'attaquer au problème premier, soit celui du manque de *motivation* du client. Ainsi, des *commentaires* sont faits de façon à instiller un changement d'attitude. Au fil de ces commentaires apparaît en pratique une relation sémantique déterminante pour élucider l'aire des possibles de cette intervention. L'infirmière doit-elle *vouloir plus que lui* la guérison ou alors *laisser aller* les choses, puis éventuellement *traiter toute la vie* ? Si *vouloir plus que lui* révèle une position morale noble, cette posture n'est pas tenable longtemps en pratique, ni au plan éthique d'ailleurs. Il faut *établir un lien de confiance,* nécessaire pour *proposer*, puis *l'amener à me laisser faire le traitement.* Pour ce faire, il faut lui *passer mon enthousiasme.* À défaut d'établir un tel lien de confiance, et à défaut de proposer un contrat moral convaincant, la personne devra assumer son choix, et l'infirmière devra laisser tomber son projet de guérir la plaie. Elle poursuivrait alors un traitement sans y croire, par défaut de mobilisation du client.

Tout au long de l'entretien, la locutrice évalue sa satisfaction à l'égard de son intervention par quantité de *je suis frustrée / je suis contente.* Elle est principalement frustrée des carences de compliance du client en particulier, du manque de motivation de certains clients en général, des traitements parfois inefficaces, de l'absence de guérison, et des comportements inadéquats. Elle est contente d'avoir convaincu Monsieur des changements comportementaux qu'il effectue et, surtout, de la perspective de guérison. Une *action* vers la guérison est satisfaisante, l'*inaction* frustrante. Ici, c'est moins un impératif social, une problématique sociale, qu'un *ethos* professionnel, soit le désir de guérir, qui conduit l'action. Nous sommes loin ici du relativisme où la formulation du vrai, provenant d'un sujet essentiel, a préséance sur la vérité d'un traitement. Néanmoins, cet amour professionnel du vrai et ce fort désir de guérison se heurtent et s'articulent à l'impératif praxéologique du respect des choix du client. Ce respect est éventuellement vécu comme frustrant, voire, en cas extrême, à l'encontre de l'idéal infirmier. La seule façon de sublimer cette frustration, c'est d'*aller plus loin que le traitement* en influençant, en convainquant, en passant son enthousiasme au client récalcitrant.

L'interlocutrice no. 2 : infirmière de la clinique jeunesse

Une fille de 14 ans a annoncé à sa mère qu'elle a depuis un certain temps des relations sexuelles. Bien que la mère soit *a priori* contre le souhait de sa fille d'utiliser des anovulants, elle l'accompagne au bureau de l'infirmière pour explorer avec elle les possibles contraceptions. L'intervention vise d'abord à gérer le choc de l'annonce faite à la mère, puis à offrir à la fille un moyen de contraception lui convenant. Elle comporte donc une part relationnelle importante où il importe de faire voir à la mère qu'il est une bonne chose que sa fille lui ait parlé ouvertement des changements ayant cours dans sa vie et qu'elle l'intègre à sa décision concernant la contraception. En outre, il s'agit de vérifier le sens de l'opposition manifeste de la mère contre les anovulants.

Une fois que la mère semble accepter l'idée que sa fille utilise un moyen de contraception de son choix, l'intervention entre dans une partie nettement plus protocolarisée. L'infirmière passe un questionnaire à la fille visant l'identification des facteurs de risque au plan de la santé. Elle lui présente les moyens de contraception qui lui sont disponibles, l'aide à faire son choix, l'informe sur la façon de prendre la pilule, lui présente les effets secondaires les plus fréquents, explore la question des maladies transmissibles sexuellement et les risques du tabagisme associé aux anovulants. Puis elle les oriente toutes deux dans la suite du parcours interne, c'est-à-dire vers le médecin, qui prescrira les anovulants, vérifiera la bonne compréhension de la fille des enjeux médicaux, et lui présentera les effets secondaires plus rares.

La mère apporte deux éléments de discussion importants. Elle désire que sa fille soit vaccinée contre l'hépatite, étant donné qu'elle a des rapports sexuels. Pour ce faire, l'infirmière mobilise ses collègues de la vaccination, même si cela contrevient aux règles d'orientation interne. Puis la mère insiste pour que sa fille accepte une injection anovulante, dont la durée utile est de trois mois, en raison qu'elle estime sa fille insuffisamment responsable pour prendre la pilule quotidiennement. Comme cette injection peut avoir pour conséquence la prise de poids, sa fille refuse tout net une telle possibilité, sans plus de discussion. L'infirmière cherche par la suite à améliorer la confiance de la mère envers sa fille, favorise l'engagement de cette dernière à la compliance, et lui démontre les risques d'un manque à cet effet et quoi faire en cas d'oubli.

L'intervention prend ici sens par l'opposition structurante qu'il y a en pratique entre le projet professionnel de l'intervenante de focaliser l'action sur un travail préventif de fond, et *les attentes des jeunes* qui sont dans l'*ici et maintenant*. Si le mandat organisationnel affirme l'importance de la prévention, force est de constater que l'action au sein de la clinique jeunesse reproduit cette contradiction organisationnelle entre la *clinique sans rendez-vous* et le *suivi*. Il lui faudrait *aller plus loin*, faire en sorte que ces filles ne reviennent pas trois mois plus tard avec un problème plus grave. Pour ce faire, il faudrait inscrire la relation thérapeutique dans le temps par un *suivi* qui permettrait d'atteindre les objectifs de prévention et de santé intégrale tels que préconisés par le modèle McGill.

Cette impossibilité d'instaurer un suivi provoque une certaine *frustration*, parfois même l'impression de *mal travailler* quand une jeune fille, par exemple, revient une cinquième fois pour obtenir une pilule abortive. Cette frustration provoque une adaptation du travail, notamment en l'inscrivant dans une durée potentielle. *Quand je la reverrai*, il sera peut-être possible d'aller plus loin.

Schème spécifique de l'interlocutrice no. 2 : infirmière de la clinique jeunesse

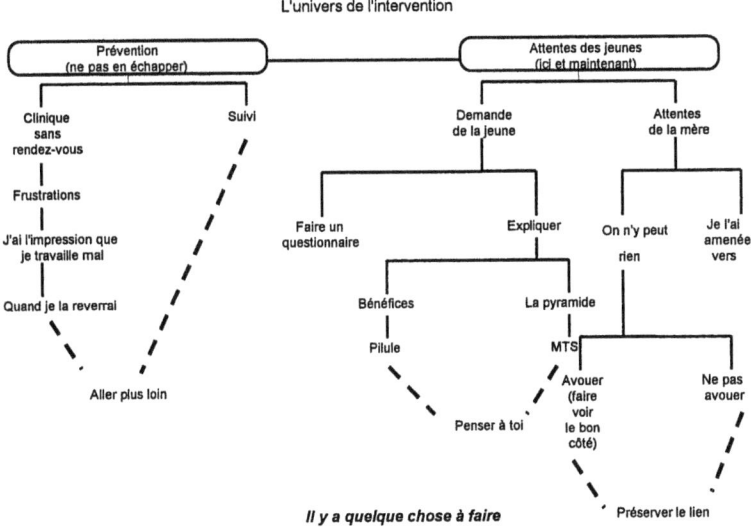

Ce sont donc les *attentes des jeunes* qui donnent le sens premier à l'intervention. Dans ce cas-ci, la demande est double, et dans une certaine mesure source de conflits entre la mère et la fille. Comme elle est là *pour les jeunes*, l'intervention auprès de la mère vise *à préserver le lien* avec sa fille et à *l'amener vers* un changement d'attitude à son égard, notamment quant à la contraception. Mais le *vers* se conjugue d'un constat fondamental pour l'infirmière : quoi qu'il en soit, *on n'y peut rien*, cette jeune fille fera bien ce qu'elle voudra.

De ce constat découle une ultime action visant une prise de conscience de la mère, qu'exprime la conjonction *avouer/ne pas avouer*. Celle-ci permet à l'infirmière de rappeler l'aspect positif contenu dans le fait que la fille ait « avoué » à la mère ses rapports sexuels. Ne pas avouer c'était, en quelque sorte, briser le lien entre les deux, et refuser d'entendre l'ouverture de la fille provoquerait une rupture trop coûteuse. Ainsi, les attentes de la mère ne sont pas rencontrées directement, elles sont plutôt considérées comme élément contextuel de l'intervention qu'il faut savoir modifier pour assurer la réussite de l'intervention auprès de la cliente-cible : la jeune fille.

La relation de l'infirmière avec cette fille peut apparaître comme l'envers de celle qu'elle a développée avec la mère. C'est que la demande est formelle et correspond à l'offre de services. La réception de cette demande provoque la nécessité de *faire un questionnaire*, véritable « laïus » récité par l'infirmière. À cette action protocolarisée correspond une activité un peu plus relationnelle, celle de *l'explication*, activité qui oppose *bénéfices* (contrôle de la grossesse et implicitement liberté sexuelle) et dangers : *la pyramide* de la transmission des maladies transmissibles sexuellement.

Il ne faut cependant pas interpréter que l'intervention de l'infirmière auprès de la jeune est froide et mécanique. Si elle répond à un protocole d'intervention et à ses règles d'explication, l'intervention est enrobée d'une relation visant à faire en sorte que la jeune fille prenne la décision lui convenant le mieux. Il faut *penser à toi*. Ici, les problématiques sociales de la prévention des maladies transmissibles sexuellement et des grossesses non désirées sont au cœur de l'intervention. Mais l'entretien révèle un certain conflit sur la façon de réaliser ces mandats.

L'infirmière prend acte des limites organisationnelles (*clinique sans rendez-vous*) et de l'incontournable praxéologique que sont les *attentes des jeunes*. Elle développe des stratégies d'adaptation pour aller plus loin (par exemple, elle note au dossier les rencontres insatisfaisantes, en espérant que la jeune revienne avant une grossesse non désirée ou une maladie). À cette *frustration* et cette nécessité d'*aller plus loin* correspond cette phrase-clef : *Il y a quelque chose à faire* quoi qu'il en soit, et elle le fait. Nous retenons aussi le focus que l'infirmière réalise sur la demande de la jeune. Le travail auprès de la mère n'a qu'un but : que la jeune fasse le choix le plus adéquat pour elle, sans trop tenir compte des attentes de sa mère.

L'interlocutrice no. 3 : infirmière en santé mentale

Cette courte rencontre bimensuelle consistait en une simple prise de sang de contrôle afin d'ajuster la médication d'une personne souffrant d'une psychose. Le jeune homme est donc un habitué de ce service et de l'infirmière, et la part routinière de l'intervention est largement incorporée par tous deux. Cette routine favorise une relation de plus en plus significative pour l'un et l'autre, ce qui permet au jeune homme de raconter à l'infirmière un incident fâcheux qui s'est produit dans sa vie depuis la dernière visite.

Suite à un accident de vélo, lors duquel il endommagea une automobile, le jeune homme reçut une mise en demeure l'enjoignant d'assumer les dommages matériels. Cette lettre est fortement anxiogène pour cette personne fragile au plan psychologique. L'infirmière lui fait ventiler un peu cette émotion puis lui demande s'il en a parlé à la psycho-éducatrice de son foyer de groupe, ce que le jeune homme avait effectivement fait. Elle en profite pour lui transmettre sa confiance en cette intervenante, puis le rassure vaguement sans creuser davantage cette question. Le tout dura environ dix minutes. À cette occasion, l'infirmière formait une autre infirmière en stage d'actualisation professionnelle, qui demeura à l'écart de la scène immédiate.

La relation sémantique structurale première de cet entretien est la conjonction de *faire ma technique/vérifier si ça va*. *Faire ma technique* articule le *geste* et le *pourquoi* du geste, ici la nécessité sanitaire. Auprès de l'infirmière stagiaire, le *geste* fut complètement tacite et fit l'objet d'aucun transfert d'information. Seul le *pourquoi* fut explicité. *Vérifier si ça va* prend sens par une conjonction importante et fort significative entre *Mieux connaître la personne/Ça vient d'eux-mêmes*, où *Mieux connaître la personne* consiste à construire la relation comme significative pour le client, et se poser, en tant qu'infirmière, comme intervenante-pivot. Le client viendra alors *me voir* au besoin. En cela apparaît un certain paradoxe, au moins à première vue. La signifiance fort valorisée, le fait que le client *me fait confiance*, se limite en pratique à vérifier s'il y *a une ressource* adéquate et extérieure à la relation clinique pour réaliser la relation d'aide. Le cas échéant, l'intervention de l'infirmière consiste à en rappeler la pertinence. L'envers sémantique de *Mieux connaître la personne* pose le relationnel comme un intrant de la rencontre clinique qui *vient d'eux-mêmes*. Si l'infirmière reçoit le *besoin de parler* du client, elle *ne va pas* d'elle-même *chercher le vécu*.

Cette entrevue soulève la question du statut de l'intériorité, du psychologique, de l'accès au vécu dans l'intervention. La confiance est certes importante, notamment parce qu'elle permet de mesurer la signifiance de la relation; mais elle est davantage utile qu'importante. L'infirmière est claire et explicite à ce propos : ce bon contact n'est nullement nécessaire à la réalisation *du geste*, le prélèvement sanguin. Mais *Ça va être plus facile si* ... il fallait élargir, pour un temps, la relation à l'occasion d'une situation de crise. L'infirmière ne cherche donc pas à aller plus loin dans la spirale de l'intériorité où le vrai et l'essentiel se trouvent dans l'étude des profondeurs de l'âme. Elle sait, cependant, qu'il sera peut-être nécessaire d'y accéder, compte tenu du profil pathologique du client.

Mais cette incursion se fera à l'unique demande du client, et seulement si nécessaire au maintien de la relation. L'infirmière n'oppose pas le technique au relationnel, mais articule l'un et l'autre de façon telle qu'elle ancre sa pratique dans un médical attribué de relationnel. Ainsi, le relationnel est ici accessoire à la pratique paramédicale et ne constitue peu une source d'expansion ou de reconnaissance du rôle de l'infirmière.

Schème spécifique de l'interlocutrice no. 3 : infirmière en santé mentale

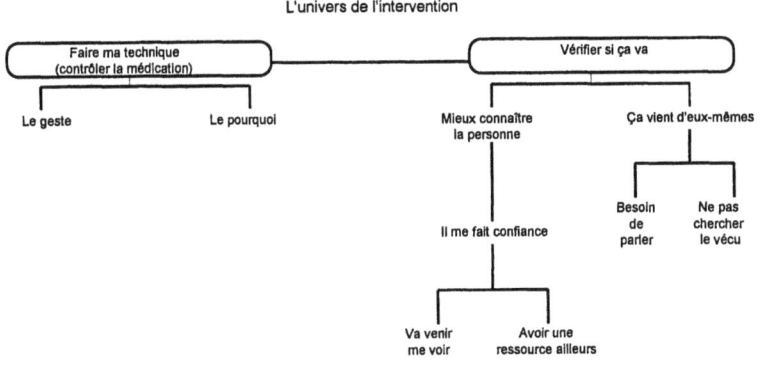

Soulignons, enfin, que cet entretien met en lumière de façon typique une dimension importante dans l'ensemble de nos entretiens avec des infirmières : le geste n'est pas (ou si peu) objet de parole. Aucune d'entre elles ne nous décrit le geste, et ce malgré une méthode d'entretien qui l'encourageait. Si l'ensemble des entretiens se déroule sous le mode de l'expression des évidences pratiques, le geste des infirmières est d'une telle évidence qu'il ne fait que fort peu l'objet de narration. Le geste est-il si profondément incorporé qu'il apparaît totalement immédiat à la pratique ? S'agit-il que le geste ne soit pas, en cette époque d'expansion du rôle de l'infirmière, une source de reconnaissance? Est-il une réminiscence du caractère exécutif des soins infirmiers ? Notre analyse nous laisse croire qu'il est effectivement pour les infirmières un incorporé, un allant-de-soi dont il n'est pas nécessaire de discuter. Les discussions de corridors portent essentiellement sur le pourquoi des interventions, rarement sur le comment. Il est vrai que ce comment est lourdement codifié, notamment par les fiches de soins, qui elles-mêmes se réfèrent à des protocoles d'intervention. Le geste devient, cependant, problématique, même étonnamment problématique, lorsqu'il s'agit de modifier un protocole ou d'en intégrer un à sa pratique. Par exemple, la visite d'un représentant d'équipements médicaux provoque une discussion intense et engagée sur le geste. De même, une formation sur le tas concernant l'usage d'une interface sous-cutanée permettant le branchement près du cœur d'un cathéter provoque une discussion rapide, précise et parfois émotive sur les façons de procéder. Mais outre ces moments de chaos où la parole porte sur le geste, il est exceptionnel d'entendre une infirmière dire ce qu'elle fait, par le geste. Bref, la parole devient intense, voire frénétique, lorsque l'infirmière constate des défauts d'incorporation du *faire*.

L'interlocutrice no. 4 : infirmière en périnatalité (1)

De retour d'une absence prolongée, l'infirmière reprend un suivi long terme qu'elle avait dû délaisser avec la jeune mère d'un bébé actuellement âgé de 15 mois. Elle a un conjoint qui travaille un peu au noir, absent lors de cette visite à domicile. Ce suivi est en fin de parcours puisque le programme se termine en principe à la fin de la deuxième année de vie du bébé, et que les rencontres s'espacent de plus en plus au terme de la séquence. Le but de la rencontre est de voir si tout va bien avec le bébé. À son arrivée, celui-ci dormait. Plutôt que de le réveiller, elle en profite pour *placoter* avec la mère. Ses problèmes de post partum sont explorés, tout comme ses problèmes de santé, sa contraception, son nouvel environnement de vie, son refus de faire garder bébé.

Au terme de la rencontre, son projet de vie personnel est exploré. Lorsque bébé se réveille, elles parlent davantage de lui, de ce qu'il boit et mange. L'infirmière a pesé bébé et présenté les courbes de croissance, sujet source de fierté pour la mère. Plusieurs conseils ont été donnés à la mère concernant bébé tout au long de la rencontre, mais c'est surtout des confirmations que tout va bien qui ont été prononcées.

Pour la mère, qui aura finalement été la cible *de facto* de l'intervention, des questions sont posées, des suggestions et des reflets sont faits, de façon soit à vérifier un comportement ou une attitude, soit pour lui ouvrir de nouveaux horizons. C'est ainsi que la question de son projet de vie est abordée, de façon à envisager une amélioration de la qualité de vie de la famille par son insertion au marché du travail officiel. Mais ce projet de vie a surtout une visée spécifique pour la mère, à savoir qu'elle développe des activités qui permettront son épanouissement plus complet que l'unique éducation des enfants.

La logique qu'exprime cet entretien s'articule autour de la relation sémantique *voir/placoter*, allégorie de l'objectif et du subjectif, du factuel et du relationnel. Le *voir* est proactif et la plupart du temps unilatéral et tacite. Ce *voir* donne sens à ce qui *est conseillé* et aux comportements et attitudes à corriger. Par exemple, l'infirmière voit que le jus de fruit remplace trop le lait. Elle informe la mère qu'il n'est pas conseillé de ce faire et propose des alternatives.

L'enseignement peut se faire sur le champ ou *on y reviendra* plus tard, lorsque l'occasion se présentera. Ce déploiement temporel de l'intervention se retrouve également pour ce qui a trait aux attitudes.

Schème spécifique de l'interlocutrice no. 4 : infirmière en périnatalité (1)

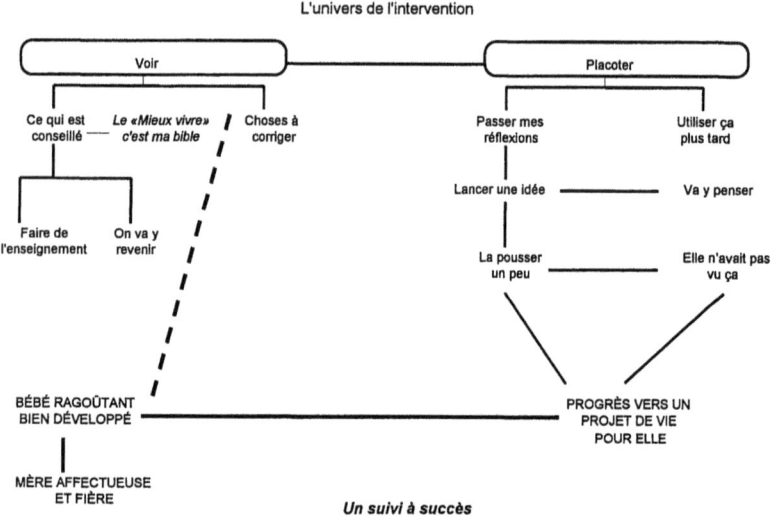

Un suivi à succès

L'infirmière *passera des réflexions* (sur son rapport à la garde de l'enfant, quant au caractère réaliste de l'achat d'une maison, etc.). D'autres sujets, plus délicats, ou tout simplement impertinents dans le fil de cette intervention particulière sont mis de côté, engrangés en vue d'un usage ultérieur. De même, l'infirmière lance des idées qui, espère-t-elle, trouveront le terreau de leur germination. Ce *placotage* vise, somme toute, à *la pousser un peu*, à l'amener vers des attitudes et comportements plus valorisés socialement, et donc plus valorisants pour elle. L'infirmière estime qu'il s'agit d'*un suivi à succès* dont on peut prendre la mesure de deux façons. Au niveau des faits et comportements concernant bébé, il est *ragoûtant et bien développé* et la mère *affectueuse et fière*. Quant à la mère, l'infirmière constate qu'elle *progresse vers un projet de vie pour elle*. Ainsi, l'objectif premier du programme est atteint, soit le développement des compétences parentales pour le bien-être de l'enfant, et l'objectif tacite de favoriser la croissance personnelle des mères est en voie de l'être.

Cela traduit une dualité forte entre le factuel et le relationnel et les objectifs explicites et implicites qui leur sont associés. Que nous indique l'emploi du terme *placoter* en regard d'une action aussi positive que celle de *voir*? Du côté du *voir*, l'objectivité fonde l'intervention. Il y a des comportements conseillés, d'autres déconseillés. Une carence comportementale enclenche une stratégie d'enseignement en vue de la combler. La mesure de l'efficacité de l'action est également objective : le bébé se développe bien, l'attachement de la mère à son bébé est ostensible et elle indique explicitement qu'elle adhère totalement aux préceptes des soins aux enfants tels que formulés par la science : *le Mieux vivre, c'est ma Bible*, dit-elle. Cette affirmation confirme qu'elle suit les prescriptions auxquelles se réfère l'infirmière dans son travail. S'il demeure des *choses à corriger*, il ne s'agit que d'une question de temps pour déclarer la réussite complète du suivi. Tout compte fait, bébé « ragoûtant et bien développé », additionné d'une mère affectueuse et fière et d'un usage canonique du *Mieux vivre*, voilà qui démontre, sans l'ombre d'un doute, qu'il s'agit *d'une bonne mère*, et donc d'un suivi sur la voie du succès.

En regard d'un lexique objectif, il s'en trouve un plus incertain, plus relationnel. *Placoter*, c'est créer une condition favorable *à passer des réflexions* et à *la pousser un peu* ; cela explique sans doute la différence de tonalité lexicale entre les deux pôles de la relation sémantique et le fait que du côté du *voir* se trouvent des légitimités fortes, celle de la valeur *enfant*, comme objet de protection sociale, et celle du dépistage précoce, comme priorité de santé publique. Lancer l'idée que cette jeune femme devrait retourner aux études, par exemple, renvoie à un tout autre registre de légitimité. L'intervention est alors moins directive et se veut davantage influence que contrainte. Comme écrit précédemment, les objectifs mêmes de cette intervention relationnelle sont en grande partie tacites. L'usage de *placoter* indique-t-il alors la nécessité praxéologique de franchir le mur de la confiance pour que l'intervention devienne possible ? Indique-t-il plutôt une action fondée sur une légitimité plus faible ? Ou encore une stratégie tacite, voire occulte, d'action sur la conscience ? On le verra plus loin, ces trois interprétations peuvent s'intégrer au plan théorique.

L'interlocutrice no. 5 : infirmière en périnatalité (2)

La locutrice nous présente la seconde rencontre d'un suivi postnatal individuel avec une jeune fille de 14 ans qui vient tout juste d'accoucher. Non seulement le père du bébé est absent, mais il a forcé cette jeune fille à quitter sa ville d'origine. Cette adolescente vit avec sa mère, qui lui offre un support important. Le but de l'infirmière, lors de cette rencontre, est de vérifier si le processus d'attachement avec le bébé suit son cours. Compte tenu de l'âge de la mère et des conditions précaires de cette maternité, un défaut d'attachement serait un indice qu'il y aurait compromission de la sécurité de l'enfant. La rencontre a lieu en milieu de matinée, à domicile. L'adolescente accueille l'infirmière seule puisque le bébé et la grand-mère dorment encore, cette dernière ayant passé une partie de la nuit à s'occuper du poupon. En passant près de la chambre, l'infirmière observe qu'il dort sur le ventre, ce qui, selon les prescriptions pédiatriques, est déconseillé puisque cette posture est associée au Syndrome de la mort subite du nourrisson. La discussion avec l'adolescente s'ouvre par un vague *Comment ça va ?,* mais vite l'infirmière l'oriente sur le thème du risque inhérent à la posture ventrale du bébé.

De nombreux sujets sont abordés par la suite : relevailles, contraception, etc. Lorsque le bébé laisse entendre des signes de réveil, l'infirmière intervient sur le champ pour que la jeune mère n'accoure pas dans l'instant pour lever bébé. Elle lui montre, par l'exemple, que le sommeil peut être prolongé par un changement d'attitude de sa part, et ainsi éviter son épuisement et celui de la grand-mère. La suite de la rencontre porte surtout sur l'usage d'un cahier produit par le CLSC lui indiquant ce qui est normal que son bébé réalise comme activités, et ce, à chaque étape de son développement. Une éphéméride permet à la jeune mère de consigner des observations factuelles éventuellement utiles pour évaluer son bon développement.

La logique sociale de cet entretien s'élucide par la relation sémantique *voir/avoir un contact*. La visite à domicile a pour but premier de constater *de visu* et *in situ* les indices objectifs pouvant présager de difficultés d'attachement, entre autres. Le *voir* se déploie selon un axe objectif/subjectif, soit *vérifier* par des faits ou *s'informer* par la parole d'un comportement, d'un état, d'une pratique. L'infirmière vérifie la position du bébé pendant son sommeil ou s'informe du problème de muguet.

S'informer implique éventuellement de *faire des remarques* ou de *vérifier* plus tard ce qu'il en est objectivement. L'action de vérification provoque, lorsqu'un problème est constaté, deux types d'intervention : le premier est impératif : *j'ai à intervenir,* lorsqu'il est constaté que le bébé dort sur le ventre ou lorsque la mère gère mal ses sommeils, le second est situationnel, *ça c'est présenté comme ça.* L'occasion crée la possibilité d'intervenir, et donc de réaliser un segment d'un projet de changement de plus vaste portée.

Schème spécifique de l'interlocutrice no.5 : infirmière en périnatalité (2)

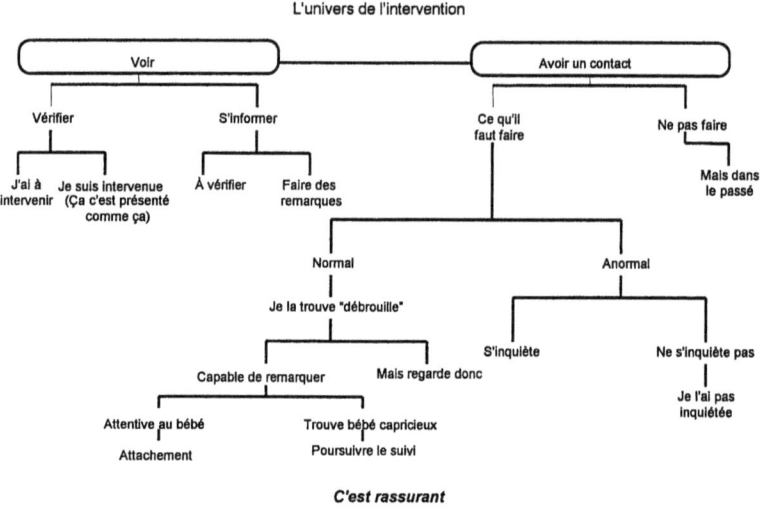

Lors d'une discussion entre la mère et la grand-mère, l'infirmière saisit l'occasion d'une divergence de vue entre elles pour donner un conseil-prescription sur les techniques alimentaires. La part de *contact* dans cette rencontre prend sens par l'opposition entre *ce qu'il faut faire/ ne pas faire,* vise à mesurer l'attachement de la mère à l'égard de son bébé et à l'outiller en la matière. Le *ne pas faire* est évoqué comme un horizon négatif quoique relativisé en soulignant que les prescriptions évoluent avec le temps, comme le démontre le débat concernant la posture ventrale. Le sens de *ce qu'il faut faire* se déploie par la conjonction *normal/anormal,* où l'*anormal* prend sens par l'inquiétude qu'il suscite ou ne suscite pas. À l'égard du *normal,* la suite de l'intervention se fonde sur une tension entre les carences de la jeune mère et les indices positifs de l'attachement. Globalement, elle la *trouve « débrouille »*, car elle est *capable de remarquer*, elle est *attentive au bébé* et semble *attachée*, ce qui est donc *rassurant* pour l'infirmière. Mais la jeune mère ne remarque pas tout et, surtout, trouve déjà son bébé de 14 jours *capricieux*. Voilà un indice qu'il faut *poursuivre le suivi*, malgré les indices positifs.

Contrairement à l'entretien précédent, ce suivi est beaucoup plus jeune ; il s'agit de la seconde rencontre avec la jeune mère, et ce dans la seconde semaine de vie du bébé. La part de l'objectivité dans la relation clinique est plus grande, car l'infirmière veut d'abord savoir s'il y a compromission du développement et de la sécurité du bébé. La demande sociale de protection de l'enfant prend nettement le pas sur le travail de développement des compétences parentales. Globalement, c'est donc *rassurant* à ce propos. L'attachement est suffisant dans les circonstances, il ne reste plus qu'à *poursuivre le suivi* compte tenu de certains facteurs de risque. Cet entretien permet de voir comment le rapport au temps est important dans l'intervention. L'établissement d'une relation (confiance, signifiance, puis changement des attitudes) est pour l'instant secondaire à la satisfaction de la demande sociale, omniprésente dans l'ensemble du schème. La dichotomie naïve entre les travailleuses sociales en lien à la demande sociale et les infirmières en lien avec la demande médico-sanitaire est ici, s'il eut fallu encore, démontée. Le rapport au social est prégnant, comme le rapport plus spécifique aux programmes publics ou au contexte juridique. En outre, l'action se veut fortement normative tant au niveau comportemental qu'au niveau des attitudes. Il importe, cependant, de ne pas laisser entendre que ce « travail social » se réalise hors du relationnel. En fait, l'infirmière a grandement besoin de s'affilier, et ce de façon relativement intense, pour bien réaliser son mandat d'évaluation. L'établissement d'un lien de confiance lui permettra de dépasser ce mandat premier et d'engager la jeune mère sur la voie de changements périphériques à la demande sociale, mais néanmoins significatifs pour l'infirmière, pour la cliente et pour l'établissement.

L'interlocutrice no. 6 : infirmière au soutien à domicile (1)

Il s'agit de la rencontre à domicile d'une femme dans la quarantaine qui souffre de sclérose en plaques. Sa maladie est à un stade avancé de développement et l'oblige à demeurer alitée en quasi permanence. Son moral est affecté par sa condition et le bruit court qu'elle aurait des idées suicidaires. Cette dame est réfractaire à toute intervention psychologisante qui l'amènerait à verbaliser ses angoisses existentielles. Cette position réfractaire fait en sorte que les intervenantes au dossier ont peine à établir un contact significatif avec elle. Malgré son refus du psychologique, elle semble avoir une réflexion intense sur le sens de sa vie.

L'infirmière se présente donc à domicile pour lui faire une injection intramusculaire qui ne devrait prendre plus d'une dizaine de minutes à réaliser. Alors qu'elle prépare l'injection, elle s'aperçoit que traîne sur sa table de chevet un livre de psychologie populaire. L'infirmière en profite et lance la discussion sur un mode anodin, sans objectifs d'intervention explicites ou préétablis. Ici, l'occasion crée clairement l'intervention.

Au cours de la discussion, chacune donne ses impressions sur le sens de la vie, de la maladie, etc. L'échange se déroule tout en préparant et en donnant l'injection. Puis la cliente demande à l'infirmière d'observer une petite plaie à un pied. Elle dépêche à la pharmacie du quartier une bénévole présente pour chercher une pommade antibiotique, ce qui ouvre un second espace de parole. La discussion meuble le temps et permet d'établir un contact. La cliente en profitera pour lui confier son drame.

Schème spécifique de l'interlocutrice no. 6 : infirmière au soutien à domicile (1)

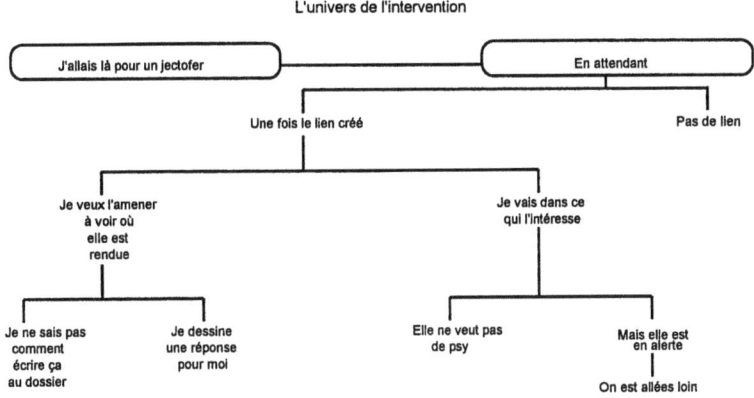

Ce qui structure la logique sociale exprimée ici, c'est la conjonction entre *j'allais là pour un jectofer* et *en attendant*. Le premier pôle de la conjonction n'est que très peu développé, véritable incorporé pour lequel il ne semble y avoir nul besoin d'explicitation : il va de soi. Par contre, *en attendant* la pommade antibiotique, ou tout en préparant l'injection, il est possible d'entrer en relation, de discuter. Cet *en attendant* prend sens selon qu'il y ait un lien ou non avec la cliente. *Une fois le lien créé, je veux l'amener à voir où elle est rendue* tout en allant *dans ce qui l'intéresse*. Le premier pôle de cette conjonction, davantage proactif, semble ici une affaire professionnelle stratégique, soit le désir d'atteindre l'objectif de changement par l'intervention en soins infirmiers. Elle permet de *dessiner une réponse* pour soi, donnant sens à la relation clinique, à la maladie de la cliente, au risque suicidaire. Aller *dans ce qui l'intéresse* en est le versant plus relationnel. Il met en scène une conjonction signifiante pour l'interprétation de la souffrance existentielle de la cliente : alors qu'*elle ne veut pas de psy*, tout indique qu'elle *est en alerte* émotionnelle, ce qui l'autorise à *aller loin* au plan humain.

Une fois le lien créé, la conjonction *L'amener vers/aller dans* définit les contours de l'aire des possibles relationnels et des jeux de sens de la proximité/distance de la relation clinique. L'intervenante a un projet légitime au plan professionnel (la prise de conscience) que l'*alerte* émotionnelle de la cliente surlégitime, malgré ses récriminations à l'encontre des *psy* (ici comprenant tous les travailleurs de l'âme confondus).

Tout le code narratif de la locutrice nous laisse croire que son action, bien que signifiante, est *en attendant*. Et, malgré que l'infirmière soit allée *loin* à l'occasion de cette discussion et que cette profondeur soit source de contentement existentiel, les résultats socioprofessionnels de son intervention lui apparaissent de peu de légitimité. Elle ne *sait pas comment écrire ça au dossier*, elle y écrira simplement « échanges », sans plus. De même, elle ne sait trop si ce lien pourra être utile lors de la rencontre multidisciplinaire suivante. Elle *dessine* simplement *une réponse* pour elle-même. Pourtant, l'intervention prend sens par un énoncé fort ramenant la discussion avec la cliente à une légitimité professionnelle tout aussi forte : *si ça se présente, je serai là*, ce qui la positionne comme intervenante signifiante. Lorsqu'elle le voudra, la cliente pourra la solliciter pour aborder l'actuel inabordable. Soulignons qu'encore une fois, le geste n'est pas objet de parole. Nous pensons que ce silence traduit une certaine insignifiance du geste, mais en ce sens précis que les voies de la pleine réalisation professionnelle, singulière et collective, se posent par-delà la réalisation technique. Ce schème met en lumière une conception de la technique qui se réalise pour certaines infirmières dans l'ombre du relationnel.

L'interlocutrice no. 7 : infirmière au soutien à domicile (2)

Il s'agit d'un suivi bihebdomadaire de soins palliatifs à domicile d'un couple de personnes âgées dont la dame est atteinte d'un cancer en phase terminale, mais dont l'échéance n'a pas fait l'objet d'un pronostic précis. L'infirmière travaille auprès de cette personne depuis deux ans. Son conjoint est présent et supporte grandement la malade. Officiellement, la rencontre porte sur le contrôle des signes vitaux et l'évaluation des A.V.Q.-A.V.D. Dans les faits, le travail de l'infirmière porte surtout sur le contrôle des effets des médicaments anti-douleurs, notamment par de nombreuses activités d'enseignement. Une part importante de la rencontre prend la forme d'une discussion sur le thème de la mort (relativement imminente), sur l'anxiété que cela provoque, tant chez la cliente que chez son conjoint, ainsi que sur les mesures de fin de vie qu'il faut envisager pour cette époque si intense de la vie d'une personne. Les signes vitaux sont pris pour la forme, tout en discutant de ces importants sujets.

L'intervention articule des activités objectives impliquant le corps (A.V.Q.-A.V.D. et signes vitaux) et une activité plus générale sur *le moral*. Il est à noter, ici, que *faire du social,* c'est aborder le thème du moral. Cette conjonction corps/moral est centrale dans le travail d'une infirmière effectuant des soins palliatifs. Du côté du corps, les *A.V.Q.-A.V.D. et signes vitaux* apparaissent comme la dimension la plus objective de l'intervention. L'infirmière *enseigne* sur ce qui apparaît positivement comme un besoin du corps, comme elle *explique/valide* des comportements, des attitudes. La part existentielle est *explorée*, notamment à l'aide d'une technique d'entrevue inspirée des méthodes du travail social. Vérifier *comment va le moral*, faire du social, c'est *aborder le moral* et creuser des *problèmes*, éventuellement sociaux. Du côté du moral, se retrouve une conjonction fréquemment observée sous diverses formulations : *amener à/ s'ils veulent y aller.* Ainsi, la question de la peur de la mort sera abordée *s'ils le veulent*, mais l'infirmière cherche à les *amener* à parler des choix de fin de vie, comme mourir à l'hôpital ou à la maison.

La séparation des problèmes *compliqués/non compliqués* traduit une division du travail où l'infirmière réfère à la travailleuse sociale ou règle ça d'elle-même, selon la gravité et la nature dudit problème. La relation sémantique exprime sans équivoque le dualisme corps/esprit, actualisé dans cette intervention de soins palliatifs à domicile par *douleur/anxiété*.

Si du côté de la mort se trouve la limite de la délégation des actes médicaux, du côté du moral la limite sera le problème social compliqué, c'est-à-dire dépassant la question de l'anxiété relative à la mort. Les petits problèmes peuvent trouver leur solution dans le cadre de l'intervention en soins infirmiers, en autant qu'ils n'exigent pas de compétences *sociales* trop pointues.

L'articulation *enseigner/valider*, soit deux actions au cœur des soins infirmiers est aussi importante. Enseigner, c'est transmettre des protocoles, valider, c'est signifier et vérifier qu'ils sont appliqués adéquatement. Dans cette perspective, la part relationnelle du travail s'appuie en grande partie sur une action contingente aux protocoles en question. Mais il va sans dire que dans la proximité du corps et de la douleur, les questions morales sont abordées.

Cependant, si ce *moral* se complique, par exemple, de questions financières ou implique des tiers, s'éloignant ainsi d'autant des affaires du corps souffrant, le relais s'effectue vers la travailleuse sociale. *Je suis là comme aidante. On a fait un gros tour de jardin* rappelle, néanmoins, le caractère holiste de l'intervention réalisée.

Schème spécifique de l'interlocutrice no. 7 : infirmière au soutien à domicile (2)

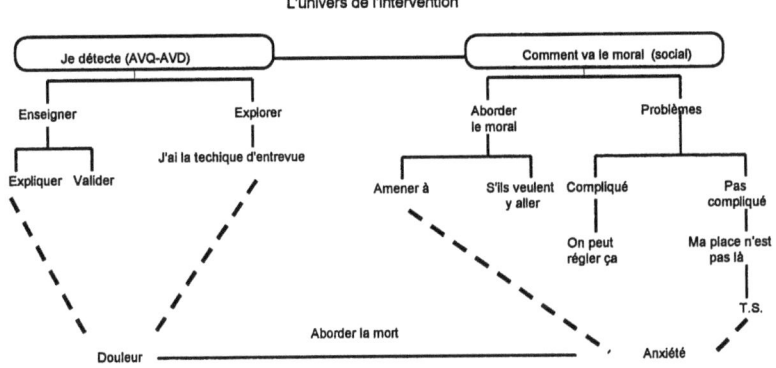

*Je suis là comme aidante.
On a fait un gros tour de jardin.*

Notons enfin l'adéquation pratique que fait l'infirmière entre *moral* et *social*. Que signifie ce rapprochement effectué, sans passer par la si dominante psychologie ? Il s'agit probablement d'un effet organisationnel important à relever. En CLSC, les clientèles s'orientent selon les axes du *bios* et du *socius*. L'action du psychologue est alors périphérique à cette action bio-psycho-sociale, et au mieux campée aux cas déclarés « problèmes de santé mentale ».

L'interlocutrice no. 8: infirmière au soutien à domicile (3)

L'infirmière visite à domicile un couple de personnes âgées dont les deux membres sont atteints du cancer. Ce couple est assisté d'une aidante proche de la famille. Monsieur vient tout juste d'entendre un pronostic dramatique : il ne lui reste plus que deux ou trois semaines à vivre. L'infirmière se rend à domicile officiellement pour vérifier les signes vitaux et pour contrôler l'efficacité de la médication anti-douleurs pour les deux clients. Évidemment, le pronostic change l'intervention. Elle passe la part la plus importante de la visite à explorer les conséquences du pronostic auprès des trois personnes. Avec Monsieur, elle cherche à *voir comment ça va*. Elle vérifie également son consentement à l'égard de certains changements qui s'imposent dans les circonstances. Veut-il que soit installé à la maison le lit d'hôpital qu'elle lui a obtenu ou veut-il mourir à l'hôpital? Auprès de la conjointe, elle vérifie l'impact de la nouvelle sur son moral et sur ce qu'elle souhaite vivre. À l'aidante et à la conjointe, elle donne des conseils concernant les derniers jours de Monsieur. Elle passera finalement un temps privilégié avec chacun d'eux, au gré des circonstances. Les signes vitaux sont pris pour la forme, pour l'un et l'autre des clients.

La relation sémantique première de cet entretien de recherche lie la nécessité de prendre les *signes vitaux* aux conséquences de la mort euphémisée dans l'expression *au cas où*. Il *faut qu'on sache* l'état de Monsieur, sa compliance, ses besoins, malgré le fait qu'il *ne demande pas*. De même, en ce qui concerne le *pronostic*, Monsieur ne s'exprime guère, *il n'en parle pas*, alors *je n'en parle pas*. L'identification des besoins se traduit dans ce cas-ci par la conjonction *installer son lit d'hôpital/ vérifier son consentement*. Encore une fois, cette relation sémantique reproduit une structure de sens souvent vue, soit *l'action sur/le respect du consentement* du client, ou l'*amener vers/aller dans*, qui définit les contours de l'aire des possibles relationnels et des jeux de sens de la proximité/distance, de l'objectivité/subjectivité, de l'intrusion/respect. Pour le pôle *au cas où* Monsieur mourrait, il faut *enseigner/ voir comment ça va*. Cet enseignement se réalise par la relève des besoins en termes de confort et de sécurité, chaque besoin faisant l'objet d'un enseignement spécifique ou d'une action plus structurante et proactive, comme *instaurer* des pratiques, comme un outil de compilation des données relatives aux médicaments. L'intervention la plus relationnelle concerne Madame. L'infirmière vérifie *comment elle va* et l'invite à laisser sortir *ses pleurs*. La situation implique la nécessité d'inscrire

Monsieur à l'hôpital, bien que *pour l'instant, c'est normal* que l'un et l'autre hésitent encore. Mais il faudra y penser, pour ne pas que Madame et l'aidante ne se fatiguent trop. L'état de Madame *va se dégrader*, il faut donc penser à la suite du monde, malgré la souffrance que provoque la mort appréhendée de Monsieur. Le ton général de la rencontre est moins existentiel que pragmatique : comment et quoi faire pour traverser cette dure étape de la vie. Malgré l'importance du drame, la relation chaleureuse et empathique demeure centrée sur la tâche.

Ce schème traduit une intervention centrée sur l'activité de soins palliatifs, comme le traduit, d'ailleurs, l'énoncé résumant l'intervention : *c'est un suivi de soins palliatifs* où même la dimension relationnelle s'ancre dans cette perspective. Nous retrouvons cette tension entre une intervention qui se doit d'être proactive (instaurer, installer, vérifier, prendre les signes vitaux) et une intervention relationnelle et relativiste où les choix des clients sont respectés. Cette tension est, dans ce cas-ci, circonscrite par un focus sur la tâche qui contient, tout entière, le mandat organisationnel et professionnel.

Toute l'intervention prend également sens en regard de la gravité de la maladie. Néanmoins, il ne faut pas *mêler les choses*. L'intervention *plus pour Monsieur* est plus proche du corps et, partant, des activités palliatives et s'inscrit, évidemment, dans un horizon temporel court. L'intervention *plus pour Madame* est davantage relationnelle. Elle s'inscrit dans la durée et pose le rapport entre le présent et le futur comme déterminant. La relation seule ne se légitime pas par elle-même. Elle s'inscrit dans un travail de soins infirmiers où l'action palliative concerne beaucoup plus que l'unique contrôle de la douleur : il s'agit de pallier au déficit organisationnel et pragmatique qu'occasionne une maladie fatale pour la proche famille.

Schème spécifique de l'interlocutrice no. 8 : infirmière au soutien à domicile (3)

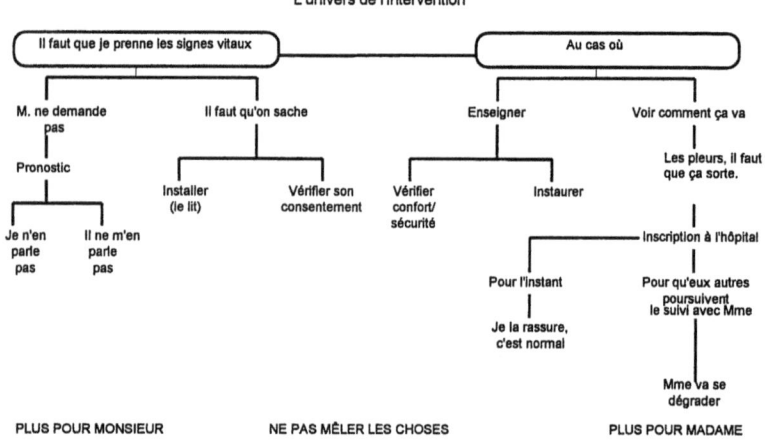

C'est un suivi de soins palliatifs

L'interlocutrice no. 9 : infirmière scolaire

L'intervention présentée ici s'inscrit dans une stratégie de dépistage de problèmes auditifs en milieu scolaire. Plus spécifiquement, il s'agit de cibler les enfants suivis en orthopédagogie afin de déterminer si leur difficulté de langage n'est pas liée à un problème auditif jusqu'alors insoupçonné. À l'aide d'un appareil calibrant des sons, l'infirmière exécute, auprès d'un petit garçon, un balayage sonore qui révèle effectivement une légère carence auditive pour une oreille. L'infirmière contacte sur le champ la mère pour l'informer qu'elle recevra le soir même, par son enfant, une feuille l'invitant à consulter un audiologiste. Les résultats ne sont pas présentés en détail à la mère, ni à l'enfant, mais l'infirmière les rassure sur le fait qu'il ne s'agit pas d'une carence importante. L'enfant signale, à la demande de l'infirmière, qu'il a des maux de tête à l'occasion. L'infirmière ne creuse pas cette question, faute de symptômes concourants.

Un peu à l'image de l'intervention, le schème est simple. Il se fonde sur une principale conjonction, soit répondre strictement à la demande organisationnelle de *dépistage* et au possible premier des soins infirmiers, soit *voir autre chose*. Cet *autre chose*, en l'occurrence le *mal de tête,* prend sens par le fait que l'infirmière *ne pose pas de diagnostic*. Le *dépistage* réplique d'une certaine façon cette dernière relation sémantique, puisque *faire la technique* comme passage au médical (*référer*) et *suivre le protocole* s'articulent à cette possibilité d'un *problème* révélé par le dépistage et ce, qu'il soit immédiat ou périphérique à l'objet premier de cette activité. Ce qui résume bien cette intervention est l'énonciation par l'infirmière du mandat organisationnel, soit *assurer que l'enfant ne soit pas en ortho pour un problème d'oreilles.*

La logique de cette intervention articule le mandat organisationnel de dépistage à un mandat professionnel de veille diagnostique. En pratique, l'infirmière voit, puis réfère. Son intervention première est routinisée, soit *faire sa technique*, entendue comme l'application d'un *protocole* dont l'infirmière compétente suit l'évolution, *le changement*. Il y a, ici, une tension entre le prescrit et le possible, résolu en grande partie par la division du travail médico-sanitaire.

Schème spécifique de l'interlocutrice no. 9 : infirmière scolaire (primaire)

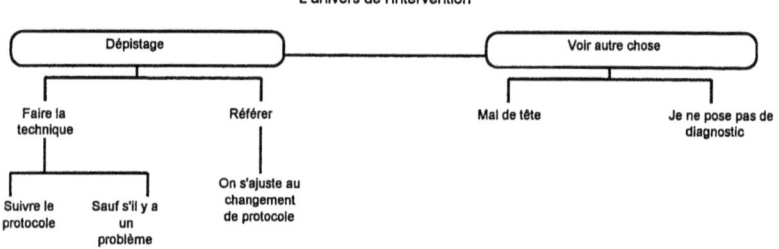

Moi, je suis là pour m'assurer que l'enfant ne soit pas en ortho pour un problème d'oreilles

Cette infirmière ne cherche pas à transcender son action par la revendication d'une meilleure reconnaissance de la part relationnelle de son travail. Cela peut s'expliquer par la tâche même, soit un dépistage très spécifique et protocolarisé, et par son client, un jeune enfant de 8 ans qui ne formule aucune demande spécifique. La relation est strictement instrumentale, de façon à établir une confiance suffisante pour engager l'enfant à se conformer aux étapes de la réalisation des activités prévues au protocole. En outre, la détection du problème n'est pas une occasion d'enseigner auprès de la mère ou de l'enfant. L'infirmière donne à ces deux derniers moins un résultat, avec les conseils inhérents, que la suite d'un protocole qu'ils devront réaliser, en l'occurrence rencontrer le médecin spécialiste.

L'interlocutrice no. 10 : infirmière en santé et sécurité au travail

L'infirmière a fait parvenir à plusieurs entreprises une offre de services portant sur de courtes formations sur le thème de la santé et de la sécurité au travail. L'une d'elles, constatant un taux très élevé d'épuisement professionnel chez ses employés, la sollicite pour ce faire. Cette formation ne vise pas le dépistage de l'épuisement professionnel ni son traitement. Préalablement, l'infirmière a rencontré les membres du bureau de direction et des employés invités par celui-ci pour établir plus finement la demande. Il est à noter que le syndicat ne participe pas formellement à cette rencontre. Chaque formation de trois heures, offerte à chaque équipe de travail, est co-animée par un employé de l'organisation, désigné et formé comme pair aidant. Cet employé n'a pas un rôle déterminant au plan des contenus. La praticienne rend compte, ici, de l'une de ces formations qui se déroula en trois temps. Un premier, le plus informel et le plus volumineux des trois, se compose d'activités pédagogiques visant à favoriser l'expression du point de vue des employés concernant le problème de l'épuisement professionnel dans leur organisation. Au second temps, l'infirmière présente des acétates thématiques, initialement conçus comme formant le cœur de la formation. Dans les faits, cette section en est la partie congrue. Enfin, la formation comporte un dernier temps axé sur les solutions, dont le support organisationnel offert par le CLSC à l'équipe de pairs aidants en formation. Alors que la rencontre se déroule normalement, un employé la fait basculer en permettant à un conflit latent d'éclater au grand jour.

Délégué syndical, cet employé apostrophe le chef d'équipe présent en lui signalant que la cause première du taux élevé d'épuisement professionnel dans cette organisation réside d'abord en des vices structuraux. S'en suit un débat avec le cadre sur les sources de l'épuisement professionnel, celui-ci l'assimilant à une dépression d'origine personnelle, et celui-là à des problèmes organisationnels. L'infirmière se sent obligée de rectifier la vision trop personnaliste du cadre, sans pour autant risquer de se le mettre à dos. La situation est tendue et délicate. Du point de vue de l'infirmière, ce débat sur les causes de l'épuisement professionnel vient détruire en quelques secondes l'ensemble de son travail.

La relation sémantique première de cette intervention est la conjonction de *faire suite à une demande du milieu/offrir des services*, l'intervention mettant en scène deux organisations dont l'une exprime un besoin et l'autre formule une offre de services. Cette conjonction pose de nombreuses conditions pratiques à la réalisation de l'intervention. Mais cette relation, si elle est première au plan logique, n'est peut-être pas la plus immédiatement signifiante en pratique. Faire *suite à la demande du milieu* prend véritablement sens en regard de la conjonction *demande de l'administration/besoins réels*. Cette conjonction explique, en quelque sorte, une double stratégie d'intervention, l'une centrée sur la dimension organisationnelle de la demande, l'autre sur la dimension clinique de l'épuisement professionnel.

Au plan de la demande officielle, l'infirmière présente *la solution* proposée conjointement par le CLSC et l'administration. Il s'agit de mettre sur pied une équipe de pairs aidants et des mécanismes collectifs de gestion des stress post-traumatiques inhérents à la tâche de ces travailleurs. Mais cette solution organisationnelle se heurte à une difficulté inattendue, révélée par les critiques du représentant syndical : il y a un *Hic, le cadre* a une vision inadéquate du problème en regard de la situation décrite et des solutions proposées. L'infirmière tente *de replacer sa perception*, notamment sa propension à généraliser sur la base de son expérience individuelle. Mais elle ne peut se permettre de participer au conflit qui prend jour, elle ne veut ni ne peut *attaquer de front* le cadre sur cette question.

La question du *burn out* se problématise par une négation qu'il faut d'abord neutraliser par une activité de reproblématisation, en clarifiant que l'épuisement professionnel n'est pas le choc post-traumatique. S'il s'avère que la stratégie pédagogique révèle une situation de crise, elle n'est *pas psy*, il lui faut alors *référer*. Tant le choc post-traumatique que la souffrance morale découlant d'un épuisement professionnel ne sont plus de son ressort ; il ne s'agit plus d'une affaire strictement soins infirmiers, au surplus d'une affaire soins infirmiers dans le cadre d'un service de santé et sécurité au travail. Quant à l'épuisement professionnel, l'intervention prend sens, au terme de la formation, par une conjonction importante entre les *changements majeurs dans l'administration* et le *bout de chemin* que chacun peut faire, cheminement auquel peut contribuer l'infirmière. Ce faisant, les possibles de son action sont tracés. Le premier terme de la relation sémantique est un imprévu se posant en un objet de lutte symbolique dépassant largement le cadre de son action, lutte à laquelle elle participe *a minima*, à la hauteur de ses moyens. Le conflit l'a d'abord *déçue*. Mais en regard de cet intrant inattendu, sa conception première de l'intervention, à l'occasion de laquelle *chacun peut faire son bout de chemin* pour éviter la pathologie, lui procure néanmoins une certaine satisfaction.

L'intervention a une double structure articulant deux conceptions du travail, l'une fondée sur une réponse à la demande officielle, l'autre sur une réponse aux besoins réels. La solution officielle semble *a priori* s'opposer sémantiquement aux solutions réelles qui émergent de la formation.

Les changements structuraux et les petits pas que chacun peut faire ne sont donc pas de même nature, les seconds pouvant s'arrimer à la solution officielle alors que les premiers s'y opposent, terme à terme, et ce à un point tel qu'ils donnent sens à l'ensemble de la formation, un sens subjectif de quasi-échec du point de vue de l'infirmière. Néanmoins, à cette première impression subjective, s'ajoute une impression plus rationnelle de demi succès.

Schème spécifique de l'interlocutrice no. 10 : infirmière santé et sécurité au travail

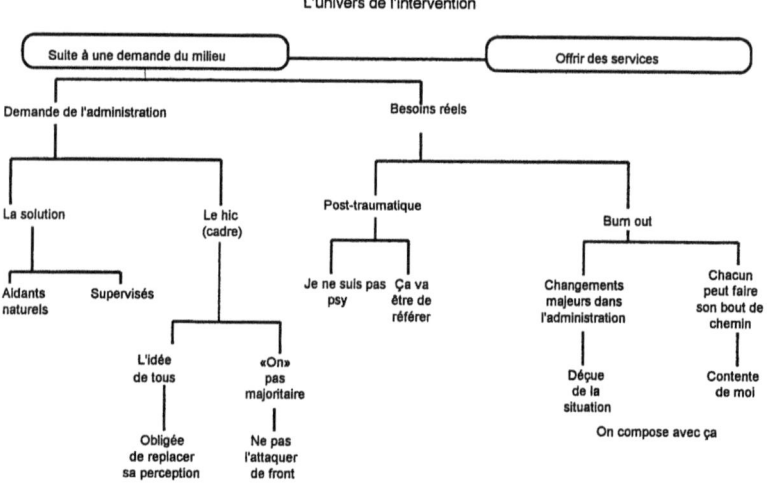

L'infirmière partage, finalement, le point de vue du représentant syndical sur l'importance des déterminants organisationnels de la pratique dans l'épuisement professionnel systémique, mais estime que, dans les circonstances, l'articulation de la solution officielle à sa théorie des petits pas individuels est légitime et somme toute efficace. Le *je peux apporter quelque chose* traduit, selon nous, cette intériorisation des limites de l'intervention : il est possible d'agir sur les comportements et attitudes, mais de façon modeste, puisque l'intervenante est de fait extérieure à la situation. Il faut alors *composer avec ça*, naviguer à vue dans cette aire de possibles.

5.2 Les schèmes spécifiques pour les travailleuses sociales

L'interlocuteur no. 11 : travailleur social en première ligne (1)

Une mère a consulté pour son garçon de douze ans qui a « des comportements ... on va dire inappropriés » mais qui, par ailleurs, ne présente pas d'autres problèmes en famille ou à l'école. Les parents de deux jeunes filles ont porté plainte pour attouchements sexuels et la mère a surpris son garçon faisant une fellation à un ami de six ans. Le travailleur social a d'abord rencontré la mère qui lui a présenté l'ensemble des faits. Le présent schème spécifique concerne la première rencontre avec l'adolescent. La mère est d'origine haïtienne et le père de l'enfant est blanc, mais le couple ne vit plus ensemble. Le beau-père du garçon est présent à la rencontre, ce qui amène le travailleur social à vérifier fréquemment si la présence de cette personne indispose le jeune. Le but explicite de cette rencontre était d'obtenir la version du jeune, ainsi que des détails sur les événements. Dans les faits, l'objectif implicite était davantage de vérifier « ce qu'il est prêt à me dire » pour ainsi sonder la présence ou non de remords, base sur laquelle pourrait s'édifier une intervention psychosociale. Avant la rencontre, le travailleur social avait consulté différents collègues sur la base du dossier. De leurs points de vue, divers possibles s'offraient à lui : une orientation en pédopsychiatrie, une orientation en Protection de la jeunesse ou l'établissement d'une relation clinique visant à normaliser les comportements. Au terme de la rencontre, le travailleur social délaisse l'hypothèse de la Protection de la jeunesse, estimant le cas insuffisamment grave pour un signalement immédiat. Quant à l'hypothèse pédopsychiatrique, la longueur des délais d'attente est telle (un an) qu'il entrevoit la possibilité de poursuivre la relation clinique, au moins pour un temps, comme une alternative raisonnable au peu de disponibilité des services. Après une discussion informelle de plusieurs minutes avec l'adolescent et son beau-père, la rencontre s'ouvre, à l'initiative du travailleur social, sur la question suivante : « Pour quelle raison es-tu ici ? » Le jeune donne alors sa version des événements. Par une technique de description des faits, le travailleur social demande au jeune de détailler l'événement. Au terme de l'exercice, dans lequel s'insèrent des moments d'allégement, le travailleur social identifie « des trous » dans le récit du jeune, sans toutefois les nommer avec précision. Il lui donne comme devoir de réfléchir à ces trous et lui demande de les combler lors de la rencontre suivante.

La conjonction principale porte sur l'objectif de la rencontre. Il s'agit d'un objectif court terme, *avoir un topo*, qu'il faut lire en regard d'un objectif clinique de moyen terme, soit *qu'il ne recommence pas* ses activités sexuelles répréhensibles. Le premier terme de la conjonction principale poursuit une double finalité pratique, l'une d'*établir un contact*, l'autre de vérifier *ce qu'il reconnaît*.

Cette reconnaissance est un indice important dans l'orientation future du dossier. Le fait de reconnaître *a minima* les faits présage d'une certaine bonne volonté, fondement de la relation thérapeutique. Le travailleur social pose les limites de cette stratégie en reconnaissant le *disable* et le *pas disable*, le *lourd* et le *léger*, le *descriptif* et les *trous* de la narration du jeune.

Le *descriptif* est accepté en tant que tel, bien qu'il apparaisse insuffisant ; identifier les *trous* constituait la limite pratique de cet objectif d'évaluation pour une première rencontre. Cela permet d'inscrire la rencontre dans un processus, dans une durée au cours de laquelle il sera impératif de combler ces *trous*. Le second terme de la conjonction principale implique le choix d'une modalité d'action. Cette modalité est moins clinique qu'organisationnelle, puisqu'il s'agit d'orienter le jeune sur le bon service.

Schème spécifique de l'interlocuteur no. 11 : travailleur social en première ligne (1)

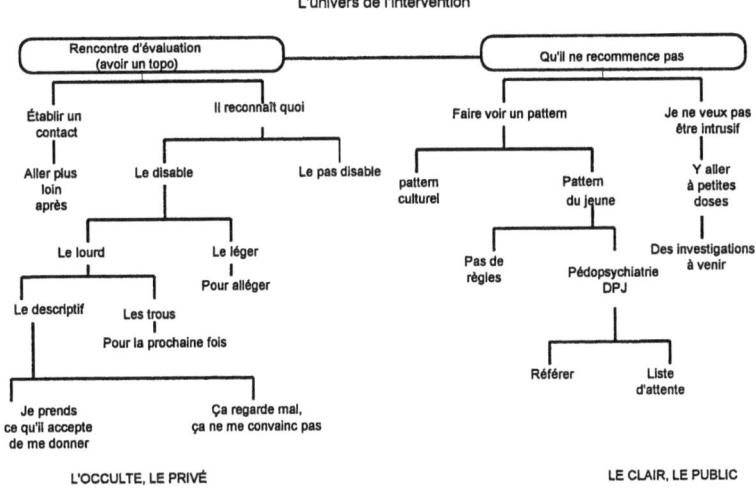

Tout au long de l'intervention, le travailleur social cherche à établir le chemin le plus adéquat pour le jeune, compte tenu de la problématique sociale présente dans la situation. Mais cette orientation adéquate est moins le fait d'un diagnostic clairvoyant que celui d'un travail d'adéquation de sa lecture clinique de la situation aux possibles organisationnels et juridiques. Il est, en outre, possible que le problème du jeune procède d'un *pattern, culturel* ou *personnel*. Ce pattern commande-t-il une action en *pédopsychiatrie* ou en *Protection de la jeunesse* ? S'agit-il d'une simple *absence de règles* au sein du milieu familial ? Auquel cas la relation clinique apparaît comme la solution la plus adéquate. S'il lui semble clair qu'il n'y a pas d'indicateurs nécessitant la mobilisation immédiate de la Protection de la jeunesse, le jugement du travailleur social est plus hésitant quant à l'orientation vers la pédopsychiatrie. Il faut peut-être *référer*, mais la *liste d'attente* est telle qu'il est possible et légitime de courir le risque de tenter d'établir une relation thérapeutique et de faire ainsi un bout de chemin, « Je vais cheminer ce que j'ai à cheminer avec ». Il faut enfin noter que le travail d'orientation et de classement, qui pourrait impliquer une action éventuellement très intrusive, s'oppose terme à terme avec le désir professionnel du travailleur social de ne pas déployer une intervention trop intrusive. L'intervention se déroulera alors *à petites doses*, selon les informations que procureront les *investigations à venir*.

L'occulte et le clair sont au cœur de ce schème. L'action première du travailleur social vise l'élucidation de la part d'ombre dans le discours du jeune. Mais en regard de cette part se trouve du côté du praticien une action occultée, soit une action d'orientation. La fonction sociale du travailleur social, et la conscience qu'il en a, sont au premier plan et impliquent la conjonction *privé/public*. Pour cette intervention, la demande implique une telle problématisation sociale, soit l'abus sexuel auprès de jeunes enfants, que l'intervention du travailleur social ne peut s'émanciper des mandats publics qu'il porte. Le relationnel, plus proche du *privé,* est, néanmoins, assujetti à ces exigences sociales. L'espace des possibles, s'il est marqué du coin de l'État, demeure en partie ouvert, notamment par les failles du système. C'est pourquoi l'intervenant peut se permettre de donner du temps au temps, de *cheminer avec*. Pour ce faire, le travailleur social maintient la relation (étapisme, va-et-vient entre le lourd et l'allégé, entre le formel et l'informel, etc.). Il gère alors un risque juridique et psychiatrique, tout en ne postulant pas qu'il faille mettre en priorité l'action relationnelle et humaniste sur les autres actions possibles. Lorsque les limites du relationnel légitime seront atteintes, l'intervention passera en mode juridique ou médical. La relation clinique s'inscrit alors dans une durée, mais une durée balisée par les exigences des impératifs sociaux. L'intervenant pouvait-il élucider l'ensemble des objectifs de l'intervention sans risquer de briser la relation naissante ? Il est probable qu'il ne le pouvait pas, dans la mesure où il s'agit, ici, d'une condition incontournable de la pratique professionnelle, soit de composer avec des possibles d'une telle complexité que le désir de transparence peut s'avérer contre-productif, voire naïf. Le caractère stratégique du travail dans les métiers relationnels est, après tout, partie de la tâche.

L'interlocuteur no. 12 : travailleur social en première ligne (2)

La demande provient d'une dame de 43 ans vivant des difficultés familiales, son conjoint cherche à la contrôler et ses enfants adoptifs, jeunes adultes, la manipulent. Cela provoque en elle une grande colère qui se traduit par des fugues du foyer familial. Ses comportements se heurtent, cependant, à son désir d'entrer en relation véritable avec ses enfants. Dès le début de la rencontre, une charge émotive importante est perceptible. Le travailleur social ouvre la discussion avec la question « Comment vas-tu ? ». La cliente se met alors à pleurer, la rencontre « enclenche » par une longue présentation des difficultés vécues au cours de la semaine précédente. Comme il s'agit d'une troisième rencontre, les objectifs d'intervention ont été établis et écrits au tableau, accompagnés d'un schéma familial représentant les liens, conflits et patterns identifiés lors des rencontres précédentes. Cette cliente, forte consommatrice d'ouvrages de croissance personnelle, connaissait d'entrée de jeu la *reality therapy* employée par l'intervenant. Le reste de la rencontre consiste à expérimenter cette méthode fondée sur trois questions : « Que veux-tu ? Que fais-tu ? Est-ce que tu fais ce que tu veux ? » L'objectif ultime de cette méthode est de transformer l'enfant qui cherche à fuir la situation problématique, qui fait des colères, qui fugue, en une adulte responsable, capable de focaliser sur ses propres besoins et objectifs. Le travailleur social travaille donc à ce que la cliente exprime *son vouloir*. Pour ce faire, il pose avec insistance les trois questions de la méthode pour faire émerger à la conscience de la cliente la nécessité de devenir adulte.

La tonalité générale de l'entretien frappe l'esprit. L'interlocuteur aborde clairement l'intervention spécifique comme un cas de figure de catégories générales. Cette cliente concrète est fréquemment occultée dans le récit par la catégorie *les gens*. Malgré de nombreuses pétitions de principes humanistes, le travailleur social est parfois sévère quant aux ressources des *gens*.

Ils sont *malhabiles, ne savent pas*, sont trop souvent *enfants*. S'ajoute à ce regard critique porté sur les *gens*, un regard tout aussi critique, voire négatif, sur la société, qui infantilise, sur les universités, qui n'enseignent pas la réalité, sur les collègues, qui se sentent menacés par ses méthodes de travail.

Mais en regard du mal, que le travailleur social estime comme une caractéristique humaine (*C'est humain*), existe la possibilité fondamentale d'un individu de s'émanciper par la force de sa volonté. Là se trouve l'opposition structurante de l'ensemble de son discours. Aux faiblesses de *l'humain*, enfant refusant d'être adulte, s'oppose un *vouloir* potentiel. Cette conjonction est d'une telle prégnance que l'ensemble du schème spécifique proposé s'y résume. Le *vouloir* de la cliente se constitue d'une conjonction secondaire, opposant l'intervention du travailleur social (l'aider à, lui expliquer) aux trois grandes questions que pose la *reality therapy*.

Le travailleur social se pose alors en passeur, se proposant d'aider la personne à quitter la rive de *l'enfance* pour atteindre celle de *l'adulte*. Son allié principal est *l'Institut*, soit l'école faisant la promotion de ladite méthode. Ainsi, l'énoncé qui caractérise le mieux cette intervention est *Je suis formé en reality therapy*. Il exprime le focus exercé par le travailleur social sur une méthode spécifique, elle-même sous-tendue d'une vision du monde.

Schème spécifique de l'interlocuteur no. 12 : travailleur social en première ligne (2)

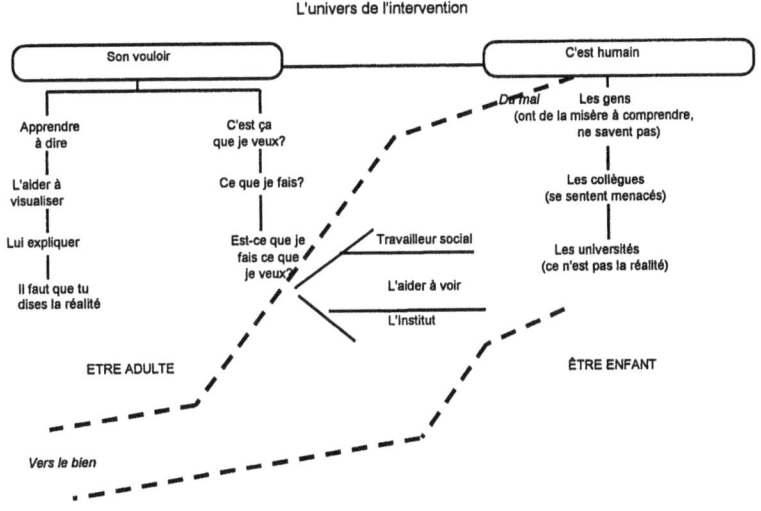

Mais quel sens accorder à l'importance de cette méthode dans l'intervention du travailleur social, alors que ses collègues se revendiquent plutôt de l'éclectisme méthodologique ? Nous pensons que la conjonction *son vouloir/c'est humain* exprime un système de valeurs fort, notamment celle de la responsabilité individuelle, traduisant elle-même une vision du monde où le bien et le mal s'affrontent. L'intervention est alors une action normative sur le client, *l'aider à voir*, à l'encontre d'une société négative et infantilisante et d'une inhabilité des gens à s'émanciper de son emprise. Le caractère général des énoncés, la conjonction première, les analogies et allégories naturalistes nombreuses, ainsi que l'interventionnisme du travailleur social qui pose avec insistance les questions de la *reality therapy*, tranchent avec les postulats humanistes forts qu'il énonce fréquemment. La personne établit ses objectifs, fait ses choix, mais le travailleur social estime qu'elle doit apprendre, qu'il faut l'aider à voir en elle cette enfant qui se refuse à devenir adulte, etc. Interventionnisme et humanisme sont-ils irréconciliables ? Peut-on considérer l'humanisme explicite comme une instrumentalisation de la relation en vue d'une action axiologique plus efficace ? Se pose alors la question de la légitimité de cette action normative. Nous pensons, néanmoins, que cet intervenant exprime avec force un rapport à la normalisation intrinsèque à nombre de pratiques en travail social.

L'interlocuteur no. 13 : travailleur social à l'accueil

Une jeune femme formule une demande de suivi psychosocial parce qu'elle a peine à se relever de la mort par suicide de son père il y a quelques mois, et ce après des années de menaces ; il s'agirait d'une stratégie de manipulation visant à forcer la pérennité de son couple. Le travailleur social à l'accueil cherche d'abord à évaluer la gravité de la situation. La cliente ne présente pas d'indices laissant croire qu'elle serait en crise, dormant bien et contrôlant ses pleurs, par exemple. Cependant, la courte discussion avec la cliente permet au travailleur social de soulever l'hypothèse qu'il pourrait y avoir un pattern familial, puisqu'elle-même vit avec un homme manipulateur. Mais il ne s'agit pas de la demande formelle. Elle pourra éventuellement creuser cette question une fois le processus de deuil accompli. Compte tenu de la liste d'attente au CLSC, de la nature du problème, du niveau d'urgence, et de la présence d'une ressource appropriée, le travailleur social la réfère à une ressource communautaire externe.

La relation sémantique principale qui structure le récit de cette intervention porte sur le sens de la demande. Il y a, d'une part, la demande explicite, soit le suivi de deuil, et d'autre part, une demande émergeante, soit un suivi permettant à la cliente de faire un bilan de sa vie amoureuse. Quant à la demande initiale, le travailleur social *vérifie* sa nature et *oriente* le plus efficacement possible la personne vers la ressource la plus appropriée. Cette vérification se pose en conjonction avec un *Comment ça va?* formel permettant à la personne de formuler sa demande en ses propres mots. Une fois l'orientation faite, il importe de ne pas *interférer* avec les ressources déterminées ni d'*établir un lien trop fort* avec la cliente de façon à ne pas créer d'attentes que sa position à l'accueil ne lui permettra pas de rencontrer en une si courte entrevue. La demande qui émerge, le besoin qui s'explicite, mobilisent néanmoins le travailleur social un certain temps. S'agissait-il alors d'une *urgence*? Non. En cas contraire, il se serait mobilisé pour l'orienter en tenant compte du caractère urgent de la demande formulée en cours d'évaluation. Il *vérifie* pourtant la demande implicite, l'évalue, indique à la cliente qu'elle peut *faire une autre demande* ou *voir par la suite* si le besoin est réel. Ce focus sur la demande initiale et sur l'évaluation de l'urgence d'une demande émergeante réfère évidemment à une contingence organisationnelle. *À l'accueil, c'est* comme ça qu'on travaille. Mais ce caractère organisationnel nous apparaît aussi comme un invariant praxéologique dans la mesure où toute agence prévoit un mécanisme d'accueil fondé sur un classement de la demande explicite, puis une évaluation des besoins apparaissant à l'analyse. En outre, à toute étape de l'intervention, chaque praticienne évalue en continu la qualité de l'orientation ainsi que le niveau d'urgence. Le relationnel est au service d'une orientation efficace dans le système.

Dans ce cas, l'intervention prend la forme d'une conjonction entre la fonction *orienter*, c'est-à-dire aiguiller la personne vers la ressource appropriée, et la fonction *consultation* professionnelle, où le problème fait l'objet d'un travail en propre par l'intervenant, notamment dans le but de régler ce qui peut se régler sans engager plus avant des ressources. L'une et l'autre de ces fonctions se pensent ensemble puisque ce sont les deux aiguillages fondamentaux de l'intervention à l'accueil, et chacun des pôles implique ses propres limites. Pour l'orientation, il ne faut *pas interférer* avec l'action de la ressource, par exemple par la formulation d'un diagnostic ou l'établissement d'un plan d'intervention que la relation clinique se devrait éventuellement de déconstruire. Pour la consultation, il ne faut pas que le lien s'établisse trop fortement, ou que le travail enclenche une dynamique trop fondamentale, puisque le but de l'intervention est précisément d'éviter une demande formelle ou d'orienter la cliente sur une autre ressource qui, elle, établira son lien de signifiance ; il importe, néanmoins, de répondre à la demande de l'instant.

Schème spécifique de l'interlocuteur no. 13 : travailleur social (accueil)

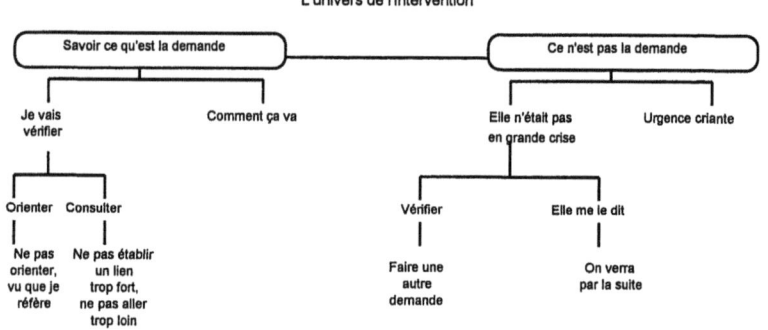

À l'accueil, c'est ...

Il est intéressant de souligner que ce travailleur social estime, avec force hésitation, que ce travail n'est pas tout à fait de l'intervention, puisqu'il manque l'établissement d'un lien de signifiance et une action globale sur le problème.

L'interlocutrice no. 14 : travailleuse sociale de première ligne (3)

La demande provient d'un homme dans la quarantaine qui a des idées paranoïdes. Il en est à un second suivi, et sa demande fut orientée vers la filière santé mentale. Bien que l'intervenante le reçoit à ce titre, elle ne considère pas qu'il s'agit, à proprement parler, d'un problème de santé mentale, mais plutôt d'une demande de services généraux de première ligne provenant d'un « adulte comme les autres » ayant un problème d'estime de soi. La rencontre s'ouvre sur cette question : « Qu'est-ce que tu as réglé depuis la dernière fois ? » Le client présente les progrès qu'il a fait, notamment le fait d'être capable de demander à son médecin qu'il soit évalué en psychiatrie. Cette décision est stressante pour lui puisqu'il craint de mettre le doigt dans un engrenage dangereux (étiquetage social, médication, voire institutionnalisation), tout en ayant le désir profond d'obtenir un diagnostic précis sur son état. L'essentiel de la rencontre porte sur ce thème, de façon à élucider les gains qu'il fera en s'affirmant de cette façon. Bien que la travailleuse sociale partage ses craintes quant à l'étiquetage social et qu'elle affirme un scepticisme certain à l'égard de la psychiatrie, elle travaille avec le client cette future visite chez le psychiatre en mettant de l'avant l'idée qu'il est possible d'avoir un rapport « adulte » avec la psychiatrie et de surmonter ainsi ses peurs. La conjonction fondatrice de ce récit se situe au niveau de l'interprétation de la demande. D'une part, la demande formelle prend sens par le fait que le client ait des idées paranoïdes et qu'il soit classé dans la filière *santé mentale*. Même si cela est pris en compte dans la lecture que fait la travailleuse sociale de la situation, elle indique très tôt qu'elle souhaite faire une intervention relationnelle et humaniste avec ce client, fondée sur la croyance en son potentiel de prise en charge de sa propre vie. En regard de la catégorie psychiatrique d'*idées paranos* se trouve le thème de la *confiance*, qui lui-même prend sens par la conjonction *adulte/petit gars effrayé* où l'*adulte* devient un objectif d'intervention, et le *petit gars effrayé* une caractéristique symptomatique. L'intervenante indique d'ailleurs qu'elle a *tenté, par mon intervention, de lui transmettre une confiance*. S'ouvre alors un espace d'intervention normative cherchant à établir, voire à transmettre le *normal*.

L'action de *normaliser*, au sens de refléter qu'un comportement ou une attitude sont corrects, s'oppose terme à terme à l'action de *recommander*. Mais cette action normalisante s'exprime avec prudence : on recommande de vagues *affaires*, tout en rappelant que l'intervention doit s'ajuster à ce qui fait sens pour le client. De plus, le travail de normalisation s'articule autour d'une contradiction apparente, où le normal sociétal (« c'est normal de travailler ») entre en tension avec le normal existentiel (« c'est normal de s'occuper de toi », quitte à arrêter de travailler). Le schème représente une série de codes narratifs que la travailleuse sociale articule tout au long de son récit. Ces codes découlent de l'évidence de la pratique et traduisent une tension fondatrice entre le *respect humaniste* et la nécessité d'intervenir dans la vie de l'autre. Ainsi, si la rage intérieure du client se doit d'être extériorisée, et qu'il faut toujours aller plus à fond dans l'intériorité de la personne, il importe de ne jamais *la précéder*. Tout en faisant des *petits pas*, en saisissant *toutes les bonnes occasions* pour *aller plus loin*, il importe de ne pas dépasser la limite du possible. De même, si la quête de l'intériorité demeure au centre de la relation thérapeutique, cette introspection se fera prudemment et dans le respect de la capacité émotive du client. L'intervention s'oriente du côté de l'antipsychiatrie en se focalisant sur l'objectif premier de transmettre la confiance manquante au client. À plusieurs reprises, la travailleuse sociale théorise, en cours de narration, sa propre pratique. Elle indique que les *contenus* (les diagnostics, l'étiologie, etc.) doivent laisser le pas aux *processus* du cheminement existentiel du client et de la relation clinique. Le cheminement existentiel se réalise sur la base de grands principes praxéologiques : l'entrée en intimité, l'expression de l'intériorité, le retour au passé, l'étapisme, le respect des buts exprimés par le client, etc.

Schème spécifique de l'interlocuteur no. 14 : travailleur social de première ligne (3)

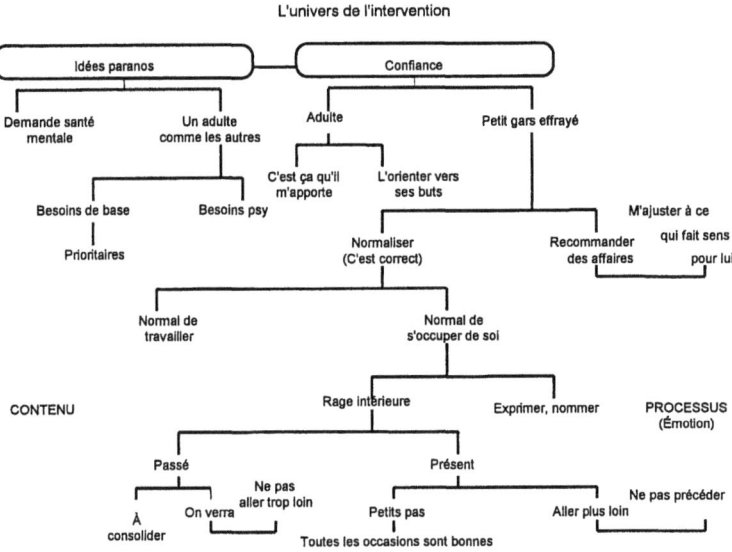

L'interlocuteur no. 15 : travailleur social de première ligne (4)

La demande provient d'un couple dont l'homme frappe, à l'occasion, ses trois enfants. Il ne s'agirait cependant pas d'enfants battus, mais bien d'un père qui « lève la main » pour « se faire obéir ». Avant cette rencontre, soit la troisième d'une série, la conjointe a contacté par téléphone le travailleur social pour lui dire qu'elle quittera le foyer familial s'il n'y a pas d'améliorations prochaines quant à ce comportement. Comme il ne s'agit pas d'un suivi individuel, le travailleur social pose comme condition à la poursuite du suivi que cette information soit explicitée lors de la prochaine rencontre de couple, ce qui fut fait. Cette information traduisait une certaine détérioration de la situation du couple et du comportement agressif qui apparut dans toute son ampleur en cours de rencontre. Le plan de travail, conçu initialement par le travailleur social, est mis de côté séance tenante afin de répondre à cet état d'aggravation.

L'entrevue s'ouvre d'emblée sur l'énonciation de la problématique de « violence » auprès des enfants et du jugement clinique à ce propos. Ainsi, un cas de brutalité envers des enfants ne peut se réfléchir qu'en regard des dispositions de la Loi de la protection de la jeunesse. Comme son jugement clinique lui laisse croire qu'il ne s'agit *pas d'un cas de violence grave* et, partant, que la situation n'exige pas la mobilisation des ressources de la Protection de la jeunesse, la suite du récit s'inscrit dans une perspective relationnelle et clinique qui prend sens en regard d'une intervention ciblant, soit le *couple* comme entité, soit Monsieur. Dans la perspective du couple, *ça va sauter* à court terme. Le *plan de match* prévu est alors délaissé puisqu'il était fondé sur *l'espérance d'un progrès* depuis la dernière rencontre. Il lui faut donc passer en mode proactif, en leur présentant les *bénéfices* et *contraintes* d'une intervention davantage dirigée. Mais en regard de la demande du couple se trouvent les demandes des individus. La conjointe exige une cessation complète et rapide du comportement. Cette demande n'est évidemment pas répondue directement, mais devient condition de l'intervention auprès de Monsieur. Certes, il est établi que Monsieur est *démuni* en matière de respect de son autorité parentale, mais le travailleur social cherche à obtenir des *détails* (le caractère factuel des événements) et une *corroboration* explicite (la signifiance des faits) par Monsieur. Détails et corroboration permettent l'établissement de *recommandations* qui « découlent logiquement » de la situation, véritables outils cliniques permettant de *stopper le comportement* à court terme. La menace de la conjointe de *mettre les voiles*, ainsi que l'exigence de l'intervenant *qu'elle rende ça* explicite, sont tout au plus des éléments de contexte qui, si bien joués, servent de *bonne assise à la démarche*.

Schème spécifique de l'interlocuteur no. 15 : travailleur social de première ligne (4)

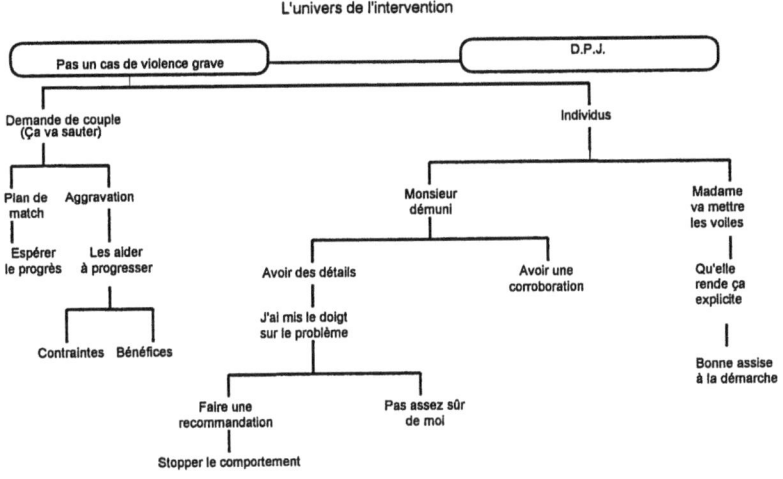

Encore ici, la question de la demande sociale et de la gestion du risque sont au cœur de la pratique du travailleur social. Une fois l'impératif social écarté, en l'occurrence le respect de la Loi de la protection de la jeunesse, il se mobilise pour répondre au besoin immédiat, soit de réduire la tension que vit le couple, tout en respectant le mandat initial, soit d'outiller Monsieur en matière d'autorité parentale adéquate. En outre, le travailleur social doit respecter le mandat organisationnel, soit de travailler en compétences parentales plutôt qu'en thérapie conjugale. Il ne s'agit pas, pour le moment, d'entreprendre une thérapie de couple, ni de s'occuper des angoisses, peurs et désirs des uns et des autres. L'ensemble de cette intervention se déroule donc sous un mode positif, au sens épistémologique du terme. Il s'agit d'identifier le vrai problème, de mettre *le doigt dessus*

(détails et corroboration), pour ainsi formuler des recommandations qui découlent logiquement de la problématisation qu'en fait le professionnel, afin de stopper un comportement observable. L'intervention se pose, ici, comme rationnelle, mais d'une rationalité pragmatique, c'est-à-dire qui découle des faits et observables. Quant au relationnel, il est instrumental et ne fait pas l'objet de pétitions de principes humanistes. De la situation découle des évidences cliniques et pratiques qui commandent des interventions certes modalisées, mais dont la finalité apparaît commune à la variété de recommandations possibles.

L'interlocuteur no. 16 : travailleur social de première ligne (5)

La demande provient d'une jeune femme, mère de deux enfants, qui vient consulter pour recevoir du support alors qu'elle traverse une période difficile dans sa vie de couple. Son conjoint désinvestit la vie familiale, mais il ne présente pas de comportements graves, comme la violence conjugale. Cette femme traverse une période dépressive qui la conduit à revoir ses choix de vie.

La rencontre porta principalement sur le sens que la cliente donne à ces événements. Le travailleur social écoute, reflète, mais surtout « décristallise », c'est-à-dire qu'il travaille avec la cliente à déconstruire ses problèmes de façon à les dédramatiser, à les relativiser, voire à les normaliser (au sens de « c'est correct de ... »). Cette quatrième rencontre d'une série n'avait pas d'objectif spécifique, si ce n'est de poursuivre le travail d'accompagnement, le temps que la cliente retrouve son équilibre. Ce n'est donc « pas un dossier lourd a priori». Le travailleur social emploie de façon non systématique des outils d'analyse transactionnelle et nombre d'allégories.

L'univers de sens de l'intervention est ici strictement relationnel, et sa conjonction fondatrice consiste à déterminer qui initie la relation. Le fait que la cliente *ouvre toute seule* permet d'établir une relation thérapeutique fondée sur ce qui lui importe, ce qui indique qu'elle est sur la voie de sa propre reprise en main.

Une ouverture structurée et initiée par l'intervenant aurait plutôt indiqué une nécessité de recentrage de la cliente sur ses besoins, ses objectifs, ses émotions. Mais malgré le fait que la cliente initie elle-même la relation spécifique à cette rencontre, elle indique, d'une façon ou d'une autre, des sujets, des lieux, pour lesquels elle est *prête ou non* à s'investir, donnant ainsi les thèmes que peut aborder le travailleur social. D'abord, il lui exprime *qu'elle a le droit* d'être en colère, de pleurer, de quitter le foyer familial. Cependant, bien qu'elle ait de tels droits, l'action de l'intervenant vise tout de même à discriminer les bons des moins bons coups. Ainsi, il *valorise* la volonté d'action de la cliente et travaille à *briser* ses comportements réactifs. En regard de ce travail sur le normal, se trouve une action de *décristallisation,* de *déconstruction* qui permet de relativiser certains problèmes et, surtout, de focaliser sur les besoins explicites de la cliente. En regard d'un tel travail de déconstruction s'en trouve un de *reconstruction,* où l'intervenant se perçoit comme un *aidant,* un accompagnateur de cette œuvre, puisqu'il souhaite que la reconstruction *vienne de la cliente.* Pour les thèmes où elle *n'est pas prête,* l'action comporte deux possibles, l'un donnant sens à l'autre. Le travailleur social travaille à ce que soient nommés les thèmes que la cliente cherche à éluder. Cette nomination, parce qu'elle objective le problème, permet soit une éventuelle normalisation, soit une éventuelle déconstruction/reconstruction. Mais ce travail est moins impératif qu'il n'y paraît à première vue puisque la relation en tant que telle pourra favoriser *avec le temps* une nomination spontanée, et donc signifiante, de ces problèmes.

Schème spécifique de l'interlocuteur no. 16 : travailleur social de première ligne (5)

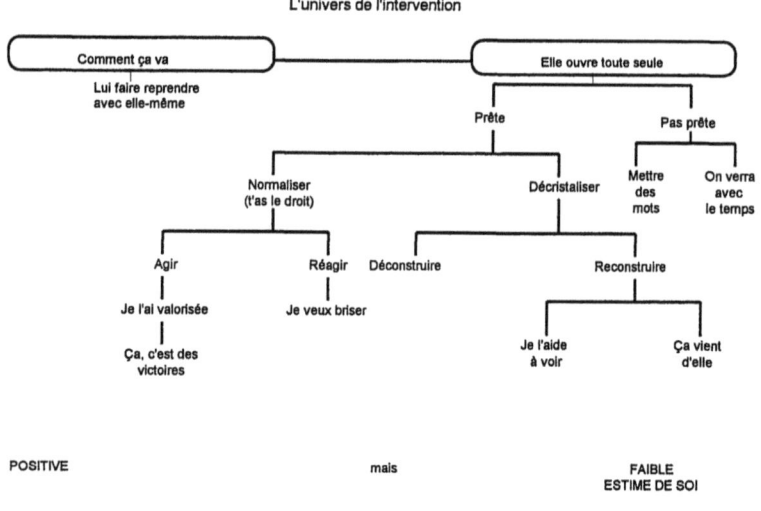

L'univers de sens dont il est question ici se circonscrit très clairement à l'aspect relationnel de l'intervention. Le mode d'entrée en relation, la centration du travail sur la personne, au sens qu'elle attribue aux événements, etc., sont autant d'indicateurs de ce focus. Mais le schème fait ressortir qu'en outre d'une volonté explicite de fonder son action sur une perspective existentialiste, l'intervention est traversée d'une relation sémantique implicite, celle du *normal* et de *l'anormal*. Mais il faut accorder un sens particulier à cette normalité : elle est moins sociétale qu'existentielle. Ainsi, il est normal d'avoir tel ou tel sentiment, quoiqu'il soit anormal qu'il nous submerge. Il faut alors briser cette entrave à la liberté individuelle, à la réalisation de l'existant, en déconstruisant les problèmes, puis en les reconstruisant de façon telle que le sujet puisse s'en émanciper. Aux yeux du travailleur social, cette conjonction caractérise même l'être de la cliente : *elle est positive, mais elle a une faible estime de soi.* Problèmes et potentialités sont, ici, liés en un projet existentiel d'intervention. Cela soulève un certain paradoxe, véritable invariant praxéologique du travail clinique : cet appui sur l'existentiel se heurte au fait que la relation est socialement structurée, et que ses possibles sont d'autant limités à ce que la mise en scène autorise. S'il est vrai que la plupart du temps personne n'est dupe de cette mise en scène, il demeure qu'il est pertinent de réfléchir à la fonction de cet accord tacite sur un appui sur l'existentiel qui ne peut se réaliser pleinement dans le cadre de cette relation sociale.

Malgré ce qu'il peut paraître *a priori*, il faut souligner que cet univers de sens ne va pas expressément du côté de la psychologie : il n'est pas question ici d'atteindre l'intimité, ni d'accéder aux profondeurs de l'âme, ni même de remonter le temps. Le travailleur social conçoit leur relation comme une forme de cheminement existentiel *hic et nunc*, ce qu'exprime *avec elle, on est rendu là*. Il faut noter la forme pronominale de cet énoncé : il n'est pas écrit : « elle, est rendue là », mais bien « <u>Avec</u> elle, <u>on</u> est rendu là ». Et le *là* réfère moins à un état de la personne qu'à un lieu d'une trajectoire espérée.

L'interlocutrice no. 17: travailleuse sociale au soutien à domicile

À la demande d'une femme dans la soixantaine avancée qui s'occupe de son mari polyhandicapé, la praticienne se rend à domicile pour évaluer les besoins de Monsieur. Dès son arrivée, elle observe trois éléments déterminants : 1) la dame, probablement alcoolique, est très accaparante, contrôlante, voire méchante à l'égard de son mari : Monsieur a donc un certain besoin de protection ; 2) la maison est, somme toute, assez bien tenue ; 3) le couple est socialement et physiquement isolé. La rencontre se déroule dans une tension certaine entre le projet d'établir un contact avec Madame, puisqu'elle contrôle l'accès à son mari, et celui d'entrer en contact directement avec ce dernier pour évaluer ses véritables besoins. Trois demandes formelles sont identifiées et retenues par la travailleuse sociale lors de cette rencontre : Madame a besoin de répit, Monsieur demande que le CLSC poursuive l'adaptation de sa maison de façon à ce qu'il puisse contribuer davantage aux tâches domestiques, et il souhaite que soit remplacé son matelas orthopédique trop usé. Pour vérifier l'adéquation des demandes aux programmes de soutien à domicile, la travailleuse sociale cueille des informations en vue de compléter les dossiers et d'enclencher les divers processus administratifs. La rencontre a donc permis d'établir un contact significatif avec le couple. Mais outre les objectifs explicites de cette première rencontre d'évaluation, la travailleuse sociale a identifié que Monsieur aurait peut-être besoin de protection à l'encontre de sa femme, ou, qu'à tout le moins, le couple aurait besoin d'une thérapie conjugale pour normaliser leur relation. Ce dernier constat ne sera pas exprimé ouvertement pendant la rencontre, et il n'est pas certain qu'il fera l'objet d'une intervention.

Le discours sur cette intervention se structure par une unité de sens opposant *l'information à aller chercher* à *faire du social*. Il ne faut cependant pas avoir une lecture strictement administrative du premier pôle. Certes, l'information qu'il faut compiler porte sur des *besoins* objectifs de Monsieur, de ses capacités, et de la nécessité de soutenir Madame dans son rôle de pilier du maintien à domicile, mais la travailleuse sociale a également besoin de connaître ses besoins subjectifs, comme ses désirs et ses motivations. Quant à la nécessité de consigner les informations concernant ses besoins explicites, se trouve une activité plus univoque d'évaluation des capacités, ce que traduit *ce qu'il peut faire*. Ce pôle se détaille par une série de conjonctions *fonctionnel/adapter le logement, droit à* des services/*vérifier son intérêt* qu'il faut lire en fonction des exigences des programmes. Ainsi, le droit formel à un service ne suffit pas à mobiliser les ressources, compte tenu de leur rareté. L'intérêt de Monsieur doit être légitime et sa motivation express et, à l'inverse, ces caractéristiques ne suffisent pas si le droit est incertain. À tout le moins, une franche motivation indique à la travailleuse sociale qu'elle peut toujours *essayer* d'obtenir le service, par exemple, un nouveau matelas orthopédique du service d'ergothérapie. Concernant l'évaluation sommaire de la capacité fonctionnelle de Monsieur, des indices généraux sont suffisants (la propreté du plancher, sa capacité à avoir des loisirs, etc.). Mais la recherche d'indices factuels éventuellement mis en preuve pour estimer le droit s'arrête lorsque Madame utilise son emprise sur monsieur pour dévoiler en détails « ses histoires de tuyauteries ». Le détail utile est celui qui est strictement nécessaire à la mobilisation des programmes. Ce pôle *programme* prend une grande part de son sens en se distinguant de *faire du social,* soit établir un contact avec Madame, car *si elle ne m'aime pas, on est fait.* Le *on* réfère, ici, d'abord à l'équipe multidisciplinaire du soutien à domicile et, de façon ultime, à l'État intervenant. Cette prise de conscience de l'importance d'établir un lien avec Madame s'oppose, terme à terme, avec le rappel fréquent qu'elle est *là pour Monsieur,* quitte, éventuellement, à prendre position pour lui, contre sa femme. Le lien tissé avec elle favorise tout de même son ouverture psychologique, plus particulièrement sur la fin de la rencontre : « Qu'arriverait-il *si je partais* ? » Cette question, indice même de la confiance établie, permet à la travailleuse sociale d'affirmer haut et fort qu'elle est là pour les aider, par-delà les programmes s'il le faut.

Par-delà les incertitudes qu'implique le recours à différents programmes en terme d'admissibilité, le lien créé avec Madame permet d'envisager une *aide*. La travailleuse sociale boucle l'entretien de recherche en disant cette phrase chargée de sens : « Je vais essayer de tourner ça pour pouvoir les aider ... tout en respectant le programme. » Ici, c'est moins la demande ou la problématisation sociale qui priment que le désir d'aider ce couple malgré les contingences. Elle se pose clairement en agent de base (Lipsky, 1995) qui, par son action, contribue à définir le social. Pour cela, elle va faire jouer au maximum les possibles qu'offrent les programmes, *tout en les respectant.* Mais l'important envers de cette proposition est qu'elle pourra, éventuellement, expliquer au couple ses limites. Car nous ne sommes pas ici dans un rapport marchand, où les besoins d'un client rencontrent l'offre d'un prestateur de services, mais bien dans un rapport social, médié par une femme frontière (Freynet, 2000), ayant un projet professionnel, si ce n'est émancipateur, à tout le moins humaniste. Ces rencontres complexes des ressources, des mandats sociaux et des problématiques sociales aux projets d'intervenir forment sans doute un nœud de sens important pour comprendre le travail social.

Notons aussi les deux statuts accordés au relationnel. Avec Monsieur, d'une part, il est nécessaire d'établir un contact pour atteindre sa subjectivité afin de brosser le portrait précis de ses désirs, besoins, capacités et motivations. Pour Madame, d'autre part, le relationnel est instrumentalisé à la nécessité d'établir une confiance suffisante à ce que l'inconfort de l'intrusion d'un tiers lié à l'État soit réduit autant que faire se peut. Une fois le lien créé, la relation peut retourner à son sens premier, soit offrir des services dans le cadre d'une agence étatique. C'est ce qu'il fallait faire, *c'était une première entrevue.*

Schème spécifique de l'interlocutrice no. 17 : travailleuse sociale au soutien à domicile

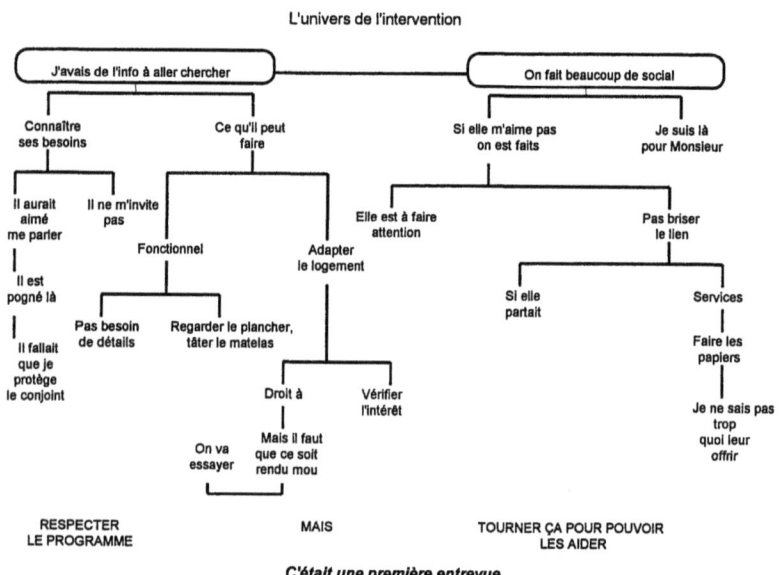

L'interlocuteur no. 18 : travailleur social au soutien à domicile

La demande initiale provient du fils d'un couple dont la femme prend soin de son mari souffrant de la maladie d'Alzheimer en phase avancée. Il estime que sa mère est en voie d'épuisement et qu'il est donc nécessaire de placer son père en institution, dont l'état se détériore sérieusement, puisqu'il souffre maintenant d'incontinence. À partir de cette demande, le travailleur social se présente à la maison en occultant le but explicite de la rencontre, soit de vérifier la nécessité d'un placement. Il va donc à domicile, prétextant qu'il était de passage dans le voisinage. Sur place, il constate trois choses. Premièrement, l'état de Monsieur s'est effectivement dégradé. Deuxièmement, la maison est bien tenue, ce qui laisse croire que Madame réussit convenablement dans les circonstances à accomplir ses tâches. Enfin, il constate que Madame ne formule aucune demande de support, l'orientation de Monsieur vers un placement n'est pas, dans sa perspective, à l'ordre du jour. Ces constats rapidement faits, la rencontre s'oriente dans une autre direction. Le travailleur social cherche à établir un lien avec la dame, souligne que l'état de Monsieur ira en se dégradant et que, le temps venu, si elle le désire, elle pourra le contacter pour obtenir des services. Après la visite, le travailleur social contacte le fils afin de lui faire voir que sa mère n'est pas prête à envisager le placement, que cela est son droit le plus strict et, qu'après tout, elle se débrouille pour l'instant fort bien. Il le convie enfin à rejoindre sa stratégie d'intervention, c'est-à-dire de demeurer en veille à l'égard des besoins de la dame, tout en respectant, *pour l'instant*, ses choix. S'il s'avérait que la situation devienne dangereuse pour elle, l'intervention se ferait avec plus d'insistance.

La relation sémantique principale structurant l'intervention concerne *la demande du fils* en regard du fait que la dame ne *demande rien*. En fait, cette intervention peut poursuivre deux cibles potentielles, l'une ciblant le fils et l'autre la mère. À propos du fils, la réflexion première du travailleur social vise à donner sens à la demande. S'agit il *de se débarrasser* d'un fardeau, le père, ou de véritablement aider la mère ? S'il constate que le fils n'est pas ce mauvais garçon qui veut se débarrasser de son père, il enregistre, néanmoins, clairement que la demande consiste à convaincre la mère d'accéder à sa demande, et ce de façon stratégique, voire occulte. Cette demande engendre une stratégie d'intervention où les questions se veulent *plus profondes* et insistantes auprès de la mère qu'elles ne l'auraient été sans cette demande. Mais *t'as beau avoir une demande,* il n'est pas dit qu'il faille lui répondre dans les mêmes termes.

Il constate dès les premières minutes de la rencontre avec le couple qu'il lui faut clairement *établir qui est le client* véritable, ce qui prend sens en regard de son sentiment d'être *piégé*, non pas par la mauvaise foi du demandeur, mais par le fait simple qu'il s'agit d'une demande formelle, à laquelle il se doit de répondre. Cette question du client officiel et du client véritable traverse l'ensemble de l'intervention. Bien que Madame ne *veuille pas de services* et qu'elle désire *aller jusqu'au bout* avec son conjoint, le travailleur social *évalue la dangerosité* de la situation. Le sens de cette évaluation s'exprime par la relation sémantique *situation vulnérable/respecter ses choix*. Les *indices* que la situation se détériore (incontinence anale du mari, pleurs brefs quoique contenus de la dame) sont nombreux. Mais elle *s'organise*, et elle n'est *pas pire physiquement, lucide et ne pleure pas trop*. À ce moment, l'intervention se réoriente : vers le fils, où l'idée de *respecter sa mère, présentement*, sera préconisée, puis vers la dame, où il importe de *créer un climat de confiance,* car *elle rappellera* lorsqu'elle aura besoin du support du CLSC. D'ailleurs, le travailleur social conçoit son intervention dans la durée ; il *assure une certaine sécurité,* et donc *le suivi continue.* Cet énoncé traduit cette double orientation du *respect* des choix de la dame tout en assurant une veille diagnostique. S'il s'avérait que la sécurité de Madame soit menacée, l'action passerait du mode *suivi* au mode *intervention,* avec un déploiement stratégique de moyens d'une toute autre ampleur.

Pour cette intervention, la place de la demande sociale est déterminante, le travailleur social se mobilisant pour répondre à la demande formelle qui lui est présentée. Alors qu'il se rend compte qu'elle a induit dans sa pratique un biais, soit des *questions plus profondes* et plus insistantes auprès de la mère, et qu'il lui faille rétablir qui est véritablement le client, la réorientation de son intervention n'est que partielle.

Schème spécifique de l'interlocuteur no. 18 : travailleur social au soutien à domicile

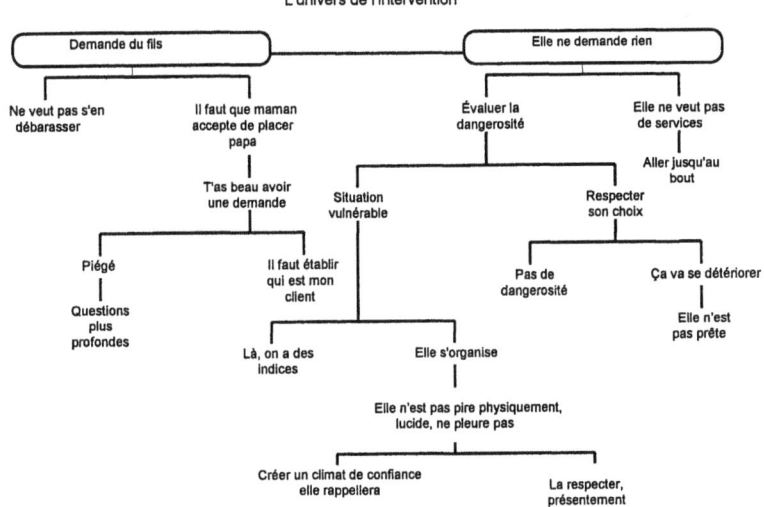

En fait, même s'il estime souhaitable de respecter les choix de la mère, son action s'allie à la demande du fils par cinq actions occultées : 1) il évalue le risque pour Madame ; 2) il évalue l'état de dégénérescence de Monsieur ; 3) il collige des indices ; 4) il établit un climat de confiance expressément pour qu'il devienne une ressource significative pour la dame lorsque la situation sera dégradée, et 5) il établit avec le fils qu'il agira lorsque le seuil d'insécurité sera franchi. Que comprendre de cette contradiction apparente ? En fait, la demande du fils, bien qu'elle heurte les valeurs professionnelles du praticien, se conjugue aisément à la demande sociale du soutien à domicile, soit d'éviter l'épuisement des ressources familiales qui pourrait provoquer leur basculement du côté du système de santé. Le travailleur social passe donc en mode veille clinique, eu égard à la sécurité de la dame. Est-ce à dire que la valeur du respect des choix de la clientèle n'est que poudre aux yeux ? Bien sûr que non. Mais le respect des choix d'une personne se met toujours en balance des responsabilités sociales du praticien et de l'institution, responsabilités auxquelles il adhère autant de cœur que de raison. L'intervention sera donc humaniste, tant qu'elle le pourra, tant qu'elle ne mettra pas en cause leur responsabilité sociale.

L'interlocutrice no. 19 : travailleuse sociale en santé mentale

La demande provient d'une femme qui souffre d'une dépression nerveuse chronique, avec des idées suicidaires. Il s'agit de la troisième rencontre d'une première consultation. Selon la travailleuse sociale, cette femme est très motivée et a un bon potentiel, mais elle présente un important problème d'estime de soi. Ses enfants lui ont été retirés, un psychologue ayant estimé qu'elle n'était pas apte à les élever. Elle a en outre été victime de violence conjugale. Peu auparavant, une amie de longue date l'a remise sérieusement en question, la menaçant de la laisser tomber si elle ne modifiait pas certaines attitudes négatives. Bien qu'elle soit très attristée de ce fait, elle rit « exagérément », la travailleuse sociale qualifiant ce comportement d' « hystérique ». L'intervenante ouvre la discussion avec un vague « Comment ça va ? ». La femme lui présente alors l'échec qu'elle vient de vivre avec son amie, puis établit des liens avec des problèmes vécus pendant son enfance. Elle présente également une activité positive qu'elle a réalisée, soit de sortir avec un homme. Cependant, elle a une grande peur des maladies transmissibles sexuellement, ce qui provoque un épisode d'information très serré sur ce thème. Au milieu de la rencontre, la travailleuse sociale lui demande de confirmer une hypothèse interprétative quant à son problème. « L'hypothèse était qu'elle met tout dans le même pot », c'est-à-dire que chaque problème vécu est assimilé à l'échec de la personne toute entière, d'où l'impact négatif sur son estime de soi. La cliente apporte des exemples pour confirmer la pertinence de l'hypothèse, puis entre ostensiblement en introspection. La travailleuse sociale n'intervient pas, la laissant cheminer à sa façon. Au terme de la rencontre, elle lui donne, comme devoir, de vérifier si cette hypothèse a du sens dans sa vie quotidienne.

La structure la plus fondamentale de ce récit est une conjonction entre ce *qui fait problème* et *commencer où eux autres sont prêts à commencer*. Le premier pôle de cette conjonction concerne les problématiques sociales reconnues. Dans ce cas-ci, ce qui fait positivement problème est la *peur/risque* des maladies transmissibles sexuellement ainsi que les idées suicidaires. Dans le premier cas, la peur des maladies provoque une mobilisation professionnelle proactive par une intervention à l'occasion de laquelle se réalise *plein de prévention*.

Quant aux idées suicidaires, nous ne rencontrons pas une telle mobilisation professionnelle, rendue moins nécessaire par l'affirmation de la cliente que tout va mieux à cet égard. Il importe, ici, de souligner que cette première modalité de mobilisation professionnelle occupe une toute petite place dans le budget temps de cette intervention ; elle se caractérise donc moins par son ampleur que par le registre de mobilisation professionnelle qu'elle révèle. Il s'agit d'une posture potentielle qui permet de donner sens au second pôle de la relation sémantique. En regard de cette forte mobilisation professionnelle relative aux maladies transmissibles sexuellement, se trouve une mobilisation plus substantielle en terme de durée, beaucoup plus lente et rythmée aux besoins explicites de la cliente. Ces besoins sont les bons, puisque dits par la cliente, même s'il existe toujours un risque qu'ils deviennent problématiques. À ce propos, la relation sémantique *peut devenir problématique/c'est correct* traduit l'aire des possibles pour une travailleuse sociale humaniste qui doit, en outre, répondre à des demandes sociales en ce qui a trait aux maladies transmissibles sexuellement et à la prévention du suicide. Le jeu des mobilisations professionnelles qui s'élucide ici traduit en fait le jeu des demandes et la nécessité de trouver des réponses adaptées à chacune.

Schème spécifique de l'interlocutrice no. 19 : travailleuse sociale, santé mentale

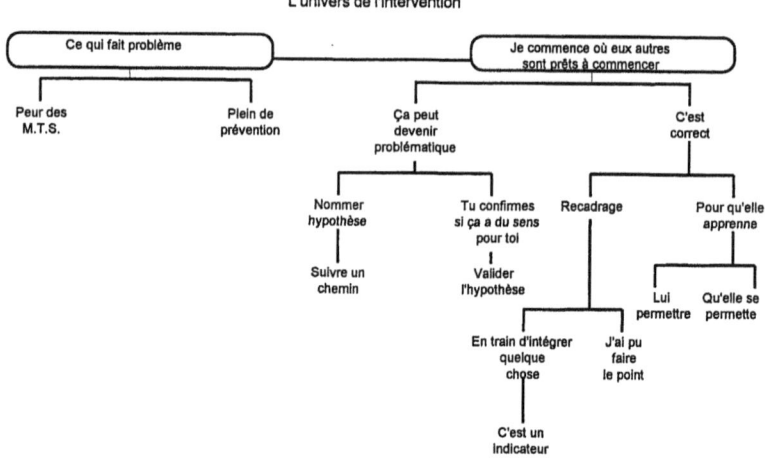

Pour la suite du schème, on voit que la conjonction s'atténue pour laisser place à un ensemble d'éléments méthodologiques où la travailleuse sociale initie à partir des matériaux apportés par la cliente une intervention qu'elle devra relayer à la maison. Ainsi, *nommer une hypothèse* prend sens dans la mesure où la cliente peut la confirmer et expérimenter ses aboutissants. Il faut, enfin, noter que le travail existentialiste de l'intervenante se réalise en regard d'une activité de veille clinique où les attitudes et comportements de la cliente, comme par exemple son introspection ostensible ou le caractère démesuré de certaines réactions offrent autant d'*indicateurs* quant à ce qui peut *faire problème*. L'absence ou le contrôle de problèmes à forte reconnaissance sociale favorisent ou non le cheminement existentiel.

L'énoncé *elle vient me consulter pour ça* traduit la posture d'intervention humaniste et existentialiste de l'intervenante et pose la demanderesse dans un rapport de responsabilité à l'égard de son propre cheminement. L'intervenante se perçoit alors comme consultante qui, avec son regard externe à la situation, se permet de formuler une hypothèse interprétative à cet égard. Même une activité fortement normative comme le recadrage peut, ici, s'interpréter à la lumière de cette position fondamentalement humaniste. Le schéma laisse donc apparaître deux niveaux de mobilisation professionnelle, l'un doux, lent, réflexif et relationnel, fondé sur la perspective humaniste, l'autre proactif, rapide, univoque et direct à l'égard des problématiques sociales fortes. Bien que cette conjonction soit apparente dans le discours de la locutrice et dans son action, nous remarquons que la conjonction s'occulte dans le cours de l'intervention. *Ça peut devenir problématique* et *c'est un indicateur* traduisent tous deux la présence, au moins en filigranes, d'une posture nettement plus interventionniste tout au cours de la rencontre. Quel sens accorder à ce jeu des modalités de mobilisation de soi ? Que signifie cette veille diagnostique, dans l'ombre d'une posture humaniste proclamée avec force ? Nous retenons deux pistes de réflexion. La première concerne le statut du relationnel dont l'instrumentalisation ne peut être élucidée, sinon au prix du bris du lien nécessaire à l'intervention. Cela constitue une forme d'invariant praxéologique très déterminante pour l'action professionnelle. Cette lecture implique un projet d'intervention unique où la travailleuse sociale travaille en fonction des problématiques sociales et des mandats organisationnels tels que donnés. La seconde possibilité pose l'intervenante à la jonction de deux mondes, de deux univers de sens, qu'elle doit articuler au meilleur profit de l'un et de l'autre de ces mondes. Véritable femme interface, elle doit jongler avec différentes demandes provoquant parfois des messages paradoxaux, qu'elle se doit de gérer. Cette position de l'interface entre le général et le particulier et ses contradictions éventuelles, qui se résolvent sans doute quotidiennement dans l'ombre de la rencontre clinique, pourrait constituer l'une des conditions de l'interdisciplinarité pratique des plus déterminantes. L'interdisciplinarité se conçoit, alors, à la périphérie des frontières cartographiées des terres connues. Par-delà ces frontières, le cartographié laisse place à une multitude de sentiers d'usage.

L'interlocutrice no. 20 : travailleuse sociale en milieu scolaire

Cette travailleuse sociale reçoit une mère et sa fille de 15 ans. La première s'inquiète des comportements de la seconde, notamment quant à la consommation de drogues. Bien que ce soit la mère qui initia la demande, c'est la fille qui contacta la travailleuse sociale. Elle est donc relativement volontaire à la démarche, même si elle a connu par le passé une expérience d'intervention négative. Mère et fille ont été rencontrées séparément au préalable de cette première rencontre à trois, pour laquelle l'objectif était expressément d'établir un plan d'intervention qui fonderait une démarche de longue haleine. La rencontre s'ouvre sur une question formulée par la travailleuse sociale : « Avez-vous observé des améliorations dans le comportement de l'autre depuis notre dernière rencontre ? » Cette question permet à chacune de dire à l'autre ses récriminations, en présence d'un tiers socialisé. La rencontre s'est par la suite déroulée sur un mode de gestion de conflit : la travailleuse sociale gérant les tours de parole, relativisant les dires, les amenant à voir les ponts qui les relient, explorant des pistes de solutions temporaires. Le plan d'intervention n'a finalement pas été établi explicitement.

L'univers de sens pour cette intervention se déploie autour d'une conjonction principale, soit *l'établissement d'un plan d'intervention* et le lancement d'une discussion libre sur les *améliorations perçues*. Si cette discussion provoque une digression certaine, elle permet à la travailleuse sociale d'apporter une hypothèse interprétative générale quant au conflit mère/fille. Cette hypothèse s'est formulée elle-même comme une relation sémantique autour de laquelle s'articula la suite de l'intervention. La travailleuse sociale estime que mère et fille ont un problème de communication, que l'une et l'autre s'abordent *avec la tête* plutôt qu'avec *le cœur*.

Côté cœur, la travailleuse sociale présente une série d'arguments émotionnels. Elle *vendra* son hypothèse, que la mère et la fille *achèteront* par la suite. Côté tête, elle *recadre*, c'est-à-dire qu'elle tente de rectifier le sens qu'accordent les clientes aux événements rapportés. Par exemple, elle intervient auprès de la mère afin de lui faire savoir qu'une punition, pour être efficace, doit être proportionnelle et en lien direct avec la faute commise. Ce recadrage prend sens au travers de la relation sémantique j'*ai réussi à/il faut que* où la relation signifiante se construit comme un idéal. Le travail de recadrage prend lui-même sens lorsqu'il se combine au travail de normalisation, ici encore au sens d'établir que *c'est correct* d'avoir une attitude donnée. Il y a cependant à ce propos un chassé-croisé d'actions où ce qui est normal pour la fille (de rentrer tard) implique qu'il soit normal pour la mère de réagir (en exprimant son inquiétude). En fait, elle lance ici un message visant l'acceptation mutuelle des comportements qui ne sont pas fondamentalement heurtants pour l'une et l'autre.

Schème spécifique de l'interlocutrice no. 20 : travailleuse sociale en milieu scolaire

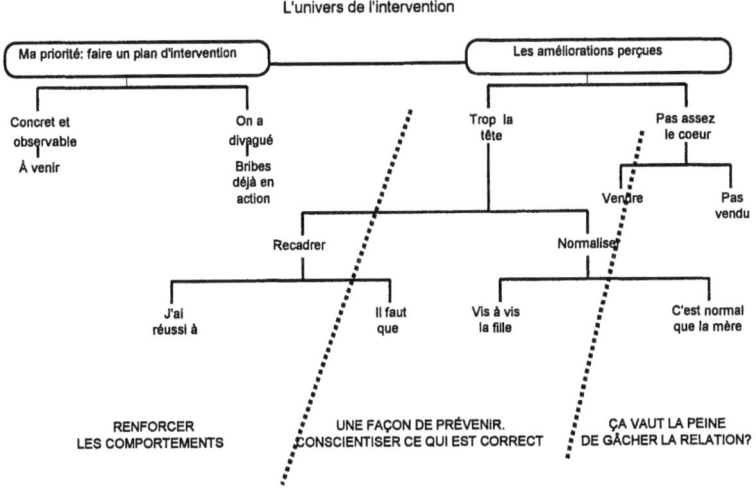

Bien que la travailleuse sociale constate que la rencontre ait quelque peu *divaguée* et que le plan d'intervention demeure entièrement à faire, l'intervention lui apparaît positive car le plan fut établi de façon implicite (*bribes déjà en action*) et qu'il se sublime à travers l'énoncé fort qui traduit l'ensemble de l'intervention : *canaliser vers les solutions*. Le détail de ce qui est fait importe peu, en autant que l'action de chacune soit toute entière tournée vers des solutions efficaces. Pourtant, elle énonce avec force que l'élaboration d'un plan d'intervention concret, mesurable et observable est sa *priorité* pour cette rencontre. Mais rien n'est conclu ici, la prochaine rencontre pourra permettre d'expliciter le plan émergent qui se dessine et se réalise en pratique.

La structure de signifiance de l'intervention que nous avons schématisée articule trois modalités d'intervention : la première vise un renforcement des comportements estimés positifs. Ainsi, la relation apparaît comme un moyen, une série d'occasions pour l'intervenante de signifier son approbation ou sa désapprobation à l'égard de comportements positifs ou négatifs (consommation de drogues, pratiques éducationnelles, etc.). Elle permet, en second lieu, d'agir sur la conscience en normalisant ce qui est correct et ce qui ne l'est pas. Enfin, outre des comportements et des normes, l'intervention fait un appel à l'émotion : est-ce que *Ça vaut la peine de gâcher la relation* pour une histoire de chambre mal rangée ? La réponse de l'intervenante est claire : *non*. Elle engage les clientes à focaliser leur attention sur ce qui importe, soit une relation de qualité. Cette intervention à paliers multiples traduit-elle une incohérence dans l'intervention ? Nous pensons plutôt que cela exprime une pragmatique de l'action toute tournée vers le changement. Ce qui importe, ce sont *les solutions*, par-delà les moyens qu'elles mobilisent.

5.3 Les schèmes communs

Par-delà la diversité des vingt schèmes spécifiques précédents, nous avons reconstruit quatre espaces sémantiques[25] partagés qui nous ont

---

[25] Les mots qui composent les schèmes, à l'exception des intitulés et des énoncés entre parenthèses, sont issus des lexiques des locutrices.

semblé comme les plus signifiants et les plus structurants du champ des possibles interdisciplinaires. En fait, la composition pratique du travail s'articule et se joue au travers et par de telles représentations de l'action. Véritables univers de sens, ces espaces ne doivent pas se lire comme une taxonomie de l'intervention, mais bien comme des types. Ce faisant, le regard se tourne du côté des activités de composition pratique des types, sous-types et diverses modalités pratiques qu'ils engagent. Ici, les divisions disciplinaires nous semblent de peu de poids dans la construction de ces espaces. C'est le caractère de métier relationnel, la normalisation des emplois et les tâches à réaliser, avec les communautés techniques qu'elles supposent, qui sont les éléments les plus structurants de la configuration. Nous avons reconstruit ces univers de sens, ces espaces de l'intervention, à partir de régularités structurant une partie significative des vingt schèmes spécifiques. Par régularité, nous n'entendons évidemment pas une caractéristique totalement transversale à l'ensemble des entretiens, mais plutôt *ce qui peut faire règle* d'énonciation pour un ensemble d'entretiens.

Le premier schème commun recompose un espace de l'intervention où diverses **nécessités d'agir** structurent les possibles de l'intervention. Au plan formel, l'intervention exige une nécessité d'agir, à défaut de quoi elle peut être estimée abus de pouvoir. Cet espace a pour relation sémantique fondatrice *ce qui fait* socialement *problème,* et la nécessité *d'avoir un contact* comme source relationnelle de légitimité de l'intervention. Ce contact est complémentaire à la réalisation d'une intervention comme action sociale sur un problème social. Quant au problème, la nécessité d'agir prend sa source notamment d'un mandat provenant à la praticienne en partie du client lui-même, en partie de son organisation, comme *institution* des systèmes d'intervention. Cependant, cette nécessité incluse à la demande n'est qu'une nécessité initiale qui rencontre une offre potentielle. La praticienne doit, alors, *voir* ce qui en est : voir l'insalubrité des lieux, voir la perte d'autonomie du client atteint de la maladie d'Alzheimer, voir la compliance de la jeune fille, voir le refus de s'amender du père agressif, etc. Ce *voir* peut être ciblé sur des objets prédéterminés socialement, tels que le degré d'attachement, les troubles auditifs, ou la perte d'autonomie. Mais la possibilité de *voir*, c'est surtout la possibilité de *voir autre chose* que l'attendu. L'intervenante donne alors valeur à ce qui est vu en fonction d'une grande diversité d'échelles, telles que l'urgence/la non-urgence, le corps/l'esprit, le normal/l'anormal, etc. Ce qui nous semble mieux contenir l'ensemble de ces échelles, c'est l'évaluation du *grave/pas grave,* de laquelle découlent des interventions spécifiques et modulées. Le *grave* est en intervention d'abord un grave social, en regard de la formulation des problématiques sociales. Le *grave* existentiel, la perte de contrôle, la crise, sont autant d'indices cliniques que l'état du client se détériore, avec ses coûts sociaux potentiels. Quoiqu'il en soit, le *grave* exige une *intervention,* ici en son sens le plus intrusif et unilatéral qui soit. Le *pas grave* engagera plutôt des interventions *de l'âme* telles qu'enseigner, normaliser, recadrer, recommander, rassurer, et toutes les formes possibles de l'instillation normative. Il importe ici de distinguer la gravité « objective » (en fait *objectivée)* de la souffrance existentielle, certes importante, toujours significative au plan diagnostique, mais attribuée de la règle d'internalité supposant qu'il s'agit, d'abord et avant tout, d'une affaire personnelle, d'un défaut de volonté.

Dans cette première moitié du schème commun, l'intervention est, somme toute unilatérale, en ce sens qu'elle n'engage que très sommairement l'intersubjectivité, considérée comme simple contingence d'une pratique qui sait d'elle-même quoi faire. Dans l'autre moitié, le relationnel prend une toute autre ampleur. Le *contact* s'établit à la fois par le *dire* et l'*écoute.* Il va de soi que le *dire* est plus proactif, en ce sens qu'il a son objectif propre, celui d'*engager* le client au plan subjectif vers la solution évidente au problème. Pour ce faire, l'intervenante lancera le rapport client/praticien sur un mode relationnel, si possible existentiel, en favorisant la parole la plus « vraie » qui soit. La phrase type de cette dimension du schème est cet incontournable *Comment ça va ?*, présent dans la très grande majorité des entretiens. Sur la base des réponses que cet énoncé engage, mais surtout sur la base de l'ouverture existentielle qu'il crée, l'intervenante *propose* des solutions, *conscientise* les possibles et *problématise* les choix du client. En regard de cette parole orientée peut se trouver une posture de l'écoute dans laquelle le projet praxique de l'*aide* se réalisera éventuellement, en sus des exigences sociales. Tout au plus s'agit-il ici de la part intersubjective de la relation clinique. Reléguée aux affaires interpersonnelles, cette part constitue-t-elle le plus grand des tacites de l'intervention sociale ? Nous pensons qu'il s'agit bien d'un tacite qui ne peut se révéler ou s'expliciter de la seule parole volontaire de la praticienne, car il se situe en grande partie par-delà le langage, entre autres, du côté de l'autonomie au travail de ces divers métiers relationnels. Car, en regard de cette difficile reconnaissance formelle de la part intersubjective du travail (Que vaut-elle ? Quelle place lui accorder dans la division du travail ? Comment contraindre, contrôler, évaluer l'infinité des besoins auxquels elle pourrait répondre ?), l'autonomie au travail est une reconnaissance *de facto* de cette nécessaire souplesse que les appareils d'État doivent avoir pour la réalisation de leurs mandats à travers l'acte professionnel. Soyons clair : nous ne pensons pas que les sujets travaillant soient très autonomes au travail, mais plutôt que le travail produit en lui-même une forme d'autonomie, l'*autonomie du travail,* comme condition des métiers relationnels.

Au total, l'intervention et l'intervenante sont tournées toutes entières vers l'action : *il y a quelque chose à faire.* Ce quelque chose suit une courbe d'impérativité corrélée des exigences des nécessités d'agir qui lui sont associées. Par-delà les regards disciplinaires, toutes participent de cette conviction interventionniste qui s'exprime en pratique par d'assez larges consensus sur les nécessités d'agir.

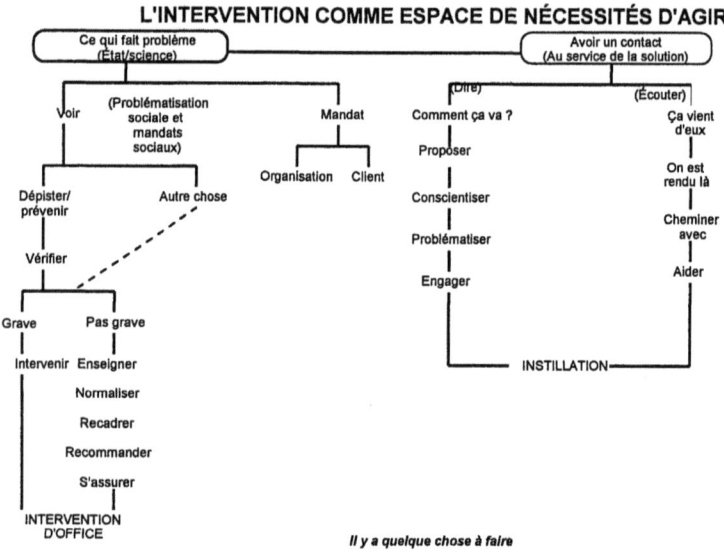

Le second schème commun recompose un espace de l'intervention qui se fonde sur diverses **fonctions sociales.** Ces fonctions sont d'abord relatives à la nature des mandats que les intervenantes rencontrent et articulent dans l'intervention. Les premiers de ces mandats sont sociaux et peuvent être formulés en termes organisationnels, scientifico-techniques ou politiques. Ce qui semble le plus immédiatement signifiant aux praticiennes, ce sont les formulations programmatiques des mandats, car elles en stabilisent la forme. S'il faut, en pratique, respecter d'emblée les possibles de ces programmes, il sont néanmoins perçus tantôt comme contraintes, tantôt comme ressources de l'intervention. Intervenir signifie alors mobiliser ces ressources et, éventuellement pour les travailleuses sociales et certaines infirmières, jouer, influer, agir sur lesdites contraintes. Il va cependant sans dire que si les programmes concernent les problématiques sociales estimées prioritaires par l'État, toute problématique n'a pas son programme. Ainsi, une problématique sociale suffisamment problématisée comporte dans les faits une sorte de mandat implicite à intervenir. L'intervenante recueillera divers indices comme autant de preuves de la présence de ladite problématique, et cherchera *à tourner ça pour pouvoir les aider*. Il s'agit de faire quelque chose malgré l'absence de programmes, les limites des programmes, voire, en circonstances exceptionnelles, à leur encontre. En outre, ces fonctions sociales ne sont pas l'unique fait d'une volonté toute politique et technocratique de production des problématiques sociales. Il faut les concevoir aussi à travers le mouvement de construction symbolique des mandats, par convention.

Or les fonctions sociales en jeu n'impliquent pas que la réalisation de mandats externes à la relation clinique. Le client formule *une demande* que la praticienne cherchera à faire énoncer le plus clairement possible. En regard d'un client véritable, celui au cœur de la relation clinique, se pose une diversité de demandeurs, *a priori* tous légitimes, qui exigent un effort continu d'élucidation du client véritable (le fils demandeur ou la mère porteuse du problème ?). Ici, le rapport au client est ambivalent, en ce sens que le désir d'humanisme de l'intervenante et de son groupe professionnel peut se heurter aux fonctions sociales qui se réalisent par l'intervention. Au plan humain, l'intervenante *respectera les choix du client*, tant que sa fonction le lui permettra, même si en certaines circonstances, il *faudra néanmoins intervenir* d'office. C'est l'une des raisons pour laquelle la relation humaine ne doit *pas aller trop loin*. En tout temps, l'intervenante peut devoir changer de registre et devenir, éventuellement, plus intrusive, voire menaçante du point de vue du client.

Au total, l'intervenante a pour fonction sociale, parmi d'autres, *d'assurer une certaine sécurité*, à l'encontre de la relation s'il le faut. Ces fonctions se distribuent alors sur l'aire des possibles en regard des demandes sociales et de leurs formulations incarnées et situées. Pour les deux cas de figure, il s'agit d'une action sociale définie et finalisée hors d'elle-même, ce que nous nommons une fonction sociale. Quant aux possibles interdisciplinaires, ici aussi, nous constatons un assez large consensus sur les grandes fonctions sociales (prévenir, éduquer, resocialiser, protéger, etc.), et ce d'autant plus qu'elles peuvent partager un socle praxéologique en grande partie commun à chacune. Cependant, il y a lutte de contrôle du champ de l'intervention sociale que chacun des groupes désire normaliser à sa façon, en grande partie par conviction mais aussi par intérêt. Ici réapparaît, avec beaucoup de force, le débat *inter*-disciplinaire, le projet de disciplination de l'autre dans son action.

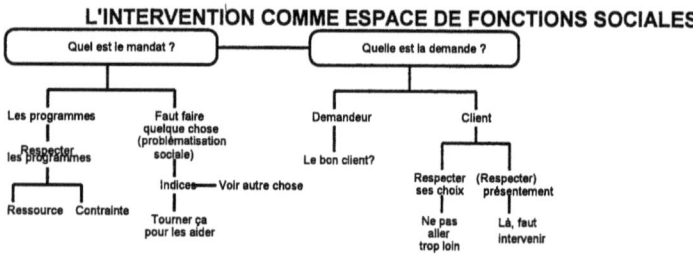

On assure une certaine sécurité

Le troisième schème commun recompose un espace de l'intervention comme **relations professionnelles**. Il se fonde sur la relation sémantique *faire ma technique* et *faire du social*, où la technique découle d'un problème socialement reconnu et d'une demande à laquelle l'intervenante entend et se doit de répondre. Découle du problème une action planifiée, soit *a priori*, il s'agit alors d'un protocole, soit en situation, il s'agit alors d'un plan d'intervention, composé plus ou moins explicitement et spécifique à la situation donnée. Le premier vise à *traiter*, c'est-à-dire à corriger positivement, et ce dans tous les sens du terme, un problème qui ne fait pas l'objet de discussions tellement son évidence est grande. Le second est plus relativiste, car il s'agit de *canaliser vers des solutions*, quelles qu'elles soient, dans un maelström processuel. *Faire du social* se pose dans un rapport de sens où la dimension temporelle est importante. La relation permet, dans l'instant présent, d'aller chercher des informations, d'assurer la collaboration du client, etc. Elle permet, en outre d'établir un lien sur la durée, une signifiance qui permettra au plan professionnel de mieux intervenir lors d'une éventuelle détérioration de la situation.

Pour les deux pôles du schème commun, l'action est d'abord et avant tout un *faire*, un *faire efficace*, une action qui se veut et se revendique comme professionnelle. Qu'elle soit technique, ou qu'elle soit relationnelle, il s'agit ici d'apporter une expertise et un savoir-faire rigoureux, méthodiques et scientifiquement fondés. Cependant, *faire sa technique*, comme *faire du social* dans une perspective d'abord instrumentale, ne permet pas de réaliser pleinement les projets professionnels que sont, entre autres, la promotion et le développement de la santé ou le changement social. Si l'action professionnelle apparaît, ici tout entière, tournée vers des solutions, elle porte en elle les germes de son propre dépassement. Au-delà du *faire efficace*, soit le sens du concept de *praxéologie*, se trouve l'horizon du dépassement de la technique. Il importe d'*aller plus loin que le traitement*, estimé trop techniciste, pour accéder à la dimension supérieure de l'être professionnel, soit l'*art libéral*. Ici, les *ethos* professionnels spécifiques ne constituent pas un lieu de rencontre interdisciplinaire, mais plutôt ce à propos de quoi les unes et les autres doivent se taire pour réaliser des translations pratiques nécessaires à la coopération. En fait, leurs projets de monde sont trop différents pour tenter l'explicitation complète des fondements de la pratique dans une perspective disciplinaire. Mais surtout, les intervenantes partagent ce désir professionnaliste de transcendance, cet au-delà du traitement, ce rapport à l'intérêt public. Tout cela crée donc une impression de *communauté d'intervention*, certes conflictuelle et sous tension, mais qui fait en sorte qu'elles partagent un même destin pratique, terreau de toutes les paix.

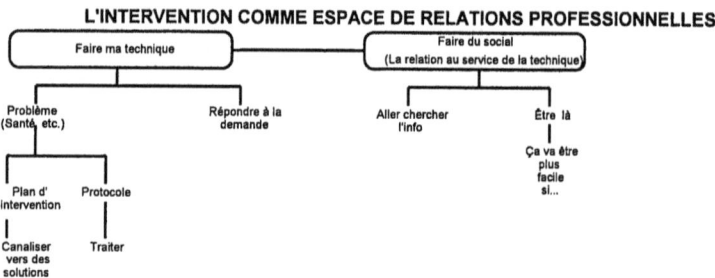

Aller plus loin que le traitement

Le dernier des quatre schèmes dessine les contours d'une intervention comme espace de **relations humaines**. La relation sémantique structurante *commencer où eux autres sont prêts à commencer/en attendant* indique une quasi inversion de la relation sémantique première structurant le schème précédent. Ici, la posture humaniste se réalise dans les trous d'une technique secondaire à la vérité de la relation. La technique est généralement silencieuse, tacite, voire peu signifiante, véritable fourre-tout éclectique en travail social. Elle donne cependant un accès privilégié à la personne et permet, sur la base de la reconnaissance d'une commune humanité, d'aider le client quant au problème-objet de la demande, mais aussi, voire surtout, au plan existentiel que le problème révèle ou sous-tend. Mais par-delà l'énoncé de principe affirmant la nécessité humaine de concevoir l'intervention comme une auberge espagnole où l'intervenante compte sur ce que la personne apporte dans la relation clinique, apparaît, lorsqu'on y regarde de plus près, une opposition importante entre *respecter les choix* du client et un travail incessant d'instillation normative, repérable par l'action de *faire des commentaires*. Ces commentaires, et cette diversité d'action sur les attitudes, sont dits secondaires à l'action d'accompagnement existentiel, car ils ne concernent que les contenus d'un processus fondamental, transversal à la pluralité des situations, parce qu'affaire humaine.

Au total, selon cette perspective, l'intervention est fondamentalement l'accompagnement d'un existant en cheminement vers ses solutions. Cependant, pour prendre une métaphore nautique, cet accompagnement se réalise en dérive. Le cheminement est celui de l'existant, qui choisit lui-même le cap désiré. Mais par une série d'actions plus ou moins fortes, plus ou moins explicites, l'intervenante-dériveur influe discrètement, parfois imperceptiblement, sur l'orientation de la trajectoire, d'une façon néanmoins efficace. La destination devient destinée sociale. Quant à l'interdisciplinarité pratique, la rencontre est possible sur la reconnaissance de l'humanité de toute relation de services, sur le caractère processuel des interventions, parfois sur la définition des objectifs de changement.

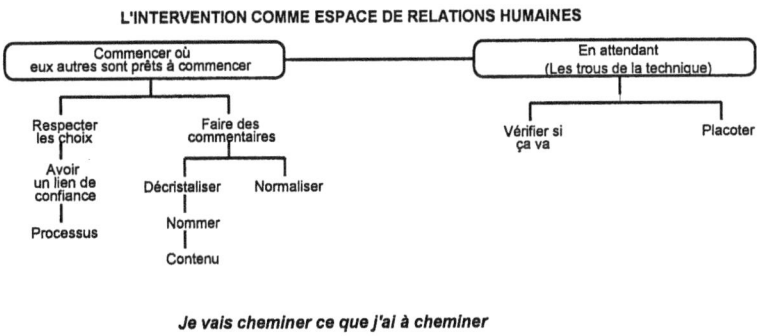

Les quatre schèmes communs s'articulent en pratique entre eux et sont présents en diverses proportions dans l'ensemble des entretiens de recherche. De façon globale, le dernier schème traduit le mieux ce que disent spontanément les praticiennes de leur pratique. Elles parlent en effet d'abondance, de l'aspect relationnel, humaniste et relativiste de leur intervention. Une analyse plus approfondie permet, cependant, d'élucider les schèmes restés dans son ombre. Le troisième schème apparaît avec force chez certaines infirmières, pour lesquelles l'intervention a une composante technique importante. Le second apparaît aussi relativement facilement pour les intervenantes des deux groupes professionnels travaillant au sein de programmes (soutien à domicile, périnatalité, santé et sécurité au travail). Encore une fois, nous pensons que le premier déterminant de la signifiance des schèmes pour dire la pratique de ces intervenantes n'est pas la discipline, mais bien la tâche et la position que chacune occupe au sein de l'organisation du travail.

Il est possible de faire un exercice de classement disciplinaire afin d'illustrer l'importance de la tâche et de la position dans l'organisation dans la construction de l'intervention. Pour ce faire, nous avons distribué les vingt schèmes spécifiques en regard de deux continuums structurant les univers de sens de l'intervention. Nous posons en un premier continuum les rapports que les unes et les autres entretiennent avec les espaces des *relations humaines* et des *relations professionnelles*. Il est légitime de les poser en continuum dans la mesure où entre les deux pôles se trouvent toutes les teintes possibles du relationnel. Le second continuum *nécessités d'agir/fonctions sociales* se pose aussi en toute logique dans la mesure où ces deux schèmes offrent des légitimités externes à l'intervenante pour agir plus ou moins unilatéralement et avec plus ou moins de force dans la vie d'autrui. Le croisement de ces deux continuums permet, de façon strictement heuristique, de positionner les entretiens de recherche de façon tendancielle[26].

---

[26] Cette mise en forme a le défaut de s'arrimer à une analogie mathématique où le point de rencontre est zéro. Mais nous voulons poser les pôles de façon structurale, c'est-à-dire que l'un n'est pas la négation de l'autre mais bien sa complémentarité au plan du sens. Convenons qu'une position plus ou moins éloignée d'un axe indique une intensité à hauteur variable du schème, et que la position d'un entretien en un point signifie la faible présence des autres schèmes, mais nullement leur absence. Les chiffres renvoient aux numéros d'identification des schèmes spécifiques.

L'aire des positions possibles en regard des quatre schèmes communs

```
                          Relations humaines
   16   19                 |   20      14
       12                  |     7 8                    2
                  6        |
                 Sage      | Médiateur      Fonctions
  Nécessités               |                sociales
  d'agir       ────────────┼────────────
                 Expert    | Fonctionnaire
              9            |   11           15  5
     1        3            |   10  4    17  13   18
                           |
                     Relations professionnelles
```

Ce travail de classement nous a permis de nommer des formes identitaires partagées par les deux groupes disciplinaires. À la confluence des schèmes des *relations humaines* et des *nécessités d'agir*, se trouve une intervention d'inspiration existentialiste où la figure du **sage** donne une représentation type de l'intervenant. Ici, une conception de l'humain est au cœur de l'action. L'intervenant est un *co-existant* dont la distance au problème et l'expérience lui procure une certaine sagesse qu'il mettra à profit. La cible de l'intervention est la croissance personnelle du client, de façon incidente celle de l'intervenant. Il pourra s'agir d'instiller des attitudes, mais toujours au nom d'une *commune humanité* qui impose ses propres nécessités d'agir.

À la confluence des schèmes des *relations humaines* et des *fonctions sociales*, se trouve une intervention d'inspiration solidariste où la figure du **médiateur** donne une représentation type de l'intervenant. Une conception communautaire du monde est au cœur de l'action professionnelle, où l'intervenant se situe à l'interface d'appareils d'État, de communautés ou de systèmes familiaux, entre autres. L'intervention est ici plurivoque, et cible autant la personne demanderesse que lesdits appareils d'État. Il s'agira, néanmoins, de réaliser, pas à pas et modestement, un projet de changement social, au nom des exigences du *vivre ensemble*.

À la confluence des schèmes des *fonctions sociales* et des *relations professionnelles,* se trouve une intervention visant l'intérêt public, entendu comme intérêt collectif supérieur, où la figure du **fonctionnaire** donne une représentation type de l'intervenante. Ici, il faut spécifier que nous employons le terme « fonctionnaire » sans aucune référence au lieu commun libéral exprimant par lui seul toutes les figures de la paresse. Nous référons plutôt au sens politique du mot, à cette figure de l'employé qui occupe une fonction cruciale au sein d'un appareil complexe, comme garant de la réalisation de l'universalisme démocratique en gérant et en appliquant de façon désintéressée et indépendante des rapports marchands, les décisions prises par l'État dans l'intérêt public. Une conceptualisation de l'État et de ses diverses institutions est ici au cœur de l'intervention. Sa réalisation passe par une action sur les clientèles, au mieux avec leur accord, sinon à l'encontre de leur volonté, toujours dans l'intérêt général. Ici, l'intervention participe de la réalisation d'un *projet de société* tel qu'institué. Les projets émancipateurs y sont possibles, mais d'abord dans une perspective participationniste, puis éventuellement réformiste, mais toujours dans le respect des règles du jeu.

Enfin, à la confluence des schèmes des *relations professionnelles* et des *nécessités d'agir* se trouve une intervention fondée sur l'idéologie professionnaliste où la figure de **l'expert** donne une représentation-type de l'intervenant. Les savoirs scientifiques et leurs variantes techniques sont au cœur de l'intervention. Sa réalisation passe par l'application spécifique, rigoureuse et rationnelle de méthodes de travail validées en vue de solutionner un problème spécifique. L'intervention est ici au service du *vrai* positif, comme autre figure de l'intérêt public.

Mise à part la figure de l'*expert,* qui permet de positionner trois infirmières exécutant des tâches très techniques, les trois autres figures regroupent autant des infirmières que des travailleuses sociales. De même, la fonction au sens strict, repérable par le poste officiellement occupé et tel que défini, ne permet pas de prédire la position qu'occupe un intervenant dans un schème. Par exemple, une infirmière du soutien à domicile (le no.6) se retrouve dans la figure du *sage,* alors que ses deux collègues du même secteur se retrouvent dans la figure du *médiateur*. Outre le fait que notre travail ne permet ni ne vise à prédire un tel positionnement, l'exercice permet d'éliminer une telle piste d'explication. Qu'est-ce qui distingue alors cette infirmière du soutien à domicile de ses collègues? C'est qu'en pratique, la situation spécifique d'intervention permettait et exigeait d'entrer dans la posture du *sage*. En fait, la fonction occupée, soit la part socialement stabilisée de la tâche, ne prévoit pas toutes les dimensions d'une tâche forcément complexe. Et à cet égard, nul n'est dupe dans l'organisation, chacun connaissant la marge de manœuvre nécessaire au travail de l'autre. En fait, prendre une telle posture constituait, pour cette infirmière dans cette situation donnée, l'un des possibles de son intervention s'imposant d'évidence.

Cette représentation graphique permet, en outre, de réfléchir aux conditions de la translation d'un univers de sens à l'autre, d'un espace de l'intervention à l'autre. De façon tendancielle, la translation du sage au médiateur, et son contraire, est plus probable que le passage de la figure du médiateur vers la figure de l'expert. C'est que dans le premier cas, l'intervention se définit en commun en regard de l'espace des relations humaines. Les passages probables de la translation suivent plus facilement ces structures sémantiques. Des alliances interdisciplinaires sont alors possibles sur la base du côtoiement de ces univers de sens, si les circonstances pratiques le permettent, bien entendu. Une telle représentation permet d'envisager les formes identitaires de façon dynamique, en suivant notamment une intervenante sur une longue durée. Il serait ainsi possible d'analyser des trajectoires identitaires, retraçant dans la durée ses positions dans des communautés techniques en évolution, ou des configurations identitaires, retraçant au cas par cas, selon les exigences de la tâche, la forme identitaire la plus adéquate parmi celles possibles en un temps donné.

L'identité est la forme incorporée et caractérisante des possibles de la tâche. Ces possibles se sédimentent, s'incorporent, s'actualisent et se construisent, dans une certaine mesure, par le sujet professionnel, en regard des conditions de réalisation d'une telle activité. Les mises en forme identitaires appellent donc à l'analyse des processus, des matériaux, des règles et du contexte de leur construction. Il va cependant sans dire, au moins pour nous, que la stabilisation d'une forme identitaire procède de l'efficace même de l'intervention, mais elle n'en est pas à son principe. Un changement dans les conditions de la pratique provoquera un ajustement de la forme identitaire.

CONCLUSION

INTERVENIR ET COOPÉRER :
UNE AFFAIRE DE PROXIMITÉ AU TRAVAIL

L'analyse que nous venons de compléter des usages de la notion d'*intervention* dans les discours sur la pratique nous invite à proposer quelques matériaux d'une théorie de l'intervention. Il s'agit bien de matériaux, puisque nous n'avons pas la prétention de proposer une théorie générale, chantier d'une toute autre ampleur que celui ouvert ici. Notre projet est plus circonscrit et se limite à donner un sens à ces matériaux de façon à mieux comprendre le rôle qu'ils auront joué dans le développement de pratiques professionnelles interdisciplinaires.

Les statuts du relationnel et de la *praxis*

L'intervention est, de toute évidence, une action relationnelle qui apparaît *a priori* comme une *praxis*, soit une véritable mobilisation du soi professionnel. Cependant, nous avons démontré que ce relationnel a différents statuts, qu'il suffise de penser au versant *relations professionnelles* ou au versant *relations humaines* des espaces de l'intervention que nous avons exposés au chapitre précédent. Ces deux versants posent les thèmes de *l'engagement existentiel* et de *l'instrumentalisation* du relationnel comme autant de statuts accordés à la relation dans la réalisation du travail. Quant à l'instrumentalisation de la relation, nous avons vu qu'en certaines circonstances, l'intervention s'en sert pour faciliter le travail en favorisant la collaboration du client, par exemple, ou qu'elle se réalise sous ce mode tant et aussi longtemps que les impératifs sociaux l'autorisent. Elle n'est cependant pas l'entièreté de l'intervention, comme l'affirment certains, ni même sa première source de légitimation. Tout au plus, et cela est fort important, le caractère relationnel apparaît comme l'un des principaux invariants praxéologiques, véritable condition de l'action qui se déroule auprès de personnes. Le choix du relationnel n'est alors pas facultatif, comme il n'est pas l'affaire de praticiennes éclairées ou sensibles : il est condition incontournable de la pratique. Son refus provoque *ipso facto* une expulsion du champ de pratique ou une souffrance professionnelle relativement grande, de la désertion interne aux institutions à l'épuisement professionnel, en passant par toutes les voies possibles de sublimation (syndicat, travail-cadre et, bien entendu, sortie volontaire du champ). De telles souffrances au travail sont d'autant plus troublantes qu'elles sont souvent vécues et ramenées à des considérations psychosomatiques d'un contexte qu'il est difficile de prendre comme objet d'analyse au-delà de la récrimination, bien entendu. Le refus, l'incapacité ou la recherche de nouvelles modalités du relationnel comportent alors nombre de risques pour l'intervenante.

Dans les métiers relationnels, le thème de l'engagement est des plus importants et réfère selon nous à une double signification. En pratique, il importe d'engager au plan existentiel le client dans une relation thérapeutique en grande partie « contre nature ». Car n'oublions pas qu'il ne va pas de soi d'aller dire ses peines à un inconnu qui, par ailleurs, *interviendra* dans notre vie, souvent en voulant la changer. Cette recherche obsessionnelle de l'engagement existentiel apparaît comme une condition du changement véritable, soit un changement d'attitude du client. Il existe, au moins, une seconde signification au terme engagement, que nous empruntons à la psychologie sociale. Dans cette perspective, l'engagement caractérise moins l'état de l'existant que son rapport au cours d'une action. Ici, ce sont donc les « circonstances qui engagent » (Beauvois, 1994 : 120). La déclaration de reconnaissance de la liberté fondamentale du client, et son envers la responsabilité existentielle, forment, selon nous, les conditions pratiques de la légitimation du travail dans les métiers relationnels. L'engagement existentiel du client autorise une action sur les attitudes qui, en d'autres circonstances, apparaîtrait comme brute intrusion dans la vie d'autrui. Beauvois écrit que : « La déclaration de liberté n'affecte pas le comportement de l'individu qui va, de toute façon, se soumettre, mais elle engage cet individu dans son comportement de soumission » (1994 : 122)[27]. Ce faisant, l'intervention apparaît clairement comme une relation, avant tout sociale, qui se déroule sous

---

[27] Et Bourdieu écrit : « Accorder à tous, mais de manière purement formelle, " l'humanité ", c'est en exclure, sous des dehors de l'humanisme, tous ceux qui sont dépossédés des moyens de la réaliser. » (1997 : 80).

le mode de la relation existentielle. Vouloir agir sur les conditions de l'intervention, c'est donc vouloir agir sur le social en tant que tel.

Ce recadrage du statut de la relation ouvre sur une reconceptualisation de notre objet. Pour reprendre l'analogie juridique déjà employée, il serait plus juste de parler de *métiers circonstanciels et jurisprudentiels* que de métiers relationnels. Le relationnel est alors circonscrit à une condition de la pratique plutôt qu'il se déploie comme son objet.

Tout compte fait, la notion d'*intervention* ne réfère pas expressément à une conceptualisation praxique du travail. Au contraire, ces appels idéologiques à une « praxisation » des métiers relationnels (Eraly, 1994) tendent à occulter la part socialement déterminée et normalisante en eux. Nous avons écrit ailleurs qu'il s'agit d'un renouvellement de la bonne vieille idéologie corporatiste, restaurée d'un lexique actuel (Couturier, 2000). Est-ce à dire alors que le travail des praticiennes ne se réalise pas comme une *praxis* ? Cet énoncé serait trop radical, au moins en regard de trois aspects. D'abord, nous convenons fort bien que les intervenantes investissent leur travail de façon à y engager leurs propres désirs personnels et professionnels. Mais le désir est aussi affaire sociale. Seconde prévention, la *praxis* est, de toute évidence, la modalité de réalisation des *ethos* professionnels qui visent sincèrement, d'une part, à humaniser les soins de santé et, d'autre part, à réaliser un projet de société fondé sur une plus grande justice sociale. Mais plus fondamentalement, comme troisième prévention, nous voulons souligner que le statut accordé ici à la *praxis* permet de formuler une question cruciale au développement de notre propos : quoi comprendre de cette forte impression d'évidence qui se dégage des discours sur l'intervention, alors que les intervenantes se revendiquent d'un humanisme et d'un relativisme méthodologique des plus forts pour dire leur pratique?

Nous soutenons que ce qui apparaît *a priori* comme un paradoxe se dissout dans la formulation même de notre esquisse de théorie de l'intervention, notamment par l'affirmation que la *praxis* est modalité de réalisation de l'action sociale en une *épistémè performative libérale,* où les technologies de soi (Foucault, 2001) pallient aux relativement impossibles ordonnances sociales directes dans les affaires de l'âme. L'*épistémè* est la forme que prend un système de discours sur la connaissance à une époque donnée. Nous soutenons que l'*épistémè* actuelle est performative, en ce sens que le savoir est tout entier tourné vers l'efficacité, et libérale en ce sens qu'elle postule un sujet responsable au cœur des processus de connaissance. Les technologies de soi s'ajoutent ainsi aux technologies de la domination et discursives, le fameux axe pouvoir/savoir exploré par Foucault. Dans ces derniers écrits, le philosophe a cherché à démontrer que le pouvoir et le savoir, à eux seuls, sont insuffisants à l'analyse des formes que prend un phénomène social. Les technologies de soi, la troisième dimension de la théorie foucaldienne du monde social, présente des formes différentes du sujet selon l'*épistémè* : à une époque l'aveu, à une autre l'ascétisme, nous pensons qu'aujourd'hui elles prennent la forme spécifique *d'un sujet qui se pose lui-même comme projet et objet d'intervention*. À cet égard, l'*épistémè* est interventionnisme.

Le *monde des systèmes d'intervention*

Cette action sociale par les technologies de soi procède évidemment d'impératifs sociaux, comme en témoignent les espaces *des nécessités d'agir* et *des fonctions sociales* exposés au chapitre précédent. La violence brute ayant moins cours en modernité avancée, puisque qu'en général considérée comme illégitime, les appareils d'État et de nombreux appareils civiques problématisent les questions sociales de façon à les constituer en impératifs sociaux d'action qui engagent des interventions spécifiques. Rappelons Barel (1973), qui désigne les systèmes d'intervention comme pivot de sa théorie de la reproduction sociale où s'articulent, au plan conceptuel, des *systèmes socioculturels*, des *lieux décisionnels* et des *dynamiques de fonctionnement organisationnel*. Ces divers systèmes à portée historique sont au principe de systèmes d'action, les systèmes d'intervention, qui répondent chacun à un système de problématiques sociales. Pour les groupes professionnels, véritables chevilles ouvrières des systèmes d'intervention les plus complexes, chaque problématique sociale devient un territoire de pratique à définir, puis à protéger. Dans un contexte où l'organisation des systèmes d'intervention se veut interdisciplinaire, la catégorie fédérative *intervention* devient, sans l'ombre d'un doute, un indice des transformations de l'organisation des systèmes d'intervention, de la professionnalité en tant que telle et, plus proche de notre objet premier, elle devient une condition pratique et discursive de la rencontre des groupes professionnels.

Empiriquement, les lieux privilégiés d'observation de ces systèmes d'intervention sont les communautés techniques dans lesquelles se constituent et se réalisent les groupes professionnels locaux. Pour Darré, le groupe professionnel est ce groupe qui se concrétise par le fait d'être coactif (1985 : 29) dans une même communauté technique. Cette coaction, cette conjugaison pratique de tâches, et cette proximité des systèmes techniques favorisent l'émergence de pratiques communes, dont l'élaboration d'une langue partagée à la faveur d'une activité dialogique de proximité. Si les paysans étudiés par Darré partageaient un terroir, des productions, des savoirs pratiques communs, les infirmières et les travailleuses sociales partagent, au moins en partie, un lieu de travail commun, des clientèles communes, des programmes communs et, surtout, la nécessité pratique de produire des récits-client institutionnels, professionnels, et interdisciplinaires communs. C'est précisément à ce niveau que se réalise la translation comme passage d'un univers de sens à l'autre, à la faveur de la proximité au travail.

C'est pourquoi les systèmes d'intervention forment pour nous le premier ancrage d'une théorie formelle de l'intervention. Elle n'est pas une affaire personnelle, ni seulement une affaire professionnelle. Elle est, d'abord, une affaire techno-politique, une action sociale protocolarisée dans un contexte épistémique *performatif libéral*, où les systèmes d'intervention actuels exigent et produisent l'engagement praxique du client et du praticien pour leur réalisation. C'est ici que la dimension des invariants praxéologiques prend tout son sens comme réalisation pratique de cette unification conceptuelle entre des systèmes d'intervention fondés sur ce qui semble *a priori* une *praxis*, une mobilisation du sujet.

Le sens pratique et les *invariants praxéologiques*

Les invariants praxéologiques tels que conçus ici sont autant de désignations préconceptuelles et pratiques, parfois formalisées dans les écrits professionnels du *sens pratique* (Bourdieu, 1980a). Il s'agit d'ethnométhodes partagées par le groupe coactif. C'est pourquoi ils sont innombrables, et que la tentative de leur objectivation est illusoire. Nous pouvons substantivement nommer les principaux invariants praxéologiques à l'œuvre dans quelques discours de l'intervention d'un certain nombre de praticiennes, et espérer, avec une relative confiance, que ceux-ci trouvent écho dans la pratique d'autres praticiennes, par effet d'homologie. Nous pensons cependant plus utile de chercher à conceptualiser leur statut dans la production même des possibles de l'intervention et de l'interdisciplinarité pratique. C'est dans cette perspective que nous proposons une esquisse d'une grammaire de l'intervention.

Si nous employons les trois axes exposés plus haut pour structurer ladite grammaire, nous rejetons toujours l'idée, à la Habermas, de chercher une clef transcendantale et programmatique qui résoudrait les limites et contradictions que l'articulation des trois axes implique. À cette recherche de la transcendance que serait, par exemple, une conception de l'intervention comme agir communicationnel, comme le suggère de façon fort bien argumentée Redjeb (1997), nous préférons l'humilité de la perspective de la composition pratique et de la navigation à vue qu'expriment les concepts de *sens pratique* et de *raisons pratiques* pour conceptualiser notre objet. En fait, à chaque époque correspondent des possibles de l'action du social sur lui-même. Nous accordons donc au *monde des systèmes d'intervention* et à leur envers les diverses *raisons pratiques*, qui se produisent mutuellement par les dynamiques de réflexivité complexe, le statut de double ancrage de l'intervention. Cet ancrage permet aux invariants praxéologiques de se constituer en regard des possibles de la situation et des systèmes d'intervention. Nous accordons à la *praxis* cette position difficile au cœur même des invariants praxéologiques, comme modalité de réalisation pratique de l'*épistémè*. Ce faisant, nous induisons une grande part d'incertitude dans la production même de l'action sociale, incertitude néanmoins toute sociale.

Il va sans dire qu'une grammaire comme celle que nous proposons constitue une reconstruction théorique qui permet à l'observateur de se doter d'une lunette pour observer des constructions sociales réalisées à travers des pratiques caractérisées par leur « nécessaire plasticité » (Soulet, 1997 : 12). L'analyse des univers de sens et des communautés techniques permet de réfléchir aux conditions de cette plasticité et à ses nombreuses mises en forme situées. Celles-ci conditionnent sur le terrain la production de différents schèmes pratiques toujours relatifs à une tâche particulière. La notion de *schème pratique* permet de souligner que, par-delà le caractère situé de l'intervention, ce que nous nommons le circonstanciel, l'intervention est aussi historique, jurisprudentielle, en ce sens que les mondes ne se recréent pas, *in abtracto,* par un sujet omnipuissant, mais qu'ils se reproduisent par l'activité d'un sujet historique et contingent. Les invariants praxéologiques sont donc, outre leur caractère d'*habitus,* une modalité collective disciplinaire et interdisciplinaire d'action professionnelle.

Nos matériaux d'une théorie de l'intervention ne permettent de concevoir l'interdisciplinarité pratique ni comme la nécessité éthique de la recomposition de l'Homme, fragmenté par l'obsessionnelle analytique de l'*indivis,* ni comme condition, s'il en est une, de la science postmoderne, mais bien comme une condition actuelle du travail dans les métiers relationnels. Pour nous, cette condition qu'est l'interventionnisme est donc épistémique, mais d'une *épistémè* que nous nommons *performative libérale* plutôt que postmoderne. En fait, si nous constatons l'épuisement du projet de *mathesis*, projet de mise en ordre du monde, et donc le retrait des épistémologies positivistes, nous constatons également une diffusion tout azimut des pensées du pondérable, du technocratique, du management, de l'efficacité marchande, de l'esprit gestionnaire (Ogien, 1995) et du cosmos économique (Bourdieu, 2000 : 16). Contre Lyotard (1979), nous pensons qu'il y a non pas épuisement des métarécits que sont la Religion, la Révolution et surtout la Raison, mais bien diffusion de nouveaux métarécits, dont, au premier titre, ce que nous nommons le *performatif libéral.* Hors du désir du vrai positif et de l'ordre naturel de jadis, il y a aujourd'hui cet irrépressible désir du performatif, de l'efficace, et de son envers : la liberté individuelle d'entreprendre, avec les allégories naturalistes qu'elle mobilise. Et cet ordre, car il s'agit bien d'un ordre, *exige* le relativisme (formel) et l'humanisme (tout aussi formel) pour assurer sa prégnance nécessaire à la réalisation de l'unification peut-être paradoxale de la performance et de la liberté.

L'*épistémè* performative libérale se réalise en pratique selon deux conditions importantes, soit les processus de réflexivité complexe et les technologies de soi, le *soi* étant le lieu de production de l'engagement et donc de réalisation de l'action sociale actuelle. Ewald questionne pertinemment le lien qu'il y eut entre la forme étatique de l'État providence, père des pratiques professionnelles qui nous intéressent ici, et la forme incorporée du pouvoir (le bio-pouvoir dans les termes de Foucault) : la crise de l'État providence indique-t-elle la crise du bio-pouvoir « ou si la *crise* n'est pas plutôt une étape de son développement » (1986 : 27) ? Nous pensons qu'il s'agit de la seconde hypothèse, que le bio-pouvoir se mute en technologies de soi, ce qui tend à reconfigurer la modalité d'action de l'État social sur le social, notamment en redéfinissant les conditions du travail des praticiennes, en engageant l'exigence de collaborer, l'extension de la modalité relationnelle, l'expansion de l'interventionnisme (du côté de la prime enfance, par les garderies, du côté des marginalités, par les diverses modalités de travail de rue, etc.), la professionnalisation des pratiques parallèles (ex. : la psychologisation de pratiques jadis féministes), entre autres. Si les « technologies de l'implication » (1996 : 15) exposées par Nicolas-Le Strat caractérisent bien la gestion du social, elles exigent une action relationnelle de tous les instants au plan pratique pour réaliser *l'institution de soi*, fondement de tous les libéralismes. En fait, l'*épistémè* performative libérale se fonde sur l'articulation du pondérable comme condition du performatif et des institutions de soi, comme condition du libéralisme. Véritable matrice du monde, où se trouve une relation forte entre impératifs sociaux et injonctions à s'autoproduire, l'*épistémè* performative libérale est d'abord productive d'un rapport de soi au monde, et de soi à soi, que contribue à réaliser l'État social libéral par l'action sociale : le bon sujet se pose lui-même comme objet d'intervention, le bon client est celui qui accepte d'être *intervenu*.

Autès (1998) présente deux grandes voies d'analyse du caractère de *relation de service aux personnes* en travail social, soit la voie du contrôle social, des micropouvoirs, de la normalisation, puis la voie émancipatrice par laquelle l'action professionnelle cherche « à produire l'autonomie du demandeur » (1998 : 47). Il estime que ces deux voies sont moins concurrentes qu'il n'y paraît et que leur articulation pratique par les travailleuses sociales, en l'occurrence, traduit la complexité même du *travail sur le social*. Nous partageons ce point de vue, en précisant qu'il s'agit d'un processus d'assujettissement, en ce sens précis du travail d'élaboration d'une forme actuelle du sujet (Deleuze, 1986). Il ne faut cependant pas croire qu'il s'agit d'une brute imposition ; l'assujettissement produit, engage et parfois force le statut symbolique du client et, au moins en ce qui concerne les travailleuses du social, produit une forme d'insertion sociale normalisée par leur travail sur les marges et les processus de marginalisation. L'interventionnisme se conçoit alors comme l'une des conditions importantes de la figure générale actuelle de la subjectivation, les pratiques professionnelles étant l'une des forces agissantes de l'État et de la science dans sa production. S'il est vrai que « L'exercice du pouvoir consiste à "conduire des conduites" et à aménager la probabilité » (Foucault, 1984 : 314), et que ce pouvoir performatif est productif du réel (Foucault, 1975 : 196), il faut souligner que les techniques de soi tendent en notre époque à se substituer aux techniques de la domination. Les intervenantes sont alors les relais pratiques de ces propositions *prescriptives* de l'autoproduction de soi.

L'un des premiers jalons du développement de l'institution de soi consistait, si l'on se fie à Foucault, à ce que l'Homme se constitue comme objet de sa science. Plus spécifiquement, Foucault (1963) a admirablement soutenu cette idée surprenante pour un travailleur social que les sciences de l'Homme sont apparues à la faveur du développement du regard clinique en médecine, soit le regard de celui qui s'incline sur le malade, le fou, aujourd'hui le client, soit le terme corollaire de l'intervention pour occulter l'intervenu. Nos travaux sur cette langue commune de l'intervention peuvent se présenter *a posteriori* comme un cas de figure de cette thèse. Foucault écrit que grâce au développement de ce regard clinique, la « santé remplace le salut » (1963 : 201) des âmes d'autrefois. Or il y a, ici, un parallèle avec ce que nous avons soutenu précédemment, à savoir que l'idée même d'intervention se substitue à l'idée d'aide et, en partie, à l'idée de soin. L'intervention remplace l'aide et le soin en les instruisant dans une modalité de production de l'action sociale, qui découpe de façon spécifique ses objets. La découpe du *voir* et du *dire* est moins structurante du rapport entre infirmières et travailleuses sociales, comme on pourrait le penser *a priori*, que du rapport à la tâche, selon qu'il s'agisse de faire la preuve de la nécessité d'agir ou d'instiller un changement d'attitude au plan existentiel. Dans les deux cas de figure, l'intervention, comme action sociale à l'initiative de l'État, engage les unes et les autres à se mobiliser, si ce n'est de façon concertée, au moins de façon négociée et ce, de façon telle que l'impératif d'action soit rencontré. La tâche, parce qu'elle est la rencontre concrète de la demande et de l'offre, des contraintes et des possibles, des désirs et des impératifs, est, pour nous, le lieu de tous les possibles interdisciplinaires. La généralité des tâches et la proximité au travail donnent forme aux possibles interdisciplinaires.

Nous voyons alors apparaître un espace de l'intervention tendu entre la *nécessité d'intervenir* et le *désir d'intervenir*. La nécessité est socialement produite et exige, dans un monde réflexif, son intériorisation dans le sujet intervenant et le sujet intervenu. La nécessité est, alors, aussi désir d'intervenir. C'est ce qui fait d'ailleurs l'extraordinaire puissance performative de l'interventionnisme. Nous voulons, enfin, insister sur un point crucial : il ne faut pas lire notre propos comme une représentation de la domination sociale, mais plutôt comme une proposition théorique portant sur la production sociale. Le schéma permet d'étudier les possibles, et donc leur dehors (les forces en présence) et leur dedans (l'espace d'action et de résistance). Deleuze (1986) prend l'allégorie de la pliure pour illustrer cette idée. Il est impossible de déplier la pliure sans en créer d'autres. Ainsi, *nécessités* et *désirs* se coproduisent réflexivement et ouvrent nombre d'espaces de résistance, d'autres possibles. Ces résistances sont à explorer, parce qu'elles sont motrices du changement social.

L'une des pliures du tissu social a permis l'émergence de l'interdisciplinarité. Alors que Klein estime qu'elle se veut « problem-posing and problem-solving » (1996 : 213), nous pensons à l'encontre de l'auteure que l'interdisciplinarité n'engendre pas un « generic model » (1996 : 223) qui poserait la « resolution of problem » comme conclusion de toute action interdisciplinaire. Il s'agit d'une réduction praxéologique de la rencontre interdisciplinaire, qui produit beaucoup plus que cela, notamment des effets qui finissent par se sédimenter, par faire jurisprudence, par faire règle. Nous préférons une autre idée de Klein estimant que « the rhetorical strategies […] create interdisciplinarity discursive space » (1996 : 220). Cet espace de sens est, pour nous, important à analyser si l'on veut comprendre les conditions et possibles des pratiques interdisciplinaires. Ce qui tient du modèle générique est en fait une sorte de *higher-level concept* (Jantsh, 1971), soit un ensemble de buts disciplinaires, mais surtout organisationnels et politiques interdépendants. Ce *higher-level concept* se lit comme un impératif d'action, une *forme problématique*, comme il en va des formes symboliques, posant transversalement ses nécessités d'action propres qui se déploient en suivant les lignes de l'esquisse de grammaire de l'intervention que nous avons exposée *supra*. Au plan des systèmes, il s'agit, par exemple, d'impératifs de santé publique, au plan praxéologique de la production de microdiagnostics sur l'urgence, la compliance, la résilience, au plan praxique d'un engagement existentiel à l'égard de la souffrance. En fait, intervenir, c'est composer avec ces nécessités qui se posent comme transversales, voire transcendantales, aux groupes professionnels. Cela nous permet de soutenir ici que la notion d'intervention renvoie d'abord aux *nécessités d'agir* et que ces nécessités sont le point d'ancrage des pratiques interdisciplinaires. L'analyse de la construction de ces nécessités, tant au plan problématique qu'au plan pratique, devient un axe de recherche à explorer. Nous pensons, en outre, que certes, « A disciplinary habitus can be a powerfull form of resistance to interdisciplinarity » (Klein, 1996 : 104), mais nous estimons surtout qu'un « interdisciplinary habitus may also develop » (1996 : 104). Cet habitus sera un objet important d'étude en vue d'une meilleure compréhension des pratiques interdisciplinaires. Une étude de la dispersion des configurations interprofessionnelles et intersectorielles de l'interventionnisme demeure dans cette perspective à réaliser. Pour ce faire, il importe que le chercheur tourne le regard du côté des logiques sociales et pratiques structurant le travail et se sédimentant en *habitus* et en *ethos* interdisciplinaires. Ce faisant, un pas de côté se réalise en regard des deux pôles de l'interdisciplinarité exposés au premier chapitre. Il ne s'agit plus de faire un appel principiel à l'interdisciplinarité, au nom d'une efficacité praxéologique ou d'une nécessité épistémologique, mais bien d'analyser l'interdisciplinarité comme condition actuelle du travail dans les métiers relationnels. Le déploiement de l'interventionnisme, comme modalité transdisciplinaire et transectorielle d'action sociale, traduit l'exigence d'une rationalisation du *travail sur le social*, notamment par un arrimage de plus en plus étroit aux problématisations sociales par des activités de monopolisation et d'universalisation dont elles sont l'objet. Il ne s'agit donc pas d'une simple astuce langagière, d'une mode lexicale, mais bien d'un analyseur des transformations de la pratique professionnelle d'intervention sociale auxquelles participent travailleurs sociaux et infirmiers.

En regard de la complexité des situations, la coopération réelle est au principe de la construction de l'action (Lacoste, 1995 : 28), en l'occurrence de l'action professionnelle interdisciplinaire. Cette coopération est forcément dé-terminée, élaborée du dehors d'elle-même, notamment parce qu'elle pose divers *autruis* proches ou participants de la nécessité de l'action. La proximité des acteurs légitimes engage les uns et les autres, éventuellement contre leur gré, dans un important effort de composition du travail que permet et exige à la fois l'élaboration d'une langue en partie partagée.

Nous avons emprunté à Crapuchet (1974) cette formidable intuition de la naissance d'une langue commune à *ceux qui interviennent*. Par-delà les différences disciplinaires, les luttes de champs, les conflits de grandeurs, nous avons démontré qu'il y a bel et bien élaboration d'une langue de l'intervention commune aux métiers relationnels. Et cette langue, comme pour toute autre langue, est d'abord le fait de la proximité au travail et de la nécessité pratique de réaliser des tâches. Au moins à cet égard, les CLSC ont été le creuset d'une formidable collaboration de proximité, en grande partie involontaire. Cette langue partagée est à la fois indice et condition des transformations de l'action de l'État social et de la professionnalité. Elle permet aux uns et aux autres, par-delà les différences disciplinaires, de se mobiliser sur un même objet, avec tous les mondes disciplinaires respectifs qu'ils entraînent. Le travail de proximité, qui exige la production de ces si déterminants récits-client, est, sans doute, le premier lieux et donc le premier possible de l'interdisciplinarité pratique.

Quant au débat entre les disciplines, chaque groupe professionnel se revendique et se représente comme le mieux placé pour se poser comme pivot de l'interdisciplinarité. Outre qu'il se réalise dans une perspective de monopolisation disciplinaire et concerne d'abord la dimension gestionnaire de l'interdisciplinarité, le débat que nous avons abordé concernant la division même du champ disciplinaire peut être éclairant à ce propos. Les infirmières semblent avoir un avantage indéniable de par leur position imprenable à la jonction du médical et du social, position stratégique en CLSC.

Cette position est, sans nul doute pour nous, légitime en tant que telle. Mais si nous assumons l'idée que c'est à travers la réalisation des tâches qu'est surdéterminée l'interdisciplinarité, la position dans le champ disciplinaire devrait être moins significative pour réfléchir cette question que le rapport aux dites tâches. Et, est-il pertinent de penser que l'interdisciplinarité est d'abord une affaire d'intrusion de disciplines fortes dans des champ disciplinaires faibles, où la tâche est incertaine ? Ce faisant, le champ de pratique du travail social serait celui qui permettrait aux professions fortes d'étendre leur pratique. Dans une perspective de domestication disciplinaire, elles ont alors un avantage. Mais ce n'est pas de cette interdisciplinarité dont nous traitons. Dans le véritable bouillon de culture de la proximité au travail, l'interdisciplinarité est probablement davantage le fait de groupes professionnels occupant des positions faibles, car cette « faiblesse » traduit l'incertitude même du social et des sciences sociales dans leur « rapport à l'action » et « la recherche des conditions fondant l'usage réglé d'une intervention » (Berthelot, 1996 : 10). À ce point de vue, le travail social semble *mieux nanti* que les soins infirmiers. Et l'incertitude consiste-t-elle en autre chose que de la faiblesse ? Pouvons-nous aussi la considérer comme un patrimoine disciplinaire du travail social ? L'incertitude en travail social est certes plus grande, mais surtout mieux assumée.

De toute évidence, l'action sociale est le lieu premier de l'interdisciplinarité, et donc le champ de toutes les batailles. Nous pensons qu'il s'agit d'une potentialité extraordinaire pour les travailleuses sociales en autant qu'elles assument pleinement les vertus de l'incertitude dans toute leur potentialité, c'est-à-dire dans leur complexité inouïe, complexité dont peuvent se revendiquer les sciences sociales, parfois à l'encontre des sciences de la vie. Or, sous cet aspect, les travailleuses sociales occupent une place que nous pensons privilégiée, dans la mesure où elles se placent collectivement en hommes et femmes-frontière, agissant tant au niveau du client et de ses réseaux que de l'organisation et des politiques qu'ils mettent en œuvre dans l'intervention. L'intervention en travail social permet d'adapter à la complexité l'action professionnelle et d'agir de façon plurivoque et multicible sur le social. Et c'est l'espace de l'incertitude qui crée ce possible crucial de l'interdisciplinarité.

BIBLIOGRAPHIE

Abdelmalek, A. et J. Gérard (1995). *Sciences humaines et soins,* Paris, Interéditions.
Acker, F. (1991). « La fonction de l'infirmière. L'imaginaire nécessaire », *Sciences sociales et santé,* vol. IX, no. 2 : 123-144.
Adam, E. (1999). « Modèles conceptuels », *Revue canadienne de recherche en sciences infirmières,* no.4 : 103-114.
Adam, E. (1979). *Etre infirmière,* Montréal, H.R.W.
Aguilera, D. (1995). *Intervention en situation de crise,* Saint-Laurent, E.R.P.I.
Aguilera, D. et J. Messick (1976). *Intervention en situation de crise,* Saint-Louis, Mosby Company.
Amiquet, O. et C. Julien (1996). *L'intervention systémique dans le travail social,* Lausanne, I.E.S Éd.
Apostel, L. (1972). *L'interdisciplinarité. Problèmes d'enseignement et de recherche dans les universités,* Paris, O.C.D.E.
Autès, M. (1998). « La relation de service identitaire, ou la relation de service sans services », *Lien social et politiques,* no.40 : 47-54.
Barel, Y. (1973). *La reproduction sociale. Systèmes vivants, invariance et changement,* Paris, Anthropos.
Beauvois, J. (1994). *Traité de la servitude libérale. Analyse de la soumission,* Paris, Dunod.
Belley, J. (1997). « La pratique professionnelle du droit comme prudence politique », dans Nélisse, C. et R. Zuniga, *L'intervention: les savoirs en action,* Sherbrooke, G.G.C. : 45-60.
Benner, P. (1995). *De novice à expert. Excellence en soins infirmiers,* Saint-Laurent, E.R.P.I.
Bernier, R. et Y. Goulet (dir.) (1983). *L'intervention auprès des aînés : une aide ou une entrave ?,* Sherbrooke, Éd. de l'Université de Sherbrooke.
Berthelot, J. (1996). *Les vertus de l'incertitude,* Paris, Presses universitaires de France.
Bertot, J. et A. Jacob (1991). *Intervenir avec les immigrants et les réfugiés,* Montréal, Méridien.
Bizier, N. (1983). *De la pensée au geste : un modèle conceptuel en soins infirmiers,* Montréal, Décarie.

Bouchard C. (1987). « Intervenir à partir de l'approche écologique: au centre, l'intervenante », *Service social,* vol. 36, nos 2 et 3 : 454-477.

Bourdieu, P. (2000). *Les structures sociales de l'économie,* Paris, Seuil.

Bourdieu, P. (1997). *Contre-feux,* Paris, Liber.

Bourdieu, P. (1994). « À propos de la famille comme catégorie réalisée », *Actes de recherches en sciences sociales :* 32-37.

Bourdieu, P. (dir.) (1993). *La misère du monde,* Paris, Seuil.

Bourdieu, P. (1980a). *Le sens pratique,* Paris, Éd. de minuit.

Bourdieu, P. (1980b). *Questions de sociologie,* Paris, Éd. de minuit.

Boutin, G. et P. Durning (1994). *Les interventions auprès des parents,* Toulouse, Privat.

Brassard, J. et J. Duhart (1978). « Approche critique d'un type de division du travail : l'équipe hospitalière de soin », dans C.N.R.S., *Santé, médecine et sociologie,* Paris : 171-179.

Castel R. (1988). « Relation d'aide et politiques d'État en matière d'interventions sociales : du modèle clinique au modèle systémique », dans Freyssenet, M. et S. Magri. *Les rapports sociaux et leurs enjeux,* Centre de sociologie urbaine : 45-57.

Chalifour, J. (1989). *La relation d'aide en soins infirmiers. Une perspective holistique - humaniste,* Paris, Éd, Lamarre.

Chopart, J. (dir.) (2000). *Les mutations du travail social. Dynamique d'un champ professionnel.* Paris, Dunod.

Collière, M. (1982). *Promouvoir la vie. De la pratique des femmes soignantes aux soins infirmiers,* Paris, Interéditions.

Cook, S. et K. Lee Fontaine (1991). *Soins infirmiers. Psychiatrie et santé mentale,* Montréal, Éd. Du renouveau pédagogique.

Corbin, J. (1992). « Le soin : cadre théorique pour un cheminement interactif », *Revue internationale d'action communautaire,* no. 28/68 : 39-50.

Cotinaud, O. (1976). *Groupe et analyse institutionnelle. L'intervention psychosociologique et ses dérives,* Paris, Éd. du centurion.

Couturier, Y. (2002). « Les réflexivités de l'œuvre théorique de Bourdieu : entre méthode et théorie de la pratique », *Esprit critique,* 4 (3).

Couturier, Y. (2000). « L'inflation réflexive dans le courant praxéologique: indice de la reconstruction de l'idéologie professionnaliste », *Nouvelles pratiques sociales,* no. 1 : 137-152.

Crapuchet, S. et G. Salomon (dir.) (1992). *L'intervention dans le champ social. L'interface sciences de l'homme techniques sociales*, Toulouse, Privat.
Crapuchet, S. (dir.) (1974). *Sciences de l'homme et professions sociales*, Toulouse, Privat.
Croff, B. (1994). *Seules. Genèse des emplois familiaux*, Paris, Métaillé.
Dankaert, A. (1989). « Espace transitionnel et interventions de crise », *Perspectives*, no.13 : 98-126.
Darré, J. (1985). *La parole et la technique. L'univers de pensées des éleveurs du Ternois*, Paris, L'harmattan.
Dejours, C. (1995). « Analyse psychodynamique des situations de travail et sociologie du langage », dans J. Boutet, *Paroles au travail*, Paris, L'Harmattan : 181-225
Dejours, C. (1993). *Travail usure mentale. De la psychopathologie à la psychodynamique du travail*, Paris, Bayard
Deleuze, G. (1986). *Foucault*, Paris, Éd. de minuit.
Delville, B. (1974). « Politique sociale. Un ensemble de techniques des sciences sociales et humaines dans l'entreprise », dans Crapuchet, S. (dir.), *Sciences de l'homme et professions sociales*, Toulouse, Privat : 204-221.
Demailly, L. (1998). « Les métiers relationnels de service public approche gestionnaire, approche politique », *Lien social et politiques*, no. 40 : 17-24.
Demazière, D. et C. Dubar (1997). *Analyser les entretiens biographiques*, Paris, Nathan.
Deridder, G. (1997a). « Changement de régime ou crise de l'intervention sociale ? », dans Deridder, G. (dir.), *Les nouvelles frontières de l'intervention sociale*, Paris, L'Harmattan : 11-26.
Deridder, G. (1997b). « Les professions de l'intervention sociale: l'éclatement? », dans Deridder, G. (dir.), *Les nouvelles frontières de l'intervention sociale*, Paris, L'Harmattan : 257-294.
DeRobertis, C. (1981). *Méthodologie de l'intervention en travail social*, Paris, Centurion.
Doenges, M., Lefebvre, M. et M. Moorhouse (1996). *Diagnostics infirmiers et interventions*, Montréal, Éd. du renouveau pédagogique.
Doré, N. (dir.) (1995). *Mieux vivre avec son enfant*, Québec, Publications du Québec.

Dubois, J., Guespin, L. et C. Marcellesi (1973). *Dictionnaire de linguistique*, Paris, Larousse.

Dubost, J. (1992). « Psychosociologie, technique et travail social », dans Crapuchet, S. et G. Salomon (dir.), *L'intervention dans le champ social. L'interface sciences de l'homme techniques sociales*, Toulouse, Privat : 65-76.

Dubost, J. (1987a). *L'intervention psycho-sociologique*, Paris, Presses universitaires de France.

Dubost, J. (1987b). « Sur les sources techniques de l'intervention psychosociologique et quelques questions actuelles », *Connexions*, no.49 : 7-28.

Ducrot, O. (1980). *Les mots du discours*, Paris, Éd. de minuit.

Duhart, J. et J. Charton-Brassard (1973). « Réforme hospitalière et soin infirmier sur ordonnance médicale », *Revue française de sociologie*, no. XIV : 77-101.

Durkheim, É. (1928). *Le socialisme : sa définition, ses débuts, la doctrine st-simonnienne*, Paris, Alcan.

Enriquez, E. (1993). « L'approche clinique: genèse et développement en France et en Europe de l'Ouest », dans Degaulejac, V. et S. Roy (dir.), *Sociologies cliniques*, Paris, E.P.I. : 19-35.

Enriquez, E. (1977). « Interrogation ou paranoïa : enjeu de l'intervention psychosociologique », *Sociologie et sociétés*, no.2 : 79-104.

Eraly, A. (1994). « L'usage de la psychologie dans le management: l'inflation de la "réflexivité professionnelle" », dans Bouilloud, J-P. et B.-P. Lecuyer, *L'invention de la gestion. Histoire et pratique*, Paris, L'Harmattan : 135-159.

Ewald, F. (1986). *L'État providence*, Paris, Grasset.

Faure, O. (1992). « La mise en œuvre de l'interdisciplinarité : barrières institutionnelles et intellectuelles », dans Portella, E. (dir.), *Entre savoirs. L'interdisciplinarité en acte: enjeux, obstacles, perspectives*, Toulouse, Érès.

Fischer, G. (1992). *La dynamique du social. Violence, pouvoir, changement*, Paris, Dunod.

Foucault, M. (2001). *L'herméneutique du sujet. Cours au Collège de France, 1981-1982*, Paris, Seuil.

Foucault, M. (1984). « Deux essais sur le sujet et le pouvoir », dans Dreyfus, H. et P. Rabinow, *Michel Foucault. Un parcours philosophique*, Paris, Gallimard : 295-321.

Foucault, M. (1975). *Surveiller et punir,* Paris, Gallimard.
Foucault, M. (1966). *Les mots et les choses : une archéologie des sciences humaines,* Paris, Gallimard.
Foucault, M. (1963). *Naissance de la clinique,* Paris, Presses universitaires de France.
Freeman, R. (1973). *Nursing social,* Montréal, H.R.W.
Freynet, M. (2000). « La médiation, nouvelle technique, nouveau métier? La médiation, un enjeu pour la refondation du travail social », *Revue française de service social,* no.198, p.98-103
Gordon, D. et P. Benner (1995). « Guide pour la description d'incidents critiques », dans Benner, P. (dir.), *De novice à expert. Excellence en soins infirmiers,* Saint-Laurent, Interéditions : 245-247.
Gordon, M. (1987). *Diagnostic infirmier. Méthodes et applications,* Paris, M.E.D.S.I.
Gouvernement du Québec (1999). *Cadre normatif et protocole d'échange. Système d'information sur les clientèles et les services des CLSC Cadre normatif et protocole d'échange,* Québec.
Gouvernement du Québec. Commission d'enquête sur la santé et le bien-être social (1972). *Les services sociaux,* tome I, Québec.
Grobe, S. (1993). « Réaction à la communication de J. McCloskey et G. Bulechek sur les cadres d'interventions infirmières », dans Association des infirmières du Canada, *Communications présentées à la Conférence sur un ensemble de données infirmières de base* : 112-121.
Guay, J. (1991). « L'approche proactive et l'intervention de crise », *Santé mentale au Québec,* vol. XVI, no. 2 : 139-154.
Guay, J. (1998). *L'intervention clinique communautaire. Les familles en détresse,* Montréal, P.U.M.
Gusdorf, G. (1988). « Réflexions sur l'interdisciplinarité », *Bulletin de psychologie,* no.397 : 869-885.
Habermas, J. (1987). *Théorie de l'agir communicationnel,* Paris, Fayard.
Hannequart, A. et X. Greffe (1985). *Économie des interventions sociales,* Paris, Economica.
Hurtubise, R., Laaroussi, M., Dubuc, S. et Y. Couturier (1999). « Une formation milieu par l'analyse des pratiques professionnelles: le cas du travail de rue », dans Legault, G. (dir.), *L'intervention: analyses et enjeux méthodologiques,* Sherbrooke : 73-115.

Lacoste, M. (1995). « Parole, activité, situation », dans Boutet, J., *Paroles au travail*, Paris, L'Harmattan, 23-45.

Lagüe, J. et D. Donovan (1998). *Programme intégré de services en Montérégie*, R.R.S.S.S. de la Montérégie.

Lamoureux, H. (1991). *L'intervention sociale collective*, Glen Sutton, Le pommier.

Lauzon, S. et E. Adam (dir.) (1996). *La personne âgée et ses besoins.Interventions infirmières*, Saint-Laurent, E.R.P.I.

Lauzon, S. et J. Pépin (2000). « L'appréhension de la substance infirmière par l'examen de concepts ayant fait l'objet d'analyses », *Recherches en soins infirmiers*, no. 63 : 10-19.

Lazure, H. (1985). « L'infirmière », dans Dufresne, J., (dir.), *Traité d'anthropologie médicale*, Sillery, Presses universitaires du Québec : 631-644.

Leclair, G. (1982). « Problématique des services de santé scolaire et solutions proposées », dans A.C.S.A.L.F., *L'intervention sociologique*, Montréal, St-Martin Éd. : 203-214.

Lenoir, Y. et L. Sauvé (1998). « De l'interdisciplinarité scolaire à l'interdisciplinarité dans la formation à l'enseignement : un état de la question. Nécessité de l'interdisciplinarité et rappel historique », *Revue française de pédagogie*, 124 : 121-153.

Lhotellier, A. et Y. St-Arnaud (1994). « Pour une démarche praxéologique », *Nouvelles pratiques sociales*, vol.7, no 2 : 95-117.

Lipsky, M. (1995). « Les agents de base » dans Joseph I. et G. Jeannot, *Métiers du public. Les compétences de l'agent et l'espace de l'usager*, Paris, C.N.R.S. : 195-218.

Lyotard, J. (1979). *La condition postmoderne*, Paris, Éd. de minuit.

Malglaive, G. (1990). *Enseigner aux adultes : travail et pédagogie*, Paris, Presses universitaires de France.

Martin, C. (1992). *Généralités sur le modèle conceptuel et la démarche scientifique*, document de formation, non publié.

Massa, H. (1992). « L'intervention sociale : système et interface », dans Crapuchet, S. et G. Salomon (dir.), *L'intervention dans le champ social. L'interface sciences de l'homme techniques sociales*, Toulouse, Privat : 147-154.

Mathurin, C. (1995). « L'interdisciplinarité: essai de reconstitution d'un débat », *Cahiers du Ph. D. en sciences humaines appliquées*, no. 95-04, Université de Montréal.

McClokey, J et G. Bulechek (1996). *Classification des interventions infirmières*, Paris, Maloine.
McClokey, J et G. Bulechek (1993). « Cadres d'interventions infirmières », dans Association des infirmières du Canada, *Communications présentées à la Conférence sur un ensemble de données infirmières de base* : 94-111.
Menthonnex, A. (1995). *Le service social et l'intervention sociale*, Genève, Éd. I.E.S.
Mintzberg, H. (1984). *Structure et dynamique des organisations*, Paris, Éd. d'organisation.
Morin, P. (1987). « L'intervention dans l'entreprise et le développement des organisations » dans Lévy-Leboyer, C. (dir.) (1987), *Traité de psychologie du travail*, Paris, Presses universitaires de France : 77-101.
Nélisse, C. (1997). « L'intervention : catégorie floue et construction de l'objet », dans Nélisse, C. et R. Zuniga (dir.), *L'intervention : les savoirs en action*, Sherbrooke, Éd. G.G.C. : 17-44.
Nélisse, C. (1996). « La trousse médico-légale; technologie sociale et protocolarisation de l'intervention », *Sociologie et sociétés*, vol. 28, no. 2
Nélisse, C. (1993). « L'intervention: une surcharge de sens de l'action professionnelle », *Revue internationale d'action communautaire*, no. 29/69 : 167-181.
Nélisse, C. (1992). « Aider et intervenir: essai de clarification de quelques difficultés », *Revue internationale d'action communautaire*, no. 28/68 : 73-85.
Nélisse, C. (1988). « Au-delà de l'opposition professionnalisme/technocratie : la protocolarisation de l'intervention », inédit.
Nélisse, C. (1974). *Jeux et enjeux de l'idéologie*, thèse de doctorat, Aix-en-Provence.
Nélisse, C. (a). *Pour une théorie de la protocolarisation de l'intervention*, inédit.
Nélisse, C. (b). *Une définition sociale de l'intervention*, inédit.
Nélisse, C. (c). *Les présupposés de l'intervention*, inédit.
Nélisse, C. (d). *Que peut bien être un protocole d'intervention ?*, inédit.
Nélisse, C. et R. Zuniga (1997). « Intervention: les savoirs en action », dans Nélisse, C. et R. Zuniga, *L'intervention: les savoirs en action*, Sherbrooke, Éd. G.G.C. : 5-16.

Nicolas-Le Strat, P. (1996). *L'implication, une nouvelle base de l'intervention sociale,* Paris, L'Harmattan.
Ogien, A. (1995). *L'esprit gestionnaire. Une analyse de l'air du temps,* Paris, Éd. École des hautes études de sciences sociales.
Ordre professionnel des travailleurs sociaux du Québec (1998). *Les travailleurs sociaux à l'aube du troisième millénaire. Les états généraux de la profession,* Montréal.
Ordre professionnel des travailleurs sociaux du Québec (1996). *De la multidisciplinarité vers l'interdisciplinarité. Guide à l'intention des travailleurs sociaux exerçant dans les établissements du réseau de la santé et des services sociaux,* Montréal.
Orem, D. (1987). *Soins infirmiers : les concepts et la pratique,* Montréal: Décarie Éd.
Osiek-Parisod, F. (1994). *Infirmières dans l'école. Partage de l'action éducative et enjeux identitaires,* Genève, Service de la recherche sociologique.
Paquette, C. (1985). *Intervenir avec cohérence. Vers une pratique articulée de l'intervention,* Montréal, Québec/Amérique.
Parazelli, M. (1997). « L'action communautaire et l'autonomie sociale: les apports de la sociopsychanalyse », dans Nélisse, C. et R. Zuniga, *L'intervention: les savoirs en action,* Sherbrooke, Éd. G.G.C.
Pelchat, D., Bisson J. Perreault, M. Richard N. et J. Bouchard. (1998). « Une intervention infirmière familiale systémique appliquée dès la naissance d'un enfant ayant une déficience: les effets sur l'adaptation des parents », *Revue canadienne de recherche en sciences infirmières,* vol. 30, no 3 : 99-121.
Petitat, A. (1992). « Science, affectivité et singularité dan la relation de soins », dans *Revue internationale d'action communautaire,* no. 28/68 : 139-150.
Petitat, A. (1989). *Les infirmières, de la vocation à la profession,* Montréal, Boréal.
Poletti, R (1980). *L'enrichissement des interventions en soins infirmiers,* Paris, Le centurion.
Pourtois, J.-P. et H. Desmet (1992). « Interventions socio-éducatives auprès des familles: le programme DÉPART », dans Provost, M. et R. Tremblay (dir.), *Famille inadaptation et intervention,* D'Aros Éd. : 141-170.

Proust, J. (1992). « L'interdisciplinarité dans les sciences cognitives », dans Portella, E.(dir.), *Entre savoirs. L'interdisciplinarité en acte: enjeux, obstacles, perspectives*, Toulouse, Érès.
Racine, G. (1995). *La production de savoirs d'expérience chez des intervenantes communautaires*, thèse de doctorat, Université de Montréal.
Racine, P. (1991). « L'usage des théories de l'action dans la formation à l'intervention sociale », *Service social*, vol. 40, no 2 : 7-25.
Ramognino, N. (1996). *La nécessité objective de (re)constitution du lien social: quelles professionnalités dans les conditions socio-historiques actuelles*, Laboratoire méditerranéen de sociologie.
Redjeb, B. (1997). « La normativité de l'intervenant social: emplacements et stratégies », dans Nélisse, C. et R. Zuniga (dir.), *L'intervention: les savoirs en action*, Sherbrooke, Éd. G.G.C. : 217-228.
Redjeb, B. et M. Laforest (1983). « Analyse de l'intervention technocratique dans les services sociaux et de santé au Québec », *Revue canadienne de service social* : 106-128.
Renaud, G. (1997). « L'intervention: de la technique à la clinique ou de l'objet au sujet », dans Nélisse, C. et R. Zuniga (dir.), *L'intervention: les savoirs en action*, Sherbrooke, Éd. G.G.C. : 139-165.
Richard, P. et B. Bedr (1990). « Intervention ergonomique et approches sociologiques du fonctionnement des organisations », dans Coll. *Comptes rendus du XXVIème congrès de la* S.E.L.F. : 98-107.
Robichaud, A. (1998). « La pierre d'assise de la pratique professionnelle: la relation du consultant en gestion (approche psychodynamique) », dans Legault, G. (dir.), *L'intervention: usages et méthodes*, Sherbrooke, Éd. G.G.C. : 37-68.
Royer, D. (1973). « L'intervention psychologique et la réalité socio-politique », dans Tessier, R. et Y. Tellier (dir), *Changement planifié et développement des organisations. Théorie et pratique*, Paris, E.P.I.
Saillant, F. (1992). « La part des femmes dans les soins de santé », *Revue internationale d'action communautaire*, no. 28/68 : 95-106.
Sanicola, L. (1996). « La contribution de l'intervention de réseau à la prévention », *Nouvelles pratiques sociales*, vol.9, no 2 : 49-64.
Sartre, J. (1985). *Critique de la raison dialectique*, Paris, Gallimard.
Schön, D. (1994). *Le praticien réflexif*, Montréal, Éd. Logiques.
Serres, M. (1990). *Le passage du Nord-Ouest*, Paris, Éd. de minuit.

Serres, M. (1968). *Hermès*, Paris, Éd. de minuit.

Sévigny, L. (1984). « Un modèle d'intervention précoce, les groupes mères-enfants », *Nursing Québec,* vol. 5, no 1 : 14-16.

Sévigny, R. (1977). « Intervention psychosociologique: réflexion critique », *Sociologie et sociétés,* no2 : 7-33.

Simard, J. et D. Turcotte (1992). « La thérapie orientée vers la solution. Un modèle applicable à l'intervention en contexte d'autorité », *Service Social,* no.3 : 77-94.

Soulet, M. (1997). *Petit précis de grammaire indigène du travail social. Règles, principes et paradoxes de l'intervention sociale au quotidien,* Fribourg, Éd. universitaires de Fribourg.

St-Arnaud, Y. (1995). *L'interaction professionnelle. Efficacité et coopération,* Montréal, Presses de l'Université de Montréal.

St-Arnaud, Y. (1993). « Guide méthodologique pour conceptualiser un modèle d'information », dans Serre, F. (dir.). *Recherche, formation et pratiques en éducation des adultes,* Sherbrooke, Éd. C.R.P. : 238-239.

Theureau, J. (1981). « Éléments d'analyse temporelle du travail infirmier », *Le travail humain,* no. 35 : 83-107.

Travelbee, J. (1978). *Relation d'aide en nursing psychiatrique,* Montréal, Éd. du renouveau pédagogique.

Zuniga, R. (1997). « La construction des autonomies dans l'intervention. Intentions et institutionnalisations », dans Nélisse, C. et R. Zuniga(dir.), *L'intervention: les savoirs en action,* Sherbrooke, Éd. G.G.C. : 77-100.

Zuniga, R. (1994). *L'évaluation dans l'action,* Montréal, Presses universitaires de Montréal.

TABLE DES MATIÈRES

Introduction	5

CHAPITRE 1
L'interventionnisme, une condition de la pratique
    interdisciplinaire   9
    1.1 Une notion polysémique : l'intervention   10
    1.2 L'aire des débats sur l'interdisciplinarité   13

CHAPITRE 2
Concepts et catégories de l'intervention   19
    2.1 Les usages d'*intervention* en sciences sociales   20
    2.2 Les usages d'*intervention* en sciences infirmières   25
    2.3 Les usages d'*intervention* en travail social   37
    2.4 Les axes autour desquels s'articulent
    les usages écrits d'*intervention*   57

CHAPITRE 3
Communauté pratique et intervention   61

CHAPITRE 4
L'espace des usages d'*Intervention* dans les discours   83
    4.1 Le monde du sens pratique : les
    invariants praxéologiques   89
    4.2 Le monde des systèmes d'intervention   171
    4.3 Le monde de la praxis   179

CHAPITRE 5
Les sens et constructions de l'intervention   185
    5.1 Les schèmes spécifiques pour les infirmières   186
    5.2 Les schèmes spécifiques pour les
    travailleuses sociales   219
    5.3 Les schèmes communs   250

CONCLUSION
Intervenir et coopérer : une affaire de proximité au travail   265
BIBLIOGRAPHIE   279

639139 - Janvier 2016
Achevé d'imprimer par